# 战争事典

## WAR STORY 027

指文烽火工作室 著

台海出版社

**图书在版编目（CIP）数据**

战争事典 . 027 / 指文烽火工作室著 . —— 北京：台海出版社，2017.1

ISBN 978-7-5168-0662-3

Ⅰ . ①战… Ⅱ . ①指… Ⅲ . ①战争史 – 史料 – 世界 Ⅳ . ① E19

中国版本图书馆 CIP 数据核字 (2017) 第 010138 号

# 战争事典 . 027

著　　者：指文烽火工作室

责任编辑：刘　峰　赵旭雯　　　　　策划制作：指文文化
视觉设计：周　杰　　　　　　　　　责任印制：蔡　旭

出版发行：台海出版社
地　　址：北京市朝阳区劲松南路 1 号　　　邮政编码：100021
电　　话：010 – 64041652（发行，邮购）
传　　真：010 – 84045799（总编室）
网　　址：www.taimeng.org.cn/thcbs/default.htm
E – mail：thcbs@126.com

经　　销：全国各地新华书店
印　　刷：重庆共创印务有限公司
本书如有破损、缺页、装订错误，请与本社联系调换

开　　本：787mm×1092mm　　　　　1/16
字　　数：230 千　　　　　　　　　印　　张：13
版　　次：2021 年 1 月第 5 版　　　印　　次：2021 年 1 月第 1 次印刷
书　　号：ISBN 978-7-5168-0662-3

定　　价：79.80 元

# 目 录
## CONTENTS

# 前 言
## —————— PREFACE ——————

　　"大将筹边尚未还，湖湘子弟满天山。"这是一首写给清末名臣、军机大臣左宗棠的七言律诗的前两句，称赞左宗棠以垂暮之年，毅然领兵西征，收复新疆，平定阿古柏之乱。《高飞长剑下楼兰——清末阿古柏之乱和左宗棠收复新疆之役》将详细讲述那段荡气回肠的壮丽历史。

　　1581年，在沙皇伊凡四世的授意下，一支不足千人的沙俄军队，踏上了对西伯利亚汗国的东征之路。此后300多年间，历任沙皇都执行着向东扩张的政策，并最终使俄国成为世界上领土面积最大的国家。《东进的巨熊——沙皇俄国远东征服简史》将回溯那段被征服者染成血色的残酷历史。

　　吴桥兵变是发生在明亡清兴之际的一起重要历史事件，它不光让山东地区"残破几三百里，杀人盈十余万"，还瓦解了明帝国北方地区的军事力量和社会结构，更让后金拥有了先进的火炮技术。《一只鸡导致的王朝覆灭？——明末吴桥兵变与孔有德之乱始末》试图将那段隐藏于迷雾之下的历史清晰地展现在世人面前。

　　在公元前4世纪到公元前1世纪的地中海波涛中，曾活跃着一批凶猛的"巨兽"——巨型桨帆战舰。这些战舰象征着地中海周边国家对制海权的渴望。《吞金巨兽的竞赛——希腊化时代的巨型桨帆战舰兴衰史》将揭开这些古代海上巨兽的神秘面纱与其背后的地中海霸权之争。

　　"武王伐纣"在传统文人的说法里是一场有道伐无道、商军倒戈相向的正义之战。但在历史记载深处，也有"血流漂杵"这样的血腥记录。那么在中华民族的幼年时代里，周人克殷的背后到底隐藏着怎样的真相？这正是《"血流漂杵"的真相——探秘周人克殷与牧野之战》所要探讨的。

指文烽火工作室主编：原廓

2016年12月

# 高飞长剑下楼兰

## 清末阿古柏之乱和左宗棠收复新疆之役

作者 / 不朽如梦

塔什干城，是今乌兹别克斯坦的首都。

在乌兹别克语中，"塔什干"是石头城的意思，它位于锡尔河右岸，自公元前2世纪初建以来，一直是中亚著名的城市，也是古丝绸之路上重要的商业和交通枢纽之一，这里人烟稠密，商贾云集。

19世纪30年代时，这座城市正被浩罕汗国所统治。当时，在城市中心的巴扎广场上，来自各地的商人们叫卖着各种商品，行人或采购，或游玩，走马观花，流连其中，不时有人取出钱来购买心仪的东西。而广场的角落里，曾有一位男扮女装的"巴特恰"舞童伴随着音乐在一个茶馆中翩翩起舞。只见他面容姣好，舞姿灵动，虽是少年，却有着少女都难以媲美的柔媚姿态，吸引了不少人驻足观看。

没有人会想到，这位名叫穆罕默德·雅霍甫的舞童会在30年后的西域掀起一场血雨腥风，并以"阿古柏"的汉文名字流传后世。


## 新附旧疆

一鞭秋月度桑干，万里阳关道路难。

大碛沙来云似障，天山风起雪如盘。

弓边血影雕翎碎，笛里羌声马骨寒。

醉泻葡桃三百盏，高飞长剑下楼兰。

这一首诗乃是方希孟所著《塞上杂感十八首》其一。光绪二年（1876年），乌鲁木齐提督金运昌率军入新疆平定阿古柏之乱，方希孟作为幕僚随军出征。在征途中，诗人以昂扬的笔调，写出了从征的豪迈。

新疆，古称西域。自汉武帝派遣张骞凿通西域以来，中原王朝便与中亚地区建起了紧密的联系。在古老的丝绸之路沿线，随着商人、使节的频繁活动，中原文明与中亚文明剧烈碰撞，相互汲取着各自的优秀之处。尤其是大唐王朝，更是以其包容开放、富庶强大得到了中亚地区包括河中、费尔干纳和呼罗珊等地的倾心仰慕。当时的西域，是文明交流之地，也是文化开放之地，祆教、佛教、摩尼教、景教等各种宗教均在此地生根发芽，开花结果。

7世纪末8世纪初，阿拉伯帝国倭马亚王朝的大军越过阿姆河。他们经过20多年的征战，铁蹄先后踏遍了布哈拉、花剌子模和撒马尔罕，并一路攻入费尔干纳盆地，最终到达锡尔河流域。武力入侵的同时，征服者还强迫当地居民放弃原来的宗教信仰，皈依伊斯兰教。在这一过程中，大批历史名城遭到洗劫，许多佛教、祆教和其他宗教的庙宇和神像被焚毁，取而代之的是耸立在大地上的一座座清真寺。

倭马亚王朝很快盛极而衰，取代它的是崛起于中亚呼罗珊地区的阿拔斯王朝。747 年 6 月，阿布·穆斯林发动起义，拥立阿布·阿拔斯为哈里发，发起了向倭马亚家族的复仇之战。750 年，唐朝安西四镇节度使高仙芝见大食（阿拉伯帝国）发生内乱，趁机率军攻破昭武九姓之一的石国，占领其都城拓折城（即塔什干城），并俘虏石国国主，准备重建唐王朝在这一地区的霸权。但石国王子却侥幸逃脱，他向新兴的阿拔斯王朝求救。此时的阿拔斯王朝刚刚镇压完河中地区各国的反抗，也想以一战之威奠定中亚地区的归属。

高仙芝得知大食可能出兵的消息后，决定先发制人。他率领安西四镇兵及盟军拔汗那、葛逻禄部共计 3 万余人率先发起进攻，攻入阿拔斯王朝控制区域。大食方面，呼罗珊总督阿布·穆斯林派出了大将齐雅德率军迎战。751 年 7 月，亚洲大陆的两大强权——崛起中的阿拔斯王朝与鼎盛期的大唐王朝在怛罗斯狭路相逢，唐军战败，损失惨重。不过，驻扎西域的唐军很快恢复了元气，两年后便大破大勃律国。但是不久后爆发的安史之乱使得唐军再也无法西顾。至此，中原王朝失去了在西域的立足点，也断绝了与中亚地区的直接联系，伊斯兰教则趁机在西域大举扩张。

西域本是佛教传播的沃土，在玄奘法师所著的《大唐西域记》中便记载了一系列信奉佛教的小国。其中，于阗作为佛教文化的重要中心，一直是中原佛教的源泉之一。其鼎盛时期，领土"西南抵葱岭与婆罗门接，相去三千里。南接吐蕃，西至疏勒二千余里"，为佛国乐土。不过，于阗王国最终却被信仰伊斯兰教的喀喇汗国攻灭。

喀喇汗国为回鹘人与葛逻禄人所建，其领土主要包括都城喀什噶尔所在的塔里木盆地西部绿洲、帕米尔东部、天山山区以及以巴拉沙衮为中心的中亚七河地区，历代统治者多自称"桃花石汗"。9 世纪中期，回鹘汗国被黠戛斯所破，其残部分为四支向不同方向流亡迁徙：进入中原的一支最终融入汉族；入河西走廊的一支被称作"黄头回鹘"，是裕固族的先祖；西迁安西的一支后来建立了高昌回鹘王国；还有一支则远跨葱岭，史称"葱岭西回鹘"。葱岭西回鹘在征服了以巴拉沙衮为中心的葛逻禄汗国后，于 9 世纪末建立了喀喇汗国。喀喇汗国最初分为两支，长支定都巴拉沙衮，统治者被称为"阿尔斯兰汗"（意为"狮子汗"），幼支最初定都在怛罗斯，统治者被称为"卡迪尔汗"（意为"果敢之汗"）。之后，幼支因为被萨

▲ 萨曼王朝与喀喇汗国的对峙形势（840—950年）

曼王朝击败，遂迁都喀什噶尔。

喀喇汗国的统治者最初信仰佛教，但摩尼教、景教、萨满教在其统治区内亦拥有众多信徒，然而这种多宗教共处的情况随着萨曼王朝一位叛逃的王子的到来而改变。当时，萨曼王朝发生内讧，国王伊斯迈尔的弟弟纳斯尔在政变失败后，逃往喀喇汗国避难。当时幼支的卡迪尔汗奥古尔恰克接受了其避难请求，并同意在阿图什建造一座清真寺，供其以及来自中亚布哈拉、撒马尔罕等地的商人做礼拜。却不料纳斯尔趁机传教，发展了许多信徒，其中最为重要的一位信徒就是奥古尔恰克的继子兼侄子——萨图克。在萨图克王子的支持下，汗国内大批民众皈依了伊斯兰教，他本人也在纳斯尔的诱导下，萌生了利用伊斯兰势力夺取汗位的野心。当奥古尔恰克回过神来时，伊斯兰势力已经坐大，难以铲除。双方兵戎相见，奥古尔恰克兵败被杀，萨图克则登上了大汗宝座，自称"博格拉汗"（意为"公驼汗"）。

萨图克登基后，宣布伊斯兰教为国教，并以喀什噶尔为中心开始向外扩张。他先是击败了萨曼王朝，夺回了故都怛罗斯，随后发动了对长支大汗的进攻。到其子木萨时代时，幼支最终消灭了长支，实现了喀喇汗国的统一。统一喀喇汗国后，木萨于962年发动了针对于阗国的圣战。

不过，伊斯兰教东扩的脚步在于阗国一代雄主李圣天及其继承者的全力抵抗下，难以前进一步，于阗国甚至还一度在佛教徒的配合下，攻占了喀喇汗国的首都喀什噶尔。但是喀喇汗国有来自中亚、西亚各地圣战者源源不断的人力补充，于阗国的

▲ 于阗国王供养像

精兵却越打越少。1006 年，于阗最终力屈战败，千年佛国就此灭亡，于阗城也被夷为平地。一部分不愿放弃信仰的佛教徒逃亡沙州，投奔归义军曹氏政权。当时，于阗国多次向宋王朝求救，但进出西域的道路已被党项人所隔绝，中原王朝鞭长莫及，只能坐视其灭亡。伴随着于阗国的毁灭，佛教寺庙被焚烧，僧侣被屠杀，香火断绝，钟鼓噤声，伊斯兰教在西域取得了统治地位。穆斯林这样宣扬道：

> 我们如潮水而至，
>
> 攻陷了大小城池。
>
> 佛堂庙宇全捣毁，
>
> 给菩萨拉屎撒尿。

1041 年，喀喇汗国分裂为东西两国，国力日趋衰弱，沦为赛尔柱王朝的附庸。1132 年，契丹贵族耶律大石在辽国被灭后率领部众一路西迁，开始其重建辽王朝的努力。高昌回鹘迫于耶律大石的兵锋，率先表示臣服，随后，东喀喇汗国也被其降为附庸。耶律大石在巴拉沙衮建立了虎思斡尔朵，以此为根据地向四方扩张。他先后征服葛逻禄、康里、乃蛮、吉利吉斯等部，并继续向西推进，进入费尔干纳谷地。西喀喇汗国向其宗主国赛尔柱王朝求救，于是赛尔柱苏丹桑贾尔以圣战的名义联合呼罗珊、哥疾宁、马赞德兰、西吉斯坦、古尔等地的穆斯林王公，发兵救援西喀喇汗国。1141 年，双方决战于卡特万草原，穆斯林圣战者被契丹人打得大败，西喀喇汗国从此成为西辽的臣属。在占领河中地区后，西辽大军又马不停蹄地攻入了位于阿姆河下游的花剌子模，使其成为西辽属国。至此，西辽疆域东起可敦城，西达咸海，南至昆仑山，北至叶尼赛河上游，国势达到极盛。

西辽王朝统治时期，西域恢复了各种宗教并存的局面，佛教、摩尼教、袄教、景教等多种宗教均在境内自由传播，社会生产也得到了极大发展，各个绿洲呈现一片繁盛景象。1211年，西辽政权被乃蛮部太阳汗之子屈出律篡夺，屈出律篡位后不久即向伊斯兰教世界宣战。他下令封闭清真寺，禁止穆斯林进行礼拜和集会，并对居民们宣布：或改信佛教，或改穿契丹人服装，二者必择其一。这一政策遭到了治下穆斯林的极力反抗，因此当蒙古大军于1218年进入西域后，他们纷纷响应蒙古人。屈出律只得弃城逃走，最后在帕米尔群山间为当地猎户所擒，后被移送给蒙古人。

　　1225年，成吉思汗分封诸子，原西辽统治的广阔地域为次子察合台所得，察合台汗国就此建立。14世纪中叶，汗国分裂为东察合台和西察合台两部，东察合台汗秃黑鲁·帖木儿是西域地区最先皈依伊斯兰教的蒙古可汗。他要求部下全部改宗伊斯兰教，拒绝改宗的则被当作异教徒或偶像崇拜者处死。1354年，有16万蒙古人集体转信伊斯兰教。在秃黑鲁·帖木儿的支持下，来自中亚的伊斯兰教士进入

▼ 克孜尔的千佛洞遗址

佛教重镇库车（即龟兹）传教，"逢人便强迫人颂清真言"，佛教寺庙亦被改建为清真寺。佛教徒们虽然奋起反抗，但被大汗的武力所碾压。暴动者或被杀害，或被驱逐，残存者则全部改奉伊斯兰教。至此，绵延千年的龟兹佛教文化就此灭绝。

明朝虽逐蒙古于漠北，但却未能恢复对西域的控制，更谈不上影响中亚腹地，甚至连忠于明王朝的哈密卫最后也被放弃了。14 世纪末，东察合台汗黑的儿火者打着圣战的旗号攻占吐鲁番，该地居民被迫改宗伊斯兰教。16 世纪初，东察合台王子赛依德在统治阿富汗地区的巴布尔的支持下，攻占喀什噶尔、叶尔羌、和田等地，建立了叶尔羌汗国。随后汗国向四方扩张，基本恢复了原察合台汗国的领地。信仰伊斯兰教的叶尔羌汗王再次发动圣战，西域最后的佛教据点也被连根拔起，曾经的佛国乐土只剩下残垣断壁供后人凭吊。

清朝立国初期，崛起的蒙古准噶尔部攻灭了叶尔羌汗国，建立准噶尔汗国。准噶尔大汗噶尔丹野心勃勃，企图重建游牧帝国。1687 年，准噶尔大军向喀尔喀蒙古诸部发起进攻，掀开了准噶尔汗国与清王朝长达 70 多年的争霸战争的序幕。最终准噶尔人战败，部众或被屠杀，或被同化，最终消失在历史的长河中。准噶尔人的失败也是游牧民族的最后一曲挽歌。至此，游牧民族再也无法威胁中原地区。

清军收复西域后，原先被准噶尔人扣为人质的回部宗教首领大和卓①波罗尼都和小和卓霍集占重获自由，并在清政府的支持下取得了在南疆的统治地位，但双方很快决裂。清王朝认为，自己作为中原正朔，对西域统治的合法性可追溯到汉唐，西域乃是帝国不可分割的一部分。顺治三年（1646 年），吐鲁番苏丹阿济汗进贡朝贺时，顺治帝便敕谕道："念尔吐鲁番，原系元朝成吉思汗次子察合台受封此地，故明立国，隔绝二百八十余载，今幸而复合，岂非天乎？"将其视为国之一隅。而以大小和卓为首的回部封建主则以麦加为精神家园，认为自己属于伊斯兰世界，因此视清王朝为异教国家，不愿受其统治，企图重建属于和卓家族的神权统治。

清乾隆二十二年（1757 年），大小和卓趁天山北路因阿睦尔撒纳之乱再次烽烟四起之际，发动叛乱。次年二月，清政府先后以雅尔哈善、兆惠为将，率大军进入西域。清军初期虽受挫于"黑水之围"，但最后还是取得了平叛战争的胜利。

---

① 和卓，波斯语 "khwaja" 的音译，意为圣裔，指先知穆罕默德的后裔，也被用作对伊斯兰教宗教长者的尊称。但迄今为止，还没有任何可靠的证据表明这些所谓的和卓"圣裔"与伊斯兰教的创始人穆罕默德或其继承人之间有任何血缘上的联系。

▲《平定伊犁受降图》

1759 年初，兵败后的大小和卓带着妻孥逃往巴达克山。清军在招降了游牧于帕米尔地区的布鲁特（清时对柯尔克孜族的称呼）部落后，以他们为向导一路穷追。一番追击之下，大小和卓二人仅以身免，逃到了巴达克山。不久后，巴达克山统治者素勒坦沙迫于清政府压力，执杀大小和卓，将其尸首送交清朝。

随着清军平定天山南北路，中原王朝在暌违近 10 个世纪后，再次重返帕米尔山下。广阔浩瀚的西域地区成了"新附旧疆"，简称"新疆"。乾隆帝夸耀道："岂汉唐宋明诸代，疲中国之财力，而不能得地尺寸者可比！"

对于清王朝来说，新疆地区"东捍长城，北蔽蒙古，南连卫藏，西倚葱岭，居神州大陆之脊，势若高屋之建瓴"，地理位置十分重要。因此清廷最初的设想是：在新疆地区实行内地的郡县制，将该地区纳入甘肃行省管理，设立甘肃总督兼管巡抚事，以陕甘总督杨应琚为首任甘肃总督。1759 年 11 月，杨应琚受命入新疆考察，筹备改行郡县事宜。

在其提交的郡县制草案中，军事方面，设乌鲁木齐提督，节制伊犁、阿克苏、叶尔羌三总兵，并在各城分设副将、都司、守备等职；行政上，则实行军政合一体制，设立阿克苏、叶尔羌、哈密三兵备道，除叶尔羌道下属的喀什噶尔一府外，其余地区均设厅管理，由通判、同知等官员处理事务。但该方案被乾隆皇帝否决，他认为"伊犁及回部，非巴里坤、哈密、内地可比，即须驻兵屯田，仍当以满洲将军大员驻守，非镇道绿营所能弹压"。

1762 年，清政府决定设立伊犁将军，驻节惠远城，下设都统、参赞大臣、办事大臣、领队大臣等，分驻全疆各地，并派驻重兵以巩固边防，实行军政合一的管理机制。全疆被分为伊犁、乌鲁木齐、塔尔巴哈台、喀什噶尔四大政区。在行政上，新疆属于甘肃省，但实际上由伊犁将军统揽全局。

清政府根据各区域的实际情况区别对待，其中乌鲁木齐、昌吉等地实行郡县制；哈密、吐鲁番等最先归附清政府的地区，及游牧于新疆的厄鲁特、土尔扈特蒙古实行扎萨克制度（即盟旗制度）；而天山以南，包括伊犁在内的广大地区，则"因俗而制"，实行伯克制①。清政府在各城镇设阿奇木伯克一员，下设伊沙噶伯克一员作为副手，并置伯克多名分掌钱粮、商贾、诉讼、水利等事项。伯克们分别拥有三品至七品不等的品级，并可以按照各自品级占有 2—80 户"燕齐"农奴及 10—150 巴特满②的养廉田。不过，清政府废除了伯克的世袭制，而是改为流官，由清政府任免、升调，并规定不得在本籍任职，以避免形成地方势力。同时，为了加强对伯克的控制，清政府还规定五品以上的伯克要定期到中央朝觐。

对于当地维吾尔族信仰的伊斯兰教，清政府则有意识地削除其影响力，厉行政教分离原则。乾隆就此专门发布上谕："阿浑（阿訇）乃回人内诵经识字者，与准噶尔喇嘛相似，从前厄鲁特等不知事体，听信喇嘛，致生变乱，岂可使回人仍因旧习？着传谕舒赫德等晓谕各城回人，嗣后诸事惟听阿奇木伯克等办理，阿浑不得干预。"

其后的历任清朝皇帝均严令禁止阿訇干预政事，明令不得在阿訇中挑选伯克。阿訇的子孙中也只允许一二人可以子承父业，其余需自谋生理。对新疆地区原先实行的伊斯兰教法，清政府则采取逐渐禁止的政策。同治元年（1862 年）4 月，清政府明令今后在新疆依照大清律判案，永远禁止"查经拟罪"。同时，清政府还废除了天课制度，将伊斯兰寺院土地上的"燕齐"农奴编入民籍，使之成为向清政府直接纳贡的臣民，大大削减了伊斯兰宗教的经济来源。

由于准噶尔战争的影响，新疆北部地区人口锐减，出现了千里空虚的情况。为

---

① 伯克，"beg"的音译，突厥语，有"首领""管理者"的意思。
② 五石三斗小麦所播种的土地为一巴特满。

▲ 清高宗乾隆帝朝服像

此，清政府在北疆组织了大规模的移民屯垦行动，除部分携眷前往的驻防绿营实行军屯外，政府还组织甘肃等地贫民移民实边。对于这些移民，政府不仅资助路费，提供饭费、车费、御寒衣物等，还派地方官员带队护送，沿途照料。到达新疆后，移民还可以分到住房及每户20亩的土地。受此优惠政策吸引，许多内地居民纷纷移民新疆，很快就形成了一个个聚居区。如乌鲁木齐到巴里坤一带，不久便有1万多户定居于此，加上驻防的八旗、绿营及其家属，各地前来做生意的商贩，该地逐渐成为边疆繁盛之地，出现了"兵戈销尽为农器，布谷催耕叫塞云"的景象。随着农业生产的恢复与发展，乾嘉时期，新疆每年产粮量接近200万石，粮价之低为全国少有，有"谁知十斛新收麦，才换青蚨两贯余"之说。由于连年丰收，新疆各地仓库均囤积了大量的粮食，有些仓库的粮食甚至存储了十余年之久。

当时有人写诗这样描写垦区景色：

五种大都宜二种，麦花开后稻花香。

更看荞麦花如雪，半似燕乡半越乡。

清政府在新疆采取"轻徭薄赋，与民休息"的政策，乾隆朝《户部则例》中规定："各城回民自种地亩，视岁收数目交纳十分之一；各城回民承种官地，岁收粮石，平分入官。"大大减轻了群众负担。乾隆帝在《回疆三十七韵诗》中也曾说道："灭准归王化，赋十存其四。"这种休养生息政策得到了新疆各族群众的支持，道光帝亦曾不无自得地说道："我朝平定回疆以来，各部回众，咸隶版图，纳赋交粮……回子安居乐业者，垂六十余年。"

但另一方面，清政府又以防止滋生事端为由，实行民族隔绝政策，下令禁止官兵、汉人与维吾尔族人杂居一处。其中南疆严禁汉人移住，并在喀什噶尔、叶尔羌、和田、阿克苏、库车、乌鲁木齐和吐鲁番等地兴建"汉城"，供官兵与汉族民众居住。

维吾尔族则居住在老城，即"回城"中。官兵和汉族百姓不许随意进入回城和回庄，维吾尔族妇女则禁止私入汉城。清政府还下令严禁当地驻军擅娶维吾尔族妇女，违者将被治罪。对于同样信仰伊斯兰教的回族和维吾尔族之间的交往，清政府严加限制，不仅严禁内地回族出关充当阿訇，私习经卷，还严禁回、维之间相互通婚。

此外，清政府还限制内地商人进入新疆，凡进入新疆的商人需领取印票。为控制人员进出，清政府在肃州、托克逊等地设立关卡检查。商人们即使领到印票进入新疆以后，也只能在汉城、回城交界处的"买卖街"才能进行交易。不过，即使有种种限制，各地商业贸易仍取得了极大发展。山、陕、江、浙等地的商人不辞险远前往新疆，到哈密地区进行贸易的民众"肩摩雨汗，货如云雾"，乌鲁木齐的各种商铺达到了 500 余家，而叶尔羌的商业街则长达 10 里。其贸易之繁荣，可见一斑。

## 浩罕与和卓

清政府借助灭亡准噶尔之余威，在中亚地区建立起了宗藩体系，浩罕、巴达克山、博罗尔等国先后遣使入朝称臣纳贡。在《大清会典》中，理藩院徕远清吏司条下，专门有外藩朝贡一项，其中这样记载道："哈萨克左右部、布鲁特东西部、安集延、玛尔噶朗、霍罕、那木干、四城、塔什罕、拔达克山、博罗尔、爱乌罕、奇齐玉斯、乌尔根齐诸部落汗长，皆重泽来朝，遣使入贡，或三年，或间年，无常期，厥贡镔刀、马匹。"

此时的清王朝沉浸在天朝上国的迷梦中，未能预料到危机即将来临。在清军收复新疆的同时，原先河中地区的霸主布哈拉汗国正陷入长期战乱之中，各地封建主纷纷割据自立，其中最为强大的当属立国于费尔干纳谷地的浩罕汗国。在准噶尔部灭亡后，浩罕汗国趁机填补其留下的势力真空，日益强大，并在之后的一百多年间不断侵扰着清王朝的西北边疆。

费尔干纳谷地位于天山西部，锡尔河上游。其周围崇山峻岭，唯有西面有一缺口，是为"霍占特大门"，锡尔河从此地流出，进入草原。此地物产丰富，早在唐代，路过的玄奘法师便这样描写该地："土地膏腴，稼穑滋盛。多花果，宜羊马。"同时，费尔干纳谷地位于游牧社会与农耕社会的十字路口，是交通要道，也是重要的商业枢纽。无数商人以此为转运基地，贩卖各种奇珍异宝及土特产品。因其地位重要，中亚地区先后崛起的各个王国，均将其作为必争之地。

▲《皇清职贡图》中的浩罕人

浩罕汗国是由乌兹别克人建立的。当年帖木儿帝国灭亡后，乌兹别克人在其废墟上建立了布哈拉汗国。17世纪末，布哈拉汗国解体，分裂为若干个小国。其中，乌兹别克人的一支——明格部在费尔干纳建立了自己的政权。由于其定都浩罕城，这一政权被称作"浩罕汗国"。明格部的历史可以追溯到蒙古西征时代。13世纪上半叶，他们曾随拔都汗远征，来到里海一带。16世纪后，他们开始迁入河中地区，并在此繁衍生息。直到18世纪初，明格部首领沙鲁赫才趁布哈拉汗国衰落之际自立为王，裂土称雄。

初期的浩罕算不上强大，其统治者仅拥有"伯克"的称号，不但依附于布哈拉汗国，还长期处于准噶尔汗国的威胁之下。1740年，布哈拉汗国第二王朝被波斯人所灭，之后建立的第三王朝实力弱小，统治者甚至自降身份为埃米尔。浩罕统治者额尔德尼趁机摆脱了依附者的身份，实现了完全独立。在随后的清军平定大小和卓之役中，浩罕与清政府取得了联系。当时，清政府担心大小和卓投奔一向与其交好的额尔德尼，便派遣使者来到浩罕，警告其不得接纳大小和卓。使团一行来到浩罕后，额尔德尼慑于清军兵威，奉表请求内附，并于1759年底派出了第一支使团来到北京朝觐，受到了乾隆帝的隆重招待。随后，乾隆帝又派遣人马护送浩罕使团回国，正式确立了双方之间的宗藩关系。在随后的半个世纪里，浩罕使者先后9次进京朝觐。浩罕的及时称藩好处多多，不但得到了清政府的关税优惠，其商人及商栈也遍布新疆各地，获取了大量的利益。清政府则满足于浩罕的"恭顺"，乾隆帝有一次看到浩罕国进贡的白色海东青后，还兴致勃勃地题诗一首：

霍罕部在天山右，其汗名额尔德尼。

摅诚通贡致方物，韝来鸷鸟随译鞮。

额尔德尼表面恭顺，实则野心勃勃。他企图以称藩为代价，换取清政府的支持，进而统治布鲁特诸部。布鲁特诸部对清政府来说，乃是西域的重要屏藩，其

▲《皇清职贡图》中的哈萨克人

首领都接受了清政府的顶戴。因此，乾隆帝一口回绝了额尔德尼的要求。但额尔德尼还是难以遏制扩张野心，他于乾隆二十七年（1762年）发兵侵占了布鲁特部控制的鄂什地区。清政府敕谕其归还该地，否则将发兵问罪，但事实上，清政府的重心仍在于维持新疆地区的稳定，并无大动干戈发兵迫使额尔德尼就范的想法。额尔德尼一度因清王朝可能的征伐而惴惴不安，但最后还是窥破了清政府的底线。他在表现出恭敬服软的同时，却将迎送清政府使节的地点改在了鄂什。清政府并未提出异议，等于默认了这一既成事实。

随后，浩罕不断向东扩展，一方面逼迫不服从它的布鲁特部落向清王朝统治区域迁徙，另一方面则不断招徕原清政府管辖的布鲁特部落前往费尔干纳。清政府虽然清楚情况，但除了虚声恫吓外，别无其他反制措施。乾隆三十二年（1767年），浩罕进攻同样是清政府藩属的哈萨克中玉兹①，掠去哈萨克中玉兹汗阿布赉之妻，杀阿布赉之弟及其四子。阿布赉哀求清政府派遣大军及大炮前来支援，但乾隆帝不愿卷入中亚冲突，只是下谕命双方和好。在清政府的不干涉政策下，浩罕汗国不断扩张，嘉庆年间又攻占了霍占特、塔什干等地。于是，其疆土与伊犁、喀什噶尔地区接壤，新疆形势也随之趋于紧张。

在之后的一个世纪里，大小和卓的后裔成了浩罕干涉新疆事务的重要砝码。在当时，和卓是中亚伊斯兰社会的精神支柱，各地传承着许多和卓家族的血脉。比如在布哈拉和塔什干，便各自有四个分立的和卓家族，波罗尼都和霍集占便出自其中的一支——阿扎姆家族。伴随着苏菲主义在中亚的传播，和卓因其血统和道统得到了广泛的信仰。在传说中，和卓作为现世存在的"神"，能够创造各种奇迹，甚至能使死人复活。除了平民的狂热崇拜外，当时的统治者也纷纷以其为精神导师。一

---

① 玉兹为"Juz"的音译，哈萨克语"地区"的意思。当时哈萨克分为大、中、小三个玉兹，各玉兹分别有一可汗，下分若干部落。清灭准噶尔后，三玉兹归附清政府。

位和卓曾这样说道：

没有宇宙就有我！

没有人类就有我！

先辈之先辈就是我！

哪里有真理之光，哪里就有我！

大约在 16 世纪中叶，和卓势力就已经开始渗入新疆地区，当时的伊斯兰苏菲派宗教领袖穆罕杜姆·阿扎姆从布哈拉来到喀什噶尔，在传教之余娶了当地女子为第三房妻子，生下一子，名为伊斯哈克·瓦里。

穆罕杜姆·阿扎姆此人代表了中亚和卓政治的顶峰，有"神学源泉""真理的卫护者"等称号，具有崇高的威望。因此在传教过程中，他很快获得了大量当地居民的虔诚信仰。在他死后，庶出的伊斯哈克·瓦里与长兄穆罕默德·伊敏争夺教主之位失败，遂辗转来到母亲的故乡喀什噶尔。他在叶尔羌汗国统治者的支持下，在当地取得了巨大成功，其信徒被称作"黑山派"（教徒礼拜时戴黑帽）。其长兄之子穆罕默德·玉素布和卓一派势力随后也进入新疆，其信徒被称作"白山派"（教徒礼拜时戴白帽）。白山派最初在哈密一带发展势力，其后又发展至喀什噶尔。于是两派因争夺信徒爆发了激烈的冲突。黑山派因为得到了汗国统治者的支持，最初处于优势地位，而白山派直到穆罕默德·伊敏的孙子阿帕克和卓时才成功翻身。1667 年，阿帕克和卓支持的尤勒巴尔斯夺取了叶尔羌汗位。在新大汗的支持下，白山派对黑山派进行了残酷镇压。黑山派自然不愿引颈就戮，也发动信徒进行反击，由此爆发了一系列的宗教战争。1670 年，黑山派的支持者伊斯玛业勒取得内战胜利，夺回大汗宝座，这次轮到白山派被大肆屠杀了，阿帕克和卓也被驱逐出境。

阿帕克和卓被驱逐后，他为了寻求支持者，四处漂泊流浪，曾东游至甘肃、青海一带，在当地的门宦中留下了许多传说。最后他来到了西藏拉萨，拜倒在五世达赖阿旺罗桑嘉措座下。他哀求达赖喇嘛帮助他夺回喀什噶尔的统治权。五世达赖答应了其请求，给他的弟子准噶尔大汗噶尔丹写了一封信。带着这封信，阿帕克和卓来到伊犁准噶尔的汗廷，请求准噶尔出兵相助。噶尔丹此时已夺取了哈密、吐鲁番等地，早就对南疆地区虎视眈眈，达赖的来信正中下怀。1678 年，噶尔丹率兵 1.2 万，以阿帕克和卓为向导，向喀什噶尔进军。蒙古人一路高歌猛进，很快便灭亡了叶尔羌汗国。阿帕克和卓也在蒙古人的支持下，成为喀什噶尔、叶尔羌等地的统治者，并自称"宇宙之主"。为了讨好准噶尔人，这位"宇宙之主"残酷剥削庶民，每年都要向准噶尔汗国进贡 10 万腾格①的白银，同时每月另外进贡 4000 腾格白银以供噶尔丹使用。阿帕克和卓废除了原先叶尔羌汗国的一系列制度，转而在各地以"沙里亚法"②施政，以各种宗教法官、审判官作为地方行政长官。在其宗教禁锢政策下，当地文化遭到了极大摧残，著名的喀什噶尔天文台被拆毁，学校成为念经场所，图书馆中数以万计不符合苏菲派教义的图书均被付之一炬。

为了缴纳上缴给准噶尔汗国的贡赋，同时也为了满足他本人及其家族穷奢极欲的享受，阿帕克和卓实行竭泽而渔的经济剥削政策，使人民"如居水火"，凡是异己分子，都被无情杀戮。其统治很快便遭到了辖内人民的反抗，各地纷纷爆发起义，连白山派的老巢喀什噶尔都被暴动群众所占领。叶尔羌汗国的残余势力也趁机起事，阿帕克和卓不得不狼狈逃往准噶尔人的控制区域。不过，在准噶尔大军的支持下，各路反抗者都被镇压下去，阿帕克和卓再次登上汗位。他大肆反攻倒算，四处捕杀黑山派信徒，黑山派的舒艾布和卓等首领纷纷被杀，只留下逃亡到撒马尔罕地区的达涅尔和卓一支。

1694 年，阿帕克和卓为修建其陵墓大兴土木，横征暴敛，叶尔羌的黑山派再次暴动，冲进王宫将其处死。阿帕克和卓死后，其长子叶海亚与他的继母哈纳姆帕德莎为争夺统治权爆发了激烈冲突，叶海亚及其追随者失败被杀，白山派元气大伤。1696 年，白山派和卓的后台噶尔丹也因为昭莫多之战战败，势力一蹶不振。叶尔羌汗室后裔阿克巴什趁机再次发起暴动，哈纳姆帕德莎在出逃途中被杀。

阿克巴什夺取叶尔羌地区的统治权后，从撒马尔罕请回了黑山派的达涅尔和卓，白山派则在喀什噶尔拥立阿哈玛特和卓为汗。此时，噶尔丹已自杀身亡，黑山、白山两派均想借此机会摆脱准噶尔汗国的控制。新任准噶尔汗策妄阿拉布坦自然不愿看到这样的局面出现，他先后发动两次远征，碾碎了和卓们的反抗。不过，准噶尔人还是继续保留了和卓傀儡政权，他们任命达涅尔和卓为天山南路叶尔羌、喀什噶尔、和田、阿克苏四城的代理人，条件是达涅尔和卓必须如往常那样支付巨额贡金，阿哈玛特和卓则被羁押于伊犁。1730 年，达涅尔和卓病死，此时的策妄阿拉布坦之子准噶尔汗噶尔丹策零下令将天山南路叶尔羌、喀什噶尔、阿克苏、和田四城分别授予达涅尔和卓的四个儿子。

---

① 1 腾格约合 1 两。
② 沙里亚法为阿拉伯语 "shari'ah" 的意译，即伊斯兰教法，为"圣训"诠释、补充的安拉诫命之总和。它作为全社会的行为准则，内容几乎涵盖了人们的一切行为。

1745年，噶尔丹策零去世，准噶尔汗国由此陷入内乱，7年间换了4位大汗。清军也于1755年再次发起了对准噶尔的远征。黑山派和卓们见良机已至，便发动信徒将准噶尔派驻天山南路各地的官吏、驻军、商人全部驱逐。此时，准噶尔达瓦齐汗的政权正在清军的打击下分崩离析，根本无暇顾及黑山派的叛变。在黑山派和卓额手相庆之际，清军大营迎来了两位表示归顺的客人。他们是白山派阿哈玛特和卓被羁押在伊犁期间所生的两个儿子：长子波罗尼都，称"大和卓"；次子霍集占，称"小和卓"。清政府得到两人效忠后，认为"奇货可居"，决定派波罗尼都返回南疆，授予其招抚管理回部的权力。这一消息对黑山派和卓来说无疑是晴天霹雳，他们集结起军队企图反抗，但在得到清军支持的白山派军队面前很快失败。黑山派和卓家族除阿布杜拉和卓外，全部被杀。至此，黑山派势力一蹶不振。

其后，大小和卓如前所说，因其迅速取得的胜利滋生出巨大的野心，但这一野心却在清军的铁腕打击下灰飞烟灭。不过，虽然大小和卓已然授首，但其后裔却始终难以割弃对新疆的野望，觊觎着这片广袤的土地。他们以圣裔自居，不甘失败，掀起了一次又一次叛乱。当时，霍集占没有子嗣，波罗尼都则有四个儿子。在战争

阿帕克和卓的陵墓

中，波罗尼都年长的三个儿子均被清军俘获，唯有幼子萨木萨克被其乳母带往安集延。在那里，萨木萨克和他的后裔得到了浩罕统治者的庇护。

浩罕统治者虽然在境内严厉限制、打击和卓势力，将世俗权力置于宗教权力之上，不但放逐了阿扎姆家族的和卓，还处死了许多装神弄鬼的伊斯兰教士。但萨木萨克及其后裔在浩罕统治者眼里，却是可以利用的重要工具。清政府无疑也意识到了萨木萨克可能造成的隐患，多次派人前去交涉，要求浩罕逮捕并交出萨木萨克，但都被浩罕当局搪塞过去。

乾嘉以后，清政府国势进入衰退期，对边疆的统治也日渐腐败，这给了野心家可乘之机。嘉庆二十五年（1820年）以来，萨木萨克之子张格尔多次在浩罕的支持下，纠集人马越过边境侵入新疆，但前两次均被清军击退。清政府要求浩罕交出张格尔，但仍被浩罕拒绝。浩罕的爱玛尔汗（他是浩罕首个称汗的统治者）甚至还向伊斯兰教名义上的共主土耳其苏丹报告，宣称他为了解救中国异教徒统治下的诸城，已经取得了一系列战事胜利。清政府最初并未认识到边境形势的恶化，认为张格尔只是肘腋之患，浩罕方面则借机要求再次减免关税，但被清政府拒绝。浩罕因未能满足要求，遂以圣战为名，支持张格尔发动大规模入侵。

道光六年（1826年）7月18日，张格尔纠集500余人再次窜入新疆发动叛乱。此次他吸取了前两次失败的教训，在入侵前便派遣奸细潜入新疆，四处联络，并大造舆论，蛊惑了不少民众。他这样宣传道：

但见其一面，即两世受福。

但饮其杯茗，即百虑皆忘。

喀什噶尔参赞大臣庆祥派兵围剿，结果反被围困。清政府在收到边关急报后，于8月命伊犁将军长龄为扬威将军，调集各路援军3.6万余人会师阿克苏。此时，张格尔仍顿兵于喀什噶尔城下，他虽裹挟了大批民众，但却缺乏攻城能力，只得向浩罕求援，称愿将喀什噶尔割让给浩罕。在浩罕大军的支援下，张格尔终于在9月26日攻陷了喀什噶尔汉城，庆祥兵败自杀。张格尔又分兵先后攻陷英吉沙尔、叶尔羌、和田等地，建立了听命于浩罕的伪政权，并自封苏丹。但此时，各路清军已集合完毕，浩罕方面的援军则因为分赃不均已经离去。次年3月，清军发起反击，先后在洋阿尔巴特庄、沙布都尔庄、阿瓦巴特庄等地中歼灭叛军主力，于月底进抵喀什噶尔城下，粉碎了叛军的顽抗，张格尔不得不落荒而逃。至4月底，英吉沙尔、叶尔羌、和田等地已全部被清军收复。但张格尔并不死心，于道光八年（1828年）

春节再次窜入新疆，但由于其入侵期间的暴虐行为，南疆群众对他深恶痛绝。他无法立足，很快便在喀尔铁盖山被清军擒获，并于当年 6 月被解往北京，枭首示众。为此，清政府驱逐了浩罕商人，并中断了两国之间的贸易。

张格尔虽死，但浩罕并未放弃利用白山派和卓入侵新疆的野心。很快浩罕当局便找到了替代者，他便是张格尔之兄玉素甫。道光十年（1830 年）7 月，浩罕大军 4 万余人护送着玉素甫侵入边境，沿路烧杀抢掠，再次兵围喀什噶尔，并进犯叶尔羌、英吉沙尔等地，但被清军分别击退。浩罕见无法取胜，本土又受到布哈拉汗国进攻，只得退兵。同时，清政府方面因为财政负担严重，也不得不与浩罕媾和，不但发还了抄没的浩罕商人财产，还允许浩罕政府派遣官员呼岱达进入新疆境内，管理浩罕商人并征税。大量浩罕商人进入喀什噶尔等地定居，生儿育女，并享受不被清政府管理的特权。这批特权阶层在喀什噶尔至少有 6000 人，成为一大隐患。

浩罕因此日益骄横，不断派兵侵扰边境，还在喀什噶尔自行对不属于其管辖的克什米尔、巴达克山商人擅自征税，甚至到各村镇委派官吏。道光二十七年（1847 年）7 月，卡塔条勒（玉素甫之子）、倭里罕等和卓后裔纠集起人马再次掀起叛乱，这次叛乱史称"七和卓之乱"。他们在喀什噶尔城内浩罕商人的内应下攻陷了回城，并再次进犯叶尔羌等地，一路上烧杀抢掠，犯下了许多可耻的罪行。清政府急调各路清军围剿，当年 11 月，清军在战场上大败叛军，和卓及其幸存的走狗全部被驱逐出境。在逃亡途中，他们煽动、裹挟了 1 万多名维吾尔族群众随其一起出逃，结果这些群众衣食无着，又遇到大雪，许多人冻饿而死。卡塔条勒因此次失败被当作了弃子，其掠夺来的大量财物均被浩罕当局没收，本人也成为囚犯，失去了自由。

▲《平定回疆得胜图》之收复喀什噶尔之战

之后的 10 年间，又多次发生了和卓后裔窜入境内，企图掀起叛乱的事件，但均是小股流寇入侵。直到咸丰七年（1857 年）6 月，倭里罕再次掀起了大规模的叛乱。倭里罕是张格尔弟弟巴布顶之子，自幼野心勃勃，曾屡次策动叛乱，得到了浩罕当局的青睐。他在白山派大阿訇密尔爱玛提和南疆浩罕商人的内应下，打着圣战的旗帜侵入南疆，很快便控制了喀什噶尔、英吉沙尔、巴楚、叶尔羌等地区的大片土地，清军只得据守城堡以待援军。倭里罕在其控制区域实行极其黑暗残酷的伊斯兰教法统治，每天都有几十人因违反其禁令被杀。他用砍下的头颅堆成了4座10层高的人头塔。直到9月，伊犁等地清军援兵陆续来援，解了各地之围，最终将其赶出了南疆大地。

虽然清政府平定了浩罕当局所支持的历次和卓叛乱，但这同时也暴露出了清政府在新疆统治的种种弊端。其民族隔离政策人为地阻隔了新疆各族民众与内地在政治、经济和文化方面的交流，中原汉文化难以浸润新疆地区，使它仍停留在伊斯兰文化圈，很难形成中华意识。不少有识之士纷纷上书朝廷要求改变原有政策，解除限制进入南疆的律令，允许内地商民携眷垦种，通过移民实边加强对新疆的控制，以杜绝外部势力的窥伺。

道光十一年（1831年），清政府终于颁布上谕，解除了不许汉族群众定居南疆的禁令，决定将西四城（喀什噶尔、叶尔羌、英吉沙尔、和田）可种之闲地，招民开垦。内地民众可以携带眷属前去定居，同时也可以耕种当地维吾尔族的土地。随着禁令的解除，各地都出现了"眷户日增，人烟日众""出口谋生者纷至沓来"的良好局面，南疆的社会生产也有了极大发展。

不过，新疆地区吏治的日益腐败严重破坏了原本和谐的民族关系，当地官吏"文荒武嬉，复犬羊其民而虐用之"。咸丰年间出任甘肃布政使的张集馨对新疆官吏做出过这样的评价："各城办事大臣，半系不学无术，而东三省人尤为贪悍。或奸淫回妇，竟不放归；或遇事科求，肆行洒派。"各级伯克作为土皇帝也是作威作福，他们以官府为后盾，鱼肉乡里，残酷剥削百姓，"伯克土霸，日增其富。小户回子，少有积蓄，辄为所咀嚼"。据统计，南疆257个伯克及其家族占据了当地40%的土地，库车地区的一名阿奇木伯克霸占的官田和民田竟多达42800余亩，并常年役使198户农奴为其无偿服役。除此之外，伯克们还肆行摊派："回性贪黩，将亏取赢，是以大臣要米一石，伯克则科派数百石；要物一件，伯克则科派数百件。各庄小回，积怨入骨。"

林则徐在谪戍新疆时，在南疆地区看到的便是这样一幅景象：一路上不见炊烟，若是瓜果成熟季节还好，可以摘来充饥，除此之外，一天只有几个冷冰冰的馕饼充饥。大部分人都衣衫褴褛，不管寒冬酷暑，都是赤脚走路，连双鞋子都没有，生计十分艰难。

在这种情况下，新疆很快爆发了大规模的民众暴动。随后民众的反抗行动又被伊斯兰教上层教士攫取了领导权，导致清政府在新疆的统治秩序解体，最终为早已觊觎新疆的外国侵略者的入侵提供了可乘之机，并引发了为祸 10 余年的"阿古柏之乱"。

# 烽火连城（上）

阿古柏的兴起与帝国主义在中亚的扩张有着莫大的关系。19 世纪工业革命后，西方列强瓜分殖民地的运动步入高潮。在这股殖民浪潮中，亚洲内陆，尤其是英属印度与俄国之间的地区，逐渐成为英俄在亚洲瓜分的主要目标之一，并以此为舞台展开了一场大角逐。

沙俄一向觊觎中国西北边疆。早在 17 世纪初，沙俄便开始侵入额尔齐斯河中游的草原地带，企图将厄鲁特蒙古变为俄国的臣民，将厄鲁特蒙古的土地变为俄国的领土，但是遭到了厄鲁特蒙古王公的一致抵制。17 世纪 30 年代，准噶尔部崛起，

▲《乾隆阅兵图》

沙皇政府又笼络准噶尔部封建领主，不断派出使节，赠送礼物，煽动他们投向俄国怀抱，以实现其吞并中国西北边疆领土的野心，但先后两任准噶尔首领巴图尔与僧格均严词拒绝。直到噶尔丹夺取准噶尔汗位后，他为实现其吞并天山以南地区、青海及喀尔喀蒙古，建立准噶尔帝国的野心，开始与沙俄相互勾结，大肆出卖领土、权益。至 18 世纪初，沙俄已占据额尔齐斯河流域大部及叶尼塞河上游，侵略矛头直指唐努乌梁海地区。1715 年 10 月，受沙皇彼得一世的命令，布霍列茨中校率领全副武装的侵略军 2900 余人乘船来到亚梅什湖，企图入侵并夺取传说中的叶尔羌金矿。当时的准噶尔首领策妄阿拉布坦断然拒绝了俄国人的劝诱，他率军万人直逼俄军据点，将其团团围住，迫使俄军毁坏城堡后逃离。

贼心不死的俄国人于 1720 年再次武装入侵。他们沿着额尔齐斯河一连航行了 12 天，深入准噶尔腹地，后被噶尔丹策零击败。但俄军还是沿额尔齐斯河修筑了一系列城堡，即西伯利亚堡垒线。在清军平定准噶尔的战争中，沙皇俄国又对准噶尔上层贵族进行了一系列挑唆和收买活动，并不顾清政府的强烈抗议，庇护了阿睦尔撒纳等人。1760 年起，俄国人又以考察的名义深入额尔齐斯河等地，设立标记，建立据点。1764 年，他们还来到中国内湖斋桑淖尔进行测绘。为此，清政府加强了边界巡视，并修建了一系列城堡，从而挫败了沙俄的入侵野心。

但是在哈萨克草原方向，俄国人取得了巨大的成功。沙皇彼得一世曾这样表现出他难以抑制的野心："吉尔吉斯部（即哈萨克）……是通向亚洲各国、各地区的锁钥和门径，因此，该部需置于俄国的保护之下。"1716 年和 1718 年，沙俄强行建造了鄂木斯克堡和塞米巴拉金斯克堡，取得了从东北方进攻哈萨克草原的前哨阵地。在沙俄的逼迫下，哈萨克中、小玉兹的一些部落被迫向其表示臣服。随后，俄军修建了奥伦堡、特洛伊茨克堡等据点，形成了一条从里海北岸沿乌拉尔河和乌依河直到鄂木斯克附近的弧形堡垒线，并与西伯利亚堡垒线相连接。1822 年，沙俄政府颁布《西伯利亚吉尔吉斯人条例》，取消了中玉兹汗的权力，并开始向哈萨克中部和东部进军，逼近巴尔喀什湖地区。

18 世纪中期，英国将法国势力逐出印度后，逐步完成了对印度次大陆的征服，并开始在南亚和欧亚大陆的地理分界线上同中国发生接触。19 世纪初，英国又将位于喜马拉雅地区的廓尔喀（尼泊尔）、哲孟雄（锡金）、布鲁克巴（不丹）诸小国纳入势力范围。此时的沙皇俄国采取修筑堡垒线的方法，沿着里海到阿尔泰山一线开始全面向南推进。至 19 世纪 30 年代，俄国先后进行了 14 次远征，夺取了包括哈萨克草原在内的大量土地。俄国的上述行动引起了英国的高度警觉，后者随即提出了"精明无为"政策。具体而言，该政策的主要宗旨是：军事上压服与印度接壤的小国，外交上频繁向中亚派遣外交官、考察团、传教士收集情报，理顺英俄在中亚的关系，避免摩擦，消除隔阂，避免两国发生大规模冲突，争取在帕米尔、兴都库什山、喷赤河上游地区建立隔离带，防止俄国势力染指印度。

克里米亚战争失败后，在近东地区扩张受阻的俄国再次将侵略矛头指向中亚。一旦俄国完全控制了中亚，那么俄军既可从西北方向经伊朗、赫拉特直抵印度，亦

▲ 摘自《回疆志》的新疆全舆图

能翻越帕米尔高原从阿富汗北面直抵印度。为遏制俄国势力南下，危及其在印度的统治，英国开始寻找代理人，并将侵略的触角伸向了处于变乱中的新疆地区。

进入 19 世纪 60 年代以来，清政府的统治陷入危机之中：在内部，太平天国运动和捻军起义虽然依次平息，但在西北陕甘诸省，又爆发了规模惊人的回民起义；在外部，英法联军发动了第二次鸦片战争，先后攻陷广州、天津、北京等地，将富丽壮观的圆明园付之一炬，并逼迫清政府签订了一系列不平等条约，出让大量主权。俄国也趁火打劫，先后逼迫清政府签订《中俄北京条约》《勘分西北界约记》，在东北夺取了乌苏里江以东包括库页岛在内约 40 万平方公里的土地，在西北则割占巴尔喀什湖以东、以南 44 万平方公里的土地。其势力大举进入新疆地区，逼迫清

政府增开喀什噶尔为商埠，同意其在喀什噶尔设立领事馆。

在内外交困的局面下，清政府在新疆的统治摇摇欲坠。当时新疆一年的军政开支就需要白银 200 万两，全靠内地各省协济，这笔支出约占当时清政府年财政收入的 5%。由于内地军务未竣，度支告匮，所有新疆各城经费及军饷几乎无从筹拨，到 1862 年时，内地协饷全部断绝。由于得不到军饷，新疆各地爆发了军队"纠众乞饷""胁官索饷"的事件。为筹措军饷，阿克苏办事大臣绵性在阿克苏增设盐税，规定平民每人每月交纳普尔钱两文。这种赋税称为"筷头税"，致使"庶民倾家荡产，可是催税的鞭子却仍然在他们的头上挥舞"。官府大开捐纳之门的同时，吏治也更加败坏，"他们想都没有想到怜悯百姓，忠心报国。只有钱，那些为买官而花掉的钱才是他们最关心的东西……他们像挖树根一样暗暗毁坏着伟大可汗的天下"。在当局竭泽而渔的压榨措施下，新疆各地经济凋敝，民众抗粮、抗徭的斗争也日益频繁。

当时，新疆各地还居住在大量被称作"东干人"的回民，他们的祖籍也多来自陕甘等地。在陕甘回民起事后，就有人潜赴新疆"暗相煽惑"，其中"有教首阿訇妥明者……以星禄卜筮游金积、河湟间，与各回目相识。乘乱由西宁潜出关"。虽然清政府一向严禁内地伊斯兰教士进入新疆布道，但此时其统治力衰微，已经难以控制。

同治三年（1864 年），库车首先发生了民众暴动。在渭干河近旁，一批无力交纳粮赋而被迫服劳役的农民在开渠垦荒期间，有许多人因冻饿而死。不堪忍受的饥民们最终发起暴动，一个夜晚就杀死了 2 名官吏和 15 名伯克，随后又向库车城进发。6 月 4 日，在来自陕西玉门的回民杨春的联络下，库车城外的回民在马隆等人的带领下趁机起事。"突然间，犹如祸从天降，一些东干人，一夜之间变乱谋反，放火焚烧了外厢巴扎尔（集市），杀死了异教徒的头面人物。这时英吉沙尔城阿奇木伯克的儿子阿拉雅尔伯克也率领一些含冤的穆斯林协助了他们。大家同心同德，放火烧毁了官府的衙门。"

6 月 6 日，暴动群众攻入城中，库车办事大臣萨灵阿等官吏及 8 名伯克被杀。他们一开始准备拥戴库车郡王爱玛特为首领，但爱玛特忠于清政府，不愿参与其中。他这样说道："你们是少数人，和台（泛指汉族）的百姓很多。你们无法和他们对抗。我们家族好几辈人为大汗效劳，得到了官位、财富、水、土地，我自己也曾好几次晋见过大汗。我们祖辈吃的都是大汗的盐，享受大汗给予的荣华富贵。现在，无论如何，我们也不能对给过我们盐吃的大汗翻脸。虽然大汗是一位异教徒，我也要信守诺言，尊重我所吃过的盐。我不做你们的首领。你们情愿让谁做你们的首领都可以。我已经七十多岁了，再也没有奢望和追求了。"见爱玛特不愿就范，暴动的群众便将他处死了。

最后，库车人拥立了一位当地的伊玛目热西丁和卓为首领，将他扶上了白色的毛毡。热西丁登上汗位后，被称作"汗和卓"，又被尊称为"圣人穆罕默德最伟大的后裔，宇宙力量的主宰者"。热西丁将人间的一切不幸都归罪于所谓异教徒的统治，号召民众进行圣战。他这样煽动道：

几个世纪过去了，穆斯林被没有信仰的异教徒和残暴的压榨者踩在脚下侮辱和轻视，现在安拉给了穆斯林以许可和支持，给了我们力量，让我们毫不迟疑地向异教徒挥去伊斯兰的宝剑。现在最重要的工作是，只要我与你们的生命还存在，就要把它投入战争。进行圣战能为全体人民带来利益，这是安拉仆人的职守和本业，甚至可以看作是最重要的功课。

至此，这一反抗清政府的运动沦为消灭异己的工具，汉人要么被迫改宗伊斯兰

▼库车王府

教，要么被杀。随后，热西丁下令穆斯林在礼拜日做呼图白[①]时呼喊自己的名字，为其祝福，并下令铸造刻有自己名字的普尔钱。热西丁派兵东征西讨，先后攻占了阿克苏、库尔勒、喀喇沙尔（今焉耆）等地。他的胜利极大地鼓舞了其他地区的穆斯林，天山南北各地很快形成一片烽火连城的景象。

在成功策动库车暴动后，杨春又来到乌鲁木齐，在那里他联络了当地驻军绿营参将索焕章起事。索焕章出身甘肃回民望族，其父索文曾任甘肃提督一职，在军中颇有地位。同样来自甘肃的阿訇妥明在潜入新疆后，便居住于索家，索焕章"素蓄异志"，两人一拍即合。当时乌鲁木齐都统平瑞为筹措军饷，只得加派钱粮，州役马全、驮户马八都是回民无赖，借机大肆敲剥，汉民则结团自保。双方发生械斗，马全等人兵败逃出城去。城内回民遂在南关礼拜寺集合商讨起事，"明炬议事，戈矛森然"，这一情况被遣勇朱小贵告发，但朱小贵反被索焕章以妄报军情所杀。7月15日，索焕章在当地门宦的支持下，推妥明为主帅，组织回民起事，并于7月29日攻占了乌鲁木齐汉城。提督业布冲额逃至索家，才发现索焕章是幕后主使，绝望之下仰药自杀。全城满、汉官兵及百姓1.3万余人被害。乌鲁木齐满城则在被围困80多天后，被回民武装掘开城墙后失陷，都统平瑞兵败自杀。其后妥明自称清真王，改年号为清真2893年，并排挤了索焕章，独自攫取了大权。索焕章最后郁愤而死，杨春则在围城之时因内讧被一名撒拉族阿訇所杀。

7月26日，叶尔羌城也发生了暴动，汉民7000余人被杀，残存清军只得退守汉城。7月至10月间，绥来、奇台、阜康、呼图壁等地纷纷失陷，汉族群众多遭屠戮，其中阜康地区死难群众多达4—5万人。

10年之后，帮办新疆军务金顺的幕僚周先檀经过奇台县，看到的仍是这样一幅景象：

空城黯黯悄无人，一片荒墟劫后因。

巢燕凄凉难觅主，野花缭乱不成春。

我们再看清政府方面的对策。清政府当时有驻军约1.5万人，主要分为三部分，即八旗、绿营及"伊犁四营"。其中八旗为主力，约7000人；绿营多为回族士兵，约2000人；"伊犁四营"则分别为从东北、蒙古等处调来戍边的锡伯营、索伦营、

---

① 伊斯兰教的一种宣教仪式，程序包括朗诵宣礼词，宣讲教义。伊斯兰国家的呼图白由卡迪（宗教法官）或穆夫提（教法解释官）宣读。非伊斯兰国家、地区的呼图白，则由伊玛目、毛拉或阿訇宣读。

▲叶尔羌城

察哈尔营和东归的土尔扈特部蒙古组成的厄鲁特营，约 6000 人。这支驻军除守备新疆的主要城市外，还要负责驻守漫长边境线上的各个"卡伦"（满语，"哨所"之意），兵力分散之下，根本难以应付四处燃起的烽火。伊犁将军常清对此一筹莫展，只能连忙上奏，请求催调各路官兵援助新疆，以扑灭各地燃起的烽火。清政府接到急报后，迅速做出反应，免去了因贪赃枉法而声名狼藉的伊犁将军常清的职务，令伊犁参赞大臣明绪接替常清为伊犁将军，又指示新任陕甘总督杨岳斌率领所部精锐立刻赴任，接手新疆军务。清廷同时从各地调兵遣将，分别命乌里雅苏台将军麟兴、荆州将军穆图善等人分别率兵赶赴陕甘，并命令奉旨简放的各城领队、办事大臣迅速抵任治所，剿灭各地叛军。

　　然而，新疆的局势还是急转直下。9 月，布鲁特族首领思的克与回族首领金相印在喀什噶尔起兵。10 月，妥明攻占乌鲁木齐满城，都统平瑞自焚，兵备道伊昌阿及部下 2 万余人被害。不久后，伊犁宁远城失陷，伊犁将军驻地惠远城、满营驻地惠宁城也被围攻。新任伊犁将军明绪急调锡伯营、索伦营马队 800 人回守惠远城，又招募汉民、哈萨克壮士 3000 人共同守城，才确保惠远城暂时不失。妥明军见惠远城城池高大、防守严密，遂转攻古城。入援的 2 万喀尔喀蒙古兵奉命解古城之围，结果一触即溃，败退的残军一路狂奔逃到科布多城。见蒙古兵战斗力低下，清政府不得不下令将其撤散。陕甘总督杨岳斌虽是湘军宿将，在与太平军的交战中屡立战功，受一等轻车都尉世职，但此时手下却无多少兵马，需回湖南募集，一时难以成军。荆州将军穆图善所部则远在湖北，即使星夜兼程，赶到新疆也需一定时日。为解新疆危局，清政府又急令湘军名将鲍超率所部霆字营出关，但鲍超的部属不愿远征，竟以欠饷为由哗变于湖北金口，朝廷竟也无可奈何。

　　1865 年 3 月，在坚守了近 3 个月后，古城失陷，领队大臣惠庆及以下官兵连同妇女 7000 余人被杀。伊犁将军明绪作为新疆最高军政长官，却陷入无兵无饷的境地，各地索兵请饷，纷纷告急，"而所望者关内劲旅，奈相隔万里，缓不济急"。明绪甚至萌生了借师助剿，希望借助俄军来平定叛乱的念头。清政府最初也对俄国出兵抱有期望，但在与俄国交涉过程中，认识到俄国狼子野心，为害更大，最终放弃了这一想法。

此时，在新疆各地，除了库车的热西丁"汗和卓"政权和乌鲁木齐的妥明"清真王"政权外，伊犁地区的迈孜木杂特、肖开特、艾拉汗等人亦先后自称"苏丹"，割据伊犁河谷地一带，和田地区则由自称"帕夏"的哈比布拉所占据。他们一面过着骄奢淫逸的生活，"每天享用着丰美而种类繁多的各类饮食，吃着北京风味的饭菜，还有许多美丽的女人轻歌曼舞，犹如天堂的仙女降临，时刻相伴"；一面又打着圣战的旗帜，蛊惑群众，制造民族仇杀，煽动民族分裂，将新疆淹没在血泊中。为了生存，各地汉族群众纷纷结寨自保，形成一系列民团组织。这些民团"结寨堡，集精壮"，且耕且战，自屯自守，收容了各地逃来的大量难民，在极端艰苦的条件下孤军奋战将近 10 年，保护了许多群众的安全。

在取得对各地清军的胜利后，各个割据势力间很快便陷入倾轧之中。他们为了争夺地盘，相互攻伐不休。其中喀什噶尔的形势最为复杂，回民首领金相印、白山派首领托合提马木、布鲁特首领思的克三派各自占据一块地盘，而汉城则仍为清军所控制。此外，库车的热西丁政权也对喀什噶尔虎视眈眈。为了应付内忧外患，思的克想到了流亡在外的白山派和卓家族，希望能依靠这一家族的声望来赢得维吾尔人的支持。1864 年 9 月，他与金相印联合起来，由金相印亲自带队来到浩罕迎接白山派和卓后裔。在金相印一行动身后不久，热西丁便命令堂叔——驻守乌什的赫提夫，出兵奔袭思的克等人。在经过短暂的交火后，思的克命令部下停止抵抗，迎接赫提夫入城。赫提夫不防有诈，以为思的克乃是真心臣服，便愉快地住进了城内一处别墅中。结果刚住进去，他就与他的卫队失去了联系，马匹、武器也全部被没收，他这才发现自己已被软禁。软禁至第 9 天，在当地一些名流的斡旋下，赫提夫才不得不答应与思的克各守疆界，互不侵犯，然后灰溜溜地离开了喀什噶尔。

金相印一行来到浩罕后，受到了浩罕摄政王阿利姆·库里的接见。此时的浩罕已经风雨飘摇，俄国大军兵临城下，但浩罕还是决定继续插手新疆事务。这次，浩罕找出的傀儡是波罗尼都的曾孙——张格尔之子布素鲁克，他被任命为喀什噶尔汗，浩罕大臣阿古柏则作为其勇士长及代理人随行。阿利姆·库里要求布素鲁克写下书面保证，同意只当名义上的统治者，过吃喝玩乐的生活，军政大事全由阿古柏负责。

不过，浩罕已经派不出多少人马了，最初与阿古柏等人同行的只有 6 名随从，之后经过补充，也仅仅只有 68 人。当时很少有人认为阿古柏他们会取得成功，许多人认为这次任命乃是一次放逐。因为阿古柏与摄政王之间一向不和，他们彼此敌视，阿古柏认为库里是自己晋升的障碍，而库里则视阿古柏为自己可能的竞争对手和取代者，一直想找机对付阿古柏。在别人看来，阿古柏作为浩罕内部倾轧的失败者，最好的结局也无非是像一个勇敢的军人般战死沙场。其实对阿古柏来说，这反倒是一个重要的契机。浩罕已经是一座随时可能倒塌的大厦，离开浩罕意味着他能够摆脱控制，自立为王。他在得知喀什噶尔的局势后，极力怂恿布素鲁克，让他表示愿做浩罕的马前卒。

在这里，我们先来简单回顾一下阿古柏这位奸雄早年的人生经历。阿古柏于1820 年出生在一个名叫匹斯坎特的小城，这座小城位于塔什干以南约 80 公里处。他的父亲普尔·穆罕默德·米尔扎是当地的一个小官吏，他曾在库拉玛有过一次婚姻，并育有一个名叫穆罕默德·阿利夫的儿子。阿古柏是其来到匹斯坎特后所娶的第二任妻子所生。但是不久后，阿古柏父母便离异了，他跟随改嫁的母亲来到当地一位屠户家中。母亲病逝后，无依无靠的他成了孤儿，流落到塔什干城，成了一位舞童。

塔什干是其人生的第一个舞台，在那里，他拜了一位街头艺人为师，学会了精湛的舞技，并以此为进身之阶，结识了许多达官显贵。不久后，一位路过的官吏看中了他的美貌与舞技，将他收为娈童带到浩罕，转送给了马达里汗的侍从官穆罕默德·卡里姆·卡希卡。1842 年，浩罕败给布哈拉汗国，马达里汗战死沙场。随后，布哈拉进占浩罕城，全国上下一片混乱。在大动荡中，时任浩罕阿奇木伯克的卡希卡加入了对汗位的角逐，结果战败身亡。最后，呼达雅尔在穆斯林·库里的支持下，成为浩罕新的统治者，穆斯林·库里则出任宰相一职。此时，已经长大成人的阿古柏

▲ 浩罕汗国的皇宫与军队

回到家乡，投奔塔什干城总督纳尔·穆罕默德·库什。他将美丽的同母妹妹献给了库什，成了库什的姻亲。这门亲戚关系对阿古柏的晋升大有帮助，阿古柏以此关系进入军中，不久后便被晋升为五百夫长，成为浩罕的一名中级军官。约在同年，阿古柏成婚。1847年，由于其展示出来的杰出军政才能，他又被派往位于锡尔河下游的城市阿克摩斯杰德出任和硕伯克。该城为浩罕边境重镇，地位十分重要，阿古柏由此成为浩罕的重要官员。在讲究家族关系、部落关系的浩罕宫廷中，阿古柏没有强大的家族支持及金钱保

▲ 阿古柏像

障。因此，他的每一步升迁都要付出比其他人更多的努力，他也在层出不穷的各种宫廷阴谋中逐渐变得冷漠无情，狡诈多变。

此时，俄国的势力逐渐侵入浩罕。至19世纪中叶，他们已推进至锡尔河一线，扼守河口的阿克摩斯杰德因此成为俄国人的眼中钉。1853年，一支俄军在彼罗夫斯基将军的率领下，开始向该城进攻。俄军本以为24小时内便可结束战斗，但在阿古柏的顽强抵抗下，战事持续了近一个月，城防在俄军连续20多天的大炮轰击下变得千疮百孔。阿古柏知道该城失陷只是时间问题，于是派遣使者至俄军中决定投降。然而俄军因遭受到的抵抗恼羞成怒，拒绝接受投降，继续发起攻击，并在次日夺取了该城。但阿古柏成功突围，没有落到俄国人的手中。俄国人在占领阿克摩斯杰德后，按照惯例将其改名为"彼罗夫斯基城"，以示纪念。虽然阿古柏奋力抵抗，但在宫廷倾轧中，有人指控他接受了俄国人的贿赂，因此防守不力，导致城池陷落。为此，阿古柏被贬为"弥尔"（酋长）。

1858年，感到芒刺在背的呼达雅尔汗下令处死了他的宰相穆斯林·库里，浩罕国的政局再度动荡。呼达雅尔汗的哥哥毛拉汗预谋废黜呼达雅尔汗，沉寂多时的阿古柏加入了这一集团，希望借机翻身。不久后，毛拉汗政变成功，呼达雅尔汗被废黜，阿古柏恢复了和硕伯克的地位。随后，他出任边境重镇库拉玛的长官。

1860年，阿古柏被召至塔什干，辅助当地长官抵抗俄军入侵。但此时浩罕再度发生政变，毛拉汗被杀，已经隐居两年的呼达雅尔汗复出。见风使舵的阿古柏再次转投呼达雅尔汗，保住了自己的地位。之后，吉尔吉斯的一个酋长阿利姆·库里策划拥立希尔·阿里汗的孙子沙赫·姆拉德为王位继承人，企图取代呼达雅尔汗，阿古柏也参与其中。不过当呼达雅尔汗的军队逼近时，阿古柏放弃了阿利姆·库里

委托他坚守的霍占特，逃到了布哈拉汗国去避难。在那里，他表现出对伊斯兰教的极端虔诚，因此得到了许多教士的青睐。

1863 年，阿利姆·库里再次策划阴谋废黜呼达雅尔汗，阿古柏回到浩罕积极参与其中。政变成功后，赛义德被拥立为新汗，呼达雅尔汗则继续占据浩罕南部地区。阿利姆·库里成为摄政王后，为酬谢阿古柏做出的贡献，再次任命他出任库拉玛长官。不过，阿利姆·库里并不信任狡诈多变的阿古柏。不久之后，阿利姆·库里在进军塔什干途中路过库拉玛时，宣布了新的人事任命，他的亲戚海达尔·库里接替了阿古柏的职务。阿古柏则作为随从人员被带到了塔什干，负责抵御俄国人，直到他受命前往新疆为止。

# 烽火连城（下）

当阿古柏与布素鲁克一行人踏上前往喀什噶尔的道路后，也许是出于建功立业的野心，也许是出于对布素鲁克和卓血统的敬仰，中途有不少人加入了这支队伍。来到喀什噶尔城下时，阿古柏的队伍已经颇具规模。此时思的克心中颇感后悔，布素鲁克具有宗教号召力，而阿古柏则精明能干，毫无疑问他们将反客为主。于是他伪称清军即将发起进攻，试图阻止阿古柏等人继续前进，但无济于事，阿古柏决心将冒险进行到底。1865 年 1 月，当阿古柏簇拥着布素鲁克进入城中时，思的克不得不违心地表示欢迎。

阿古柏深知拥有自己的武装才是立足之本，因此他以布素鲁克的名义纠集起一支数千人的军队，其中来自浩罕的 400 多名安集延人是其倚仗的中坚力量，被阿古柏委以重任。站稳脚跟后，阿古柏开始排挤思的克，准备独霸喀什噶尔。一次主麻礼拜后，布素鲁克等人刚刚走出清真寺，就有人疾呼："和卓们已经回来了，我们一起把乞卜察克人赶走吧！"话刚说完，就有无数人拿起棍棒向思的克的部下打去。思的克被迫出走至英吉沙尔，在那里他招募起一支军队发起反击。但阿古柏的军队不断有人来投，思的克却得不到当地维吾尔人的支持，双方的实力发生了逆转。在野战中，思的克的布鲁特军队难以抵挡狂热的阿古柏所部，很快败北，只得退守喀什噶尔北部山区。在最后的战斗中，为激励士气，布鲁特人派出了一名叫作苏兰齐的勇士来到阵前，要求对方也派出勇士和他单挑。阿古柏阵中出战的是最初追随他的六名勇士之一，名叫阿卜杜拉。决斗中，阿卜杜拉虽然矮小，但却干净利落地战

▲ 进行射击训练的阿古柏军

胜了高大的对手。经此打击，布鲁特人士气更为低落。思的克无奈之下，只得抛弃部众，逃亡塔什干。

阿古柏随后率军攻下了英吉沙尔，但在进攻喀什噶尔汉城的战斗中遭到了失败，损失不小。不过阿古柏并未因此绊住脚步，他本人受原叶尔羌城副阿奇木伯克尼牙孜的邀请，向叶尔羌挺进。布素鲁克则被留在喀什噶尔，继续监视汉城的守军。此时的叶尔羌城中，多方势力割据一方，回城被以原叶尔羌城阿奇木伯克阿不都热合满为首的地方势力和以苏来曼为首的回民武装占据，清军余部则被困于叶尔羌汉城内，仍拥有一定的实力。此外，库车统治者热西丁的兄长谢赫纳扎尔丁所率领的一支7500人的军队也进入了该城。

阿古柏充分利用叶尔羌城内回、维两族之间的矛盾，仅仅凭借一支几百人的小队伍便攻入了叶尔羌城。随后，他因为清洗当地的宗教领袖及其部下，与谢赫纳扎尔丁所部爆发了激烈的冲突。激战中，城门突然被库车军的大将哈木丁关闭，阿古柏的部下见此情形，纷纷失去战意，为了活命他们纵马跳下城墙，结果许多人毙命于城下，即使轻伤者也摔断了手脚。这时，恰好有一处城门没有来得及关闭，阿古柏便从这里逃出了城。却不料马失前蹄，连人带马跌进了护城河里。眼看着失去坐骑的他就要坐以待毙，这个时候，一位名叫穆罕默德巴巴的十夫长打此经过，看到这一情景，连忙将阿古柏扶到自己的马上，这才逃出生天，回到了喀什噶尔。

阿古柏在逃亡路上丢光了所有辎重，狼狈不堪，不过，他的实力并没有伤及筋骨。他随后便集结军队，于1865年4月攻下了英吉沙尔汉城。在迫使清政府守军投降后，阿古柏对俘虏进行了大屠杀，"大部分和台死于非命，少部分充当了穆斯林"，遇难者多达2000余人。英吉沙尔是阿古柏入侵南疆后以武力攻占的第一座城池，他通过控制喀什噶尔至英吉沙尔地段，取得了战略回旋地。

占领英吉沙尔后，阿古柏向浩罕本土送上了包括9门大炮、9名美女、9匹骏马在内的礼物以请功报捷，并拥立布素鲁克正式登上了汗位。

英吉沙尔的失陷使得喀什噶尔汉城的清军愈加孤立，而布鲁特首领思的克也因为再次战败而不得不接受阿古柏的同盟条件。同时，阿古柏还通过谈判收编了一支骁勇善战的巴达克山人，阿古柏的势力愈发强大。

1865 年初夏时分，阿克苏、库车、吐鲁番等地的割据势力决定联合起来对付越来越咄咄逼人的阿古柏。他们集合起一支 4 万人的大军进驻至巴楚，威胁着喀什噶尔的安全，而阿古柏所能集合的力量不到对手的三分之一。为了振奋士气，他将布素鲁克也带到了战场上。双方最后激战于英吉沙尔附近。在激烈的战斗中，阿古柏军最初节节败退。布鲁特人和巴达克山人先后退出了战场，原本被当作精神核心的布素鲁克更是成了第一批逃跑的人，最后只剩下阿古柏的直属部队抵挡着对方的进攻。面对潮水般涌来的敌军，阿古柏高喊着"胜利是真主的恩赐"死战不退，全身多处负伤，最终迫使联军不得不因伤亡过重而撤军。阿古柏抓住机会发起反击，斩获颇丰，联军中有 1000 多名回族士兵见势不妙，连忙转投其麾下。这次大捷使阿古柏身上又多了一层光环，布素鲁克则因在这一战中表现出来的胆怯无能，声誉一落千丈。

随着阿古柏取得一系列胜利的消息传回喀什噶尔，据守汉城的清军终于失去了坚守的勇气。9 月 1 日，经过谈判后，清军在守将绿营守备何步云的带领下，打开城门投降，他们依旧被安置在喀什噶尔城中，但被迫改宗伊斯兰教，成为阿古柏军队中的组成部分。何步云因为将女儿嫁给阿古柏，被允许继续统率这支残军。进入喀什噶尔汉城后，阿古柏纵兵大掠三天，无数无辜群众死于侵略者的屠刀之下。这年秋天，浩罕大将玉努斯江率领败兵 7000 余人投奔阿古柏，随其一同前来的还有布素鲁克的堂兄弟倭里罕、卡塔条勒等人，极大地增强了阿古柏的力量。

1866 年 3 月，伊犁惠远城被攻陷，伊犁将军明绪兵败自杀，已革将军常清被俘。至此，清政府在新疆的统治几乎全被摧毁，其势力仅限于东疆的哈密、巴里坤，北疆北部的额尔齐斯河至塔城一线。其中，从河西走廊通往新疆的咽喉要道星星峡仍在清政府控制之中。

此时，由于沙俄的步步紧逼，浩罕汗国迅速瓦解。这既断了阿古柏的后路，又让他挣脱了束缚。阿古柏开始筹谋在新疆建立自己的统治王国。他开始怠慢布素鲁克，并很少再借用布素鲁克的名义发号施令。沉溺于享受的布素鲁克感受到了阿古柏的威胁，也联络各方势力准备推翻阿古柏。在阿古柏第二次入侵叶尔羌时，布素鲁克在布鲁特人的支持下，突然回到喀什噶尔，宣布阿古柏是一个叛教徒，要求喀什噶尔的伊斯兰教长老宣布阿古柏为不受法律保护的人。但这些长老们已全部被阿古柏收买，反而说阿古柏伯克值得被本国和整个伊斯兰世界称道。阿古柏得知消息后，迅速与叶尔羌的守军议和，日夜兼程地赶回了喀什噶尔。布素鲁克只得匆忙逃走，他的堂兄弟倭里罕则被阿古柏下令丢至枯井中处死。不过，阿古柏认为丢弃和卓旗帜的合适时机尚未到来，于是没有立即称汗，而是扶持阿帕克和卓的另一位后裔卡塔条勒登上汗位。但卡塔条勒同样不甘心充当阿古柏的傀儡，不久后便被阿古柏秘密毒死。在葬礼上，阿古柏假惺惺地流着眼泪，束着象征悲伤的腰带，装出一副伤心的模样。

卡塔条勒死后不久，布素鲁克回到了喀什噶尔。阿古柏展示了他的"宽宏大度"，又一次把布素鲁克推上汗位。布素鲁克见识到阿古柏的手段后，不敢再有丝毫的反抗举动。在和卓的旗号下，阿古柏完成了侵吞新疆计划的第一步。阿古柏在稳定喀什噶尔，消除后顾之忧以后，便展开了侵略计划的第二步：在伊斯兰教"圣战"的旗帜下，开始了侵占南疆的军事行动。

库车的热西丁政权是阿古柏在南疆所面临的最强大的敌人，但此时前者已经因为内部斗争而逐渐衰弱。谢赫纳扎尔丁在叶尔羌城击败阿古柏后，日益专横跋扈，导致此战胜利的最大功臣哈木丁负气离开，谢赫纳扎尔丁随后也因驾驭不了该城错综复杂的局势不得不离去。1865年7月，热西丁以兄长加玛力丁为主将，第二次征伐叶尔羌。摄于加玛力丁大军的声威，叶尔羌各方势力不得不表示臣服，他们带着大批礼物出城来到加玛力丁军中，"用自己的面颊，擦去胜利者马镫上的尘埃"。8月，在顺利夺取叶尔羌后，加玛力丁率领大军继续西进，试图一举夺取喀什噶尔，彻底驱逐阿古柏。这支远征军数量庞大，号称有7.2万人之多。当时的历史学家这样记载道："集结如此众多的士兵，在和卓们执政以来是不曾有过的。"加玛力丁还带上了200辆装满镣铐的马车，准备在攻占喀什噶尔后，让俘虏们带上这些镣铐，回到库车来宣扬自己的胜利。两军激战于英吉沙尔境内的罕依热克村附近，加玛力丁所部虽然拥有费时两年造就的装备和兵器，但却一触即溃，"连两个时辰都未对抗得了，便像尘埃一样消失了"，最后不得不"丢弃下大批的炮火、帐篷、兵器、粮秣和财宝，用马鞭凶狠

▲ 阿古柏的士兵

地抽打着坐骑，逃入失败之路，奔阿克苏方向而去"。对于阿古柏来讲，罕依热克之战是其东越帕米尔以来获取的又一次重大军事胜利。随后，阿古柏乘胜进入叶尔羌，将其纳入势力范围，克奇克汗被任命为叶尔羌的阿奇木伯克。

次年，热西丁决定再次西征喀什噶尔，他认为"如果不这样做，这些敌人一旦强大起来，后果将是不可想象的。因为他们是靠近我们的最凶恶的敌人"。伊斯哈克被任命为此次军事行动的主将，他是热西丁家族中年轻一代的佼佼者，在热西丁政权建立过程中屡立战功，"所到之处，都会响起胜利的凯歌，胜利之门似乎专为伊斯哈克和卓而敞开"。但是热西丁嫉妒伊斯哈克的成就，害怕他的这位侄子取代自己的地位，因此调拨给伊斯哈克的军队都是临时招募的市井恶少，精锐旧部则被留在了阿克苏和库车。在伊斯哈克的率领下，库车军很快再次攻下了叶尔羌。1866年6月，阿古柏再次出兵，他并未与伊斯哈克正面交锋，而是先攻取巴楚，断绝了伊斯哈克与其后方库车的联系，随后再率军直逼叶尔羌城下。由于热西丁原本答应给伊斯哈克增派的乌什和阿克苏的军队迟迟未能到达，伊斯哈克决定趁阿古柏立足未稳之际，率军出城劫营，没想到尼牙孜秘密派人向阿古柏告密，劫营部队中了埋伏，损失惨重。伊斯哈克被迫投降，但他得到了阿古柏的款待，在被赠送了大量礼物后回到了巴楚。

阿古柏以"圣战"的名义连克数城，塔里木盆地南缘只剩下和田地区还未被其控制。和田的"帕夏"哈比布拉乃伊斯兰教法官出身，以对伊斯兰教极端虔诚著称。他在夺取当地政权后，也曾向浩罕求助，但浩罕派来的援军在经过喀什噶尔时，却被阿古柏截留。哈比布拉为了偏安，只得向库车的热西丁和卓称臣求和。1866年12月，阿古柏攻占莎车，对当地民众进行了残酷的屠杀，"东干人的尸首像伟大的农民收下的庄稼一样，零乱地横躺在旷野上，鲜血染红了这片土地"。随后他借布素鲁克的名义，以一个伊斯兰教虔诚信徒的身份写信给哈比布拉。信中说："我来到喀什已有一段时日，为了信徒的义务，我曾参拜了喀什的所有麻扎（陵墓），然而美中不足的是我没能够参拜伊玛目加帕尔·沙迪克的麻扎。为了这个心愿，我想借道和田，为此不得不向您伟大的心灵发出请求。"阿古柏让布素鲁克在信上盖了章。哈比布拉完全相信了这一谎言，他认为不能拒绝一个虔诚的穆斯林所提出的要求，因此同意布素鲁克前来参拜。但他没有想到的是，此时此刻，布素鲁克已经完全失去了权力和自由，他原本拥有的600名近卫军已被剪除殆尽，完完全全成了傀儡。阿古柏将其像一具木偶一样随军携带，到处利用和卓的名义来为自己攫取利益。

阿古柏抵达和田城后，再次向哈比布拉表示来和田是为了朝拜加帕尔·萨迪克的麻扎。哈比布拉对此深信不疑，出城迎接阿古柏，并进入了阿古柏的军营中。阿古柏假意拥抱哈比布拉，趁机将其骗入营帐，推入暗室，又把前来迎接父亲的哈比布拉之子尼木托拉汗抓了起来，之后两人均被处死。接着阿古柏的部队就开进了和田城，先锋部队进入宫廷后，迅速接管了所有仓库。哈比布拉汗的妻子被软禁，和田城的官吏有的被处死，有的被监禁。两昼夜后，和田城内居民才知道究竟发生了什么事，他们纷纷涌上街头，手里拿着各种各样的武器，来到阿古柏的大帐，质问哈比布拉及其儿子的去向。面对愤怒的居民，阿古柏下令武力解决，于是全副武装的士兵向手持棍棒的居民冲去。和田居民并不畏惧阿古柏的屠刀，依旧前赴后继地冲向阿古柏。"最后阿古柏本人也不得不上马和这些人厮杀起来。"这是一场残酷的单方面屠杀，以至于阿古柏的士兵都被鲜血熏得头昏眼花，已经快要失去举起战刀的腕力了。后来，阿古柏又命令"所有随军前来经商的屠户和在和田的异乡屠户帮助军队进行屠杀"，这些屠户像宰杀牲畜一样在护城河的旁边宰杀着人群，护城河中填满了尸体。就这样，阿古柏以阴谋诡计和屠杀夺取了和田城。

此时，库车的热西丁政权再次发生内讧。哈木丁与加玛力丁两人为争夺一座村庄的归属权发生了冲突。哈木丁率部下抢占了原本由加玛力丁管辖的村庄，以弥补其在战争中遭受的损失，并一度切断了阿克苏城与乌什城之间的正常交通。最后，加玛力丁将哈木丁哄骗到阿克苏城，然后将其逮捕押送到库车，交由热西丁发落。阿古柏听到这一消息后，欣喜若狂："感谢真主，将来，阿克苏城和库车城，不经战斗就会为我所有。"

而对热西丁来讲，却是屋漏偏逢连夜雨。在库车以东，吐鲁番盆地的额敏和卓家族突然起兵，他们联合城中的回民击败了库车政权委任的阿奇木伯克，随后便点齐兵马，跨越戈壁，攻占喀喇沙尔，兵临库尔勒城下。热西丁被迫再次启用伊斯哈克与哈木丁两人，这才击退了来自东线的威胁。但阿古柏此时抓住库车政权难以两线作战的破绽，果断出兵，迅速攻占了阿克苏，随后又迫降了驻守乌什的赫提夫。从库尔勒回师的哈木丁见大势已去，便率领部下向阿古柏投降。1867 年 6 月 15 日，阿古柏兵临库车城下，大举攻城，库车人殊死抵抗，甚至将阿古柏的长子胡达·胡里打死在巷战中。但最后，库车城仍旧陷落了，热西丁被俘后被阿古柏下令处死。驻守在喀喇沙尔的伊斯哈克见库车失陷，也献城投降，库车政权至此灭亡。

随着库车的热西丁政权覆灭，阿古柏在南疆取得了决定性的胜利。这时他认为和卓这面旗帜已没有作用了，于是他一脚踢开布素鲁克，建立起所谓的"哲德沙尔国"①，阿古柏自封为"毕调勒特汗"（意为"洪福之王"）。

由于阿古柏利用伊斯兰教侵占了整个南疆，因此，布哈拉汗国的埃米尔赛依德·穆扎法尔也尊其为"阿塔勒克哈孜"，即"战士的导师"。随着阿古柏势力的日益扩张，他自觉地位已经十分牢固，终于撕去了最后的伪装，"咬碎了良心"，将布素鲁克这位"为其撑旗的吐热②以朝觐的名义送往了人们不宜知道的路上"。

▲ 吐鲁番的额敏和卓郡王府遗址

1869 年，阿古柏开始向吐鲁番进军，乌鲁木齐的妥明"清真王"政权派遣 2 万大军进驻该城，不仅成功击退了阿古柏的进犯，还一举收复了库车与拜城。为了解除妥明政权的威胁，阿古柏加紧与吐鲁番的其他势力进行联系。当时吐鲁番地区的形势非常复杂，除了妥明的势力外，还有蒙古土尔扈特部及汉人民团徐学功的势力。狡诈的阿古柏设下骗局，以帮助清政府讨贼为名，骗取信任，得到了土尔扈特部的支持。随后，他又利用徐学功对妥明的仇恨，与其结成了同盟。徐学功祖父、父亲都是屯戍新疆的绿营中下级军官，他从小习得一身高强武艺，在当地颇有名气。在他 22 岁时，乌鲁木齐陷落，徐学功只好逃居乡村，他集结了 20 多名壮士为保护乡里而战，并以劫掠回庄财物度日。为躲避回民武装的追剿，他在乌鲁木齐的南山地区建立了营地，这里地处天山腹地，山高林密，有许多天险屏障，土地也十分肥沃，因此先后逃来依附他的百姓有 1 万余户，其民团也发展到有民兵 5000 余人。徐学功的马队非常出名，骤若风雨，对手往往望风而逃。徐学功屡与妥明作战，先后杀敌 1 万余人。

① 意为"七城之国"，指喀什噶尔、英吉沙尔、叶尔羌、和田、阿克苏、乌什、库车七城。
② "吐热"是对和卓的一种尊称，在中亚地区该称号原为汗之子的封号。

在与徐学功的会谈中，阿古柏假意要为清政府效力，帮助朝廷讨贼，希望徐学功与其一起进攻妥明，并表示在夺取吐鲁番后，将南疆诸城归还清政府，到时候只求得一个“哈密王”的封号即可。徐学功被其欺骗，率 2000 人与其会合一起攻打吐鲁番，同时派人到哈密，将阿古柏的情况报告了清政府，清政府此时方才得知阿古柏入侵新疆。

得到徐学功所部的支持后，1870 年 2 月，阿古柏再次发兵。经过 9 个月的围困之后，他最终用火炮攻下了吐鲁番城。随后，他一路向北进发，越过天山后，迅速拿下了达坂城，之后一路前进，在乌鲁木齐附近安营扎寨。妥明见阿古柏兵临城下，决定派兵偷袭阿古柏的大营，但由于突降的风雪使士兵迷了路，偷袭未能成功。阿古柏孤注一掷，将所有的士兵都投入了战斗，妥明军殊死作战，“硝烟弥漫，天空一片黑暗，子弹像雨点般飞来”，最终因回民武装落后，结果大败，几乎全军覆灭。阿古柏乘胜向乌鲁木齐进攻。妥明于 1870 年 11 月 21 日举城投降。他被削去“清真王”的称号，拘押了起来。阿古柏进入乌鲁木齐后，任命吐鲁番降将马仲为阿奇木伯克，再也不提报效清政府之事。

徐学功这才发现自己受骗上当，于是他不断派遣骑兵劫杀阿古柏的小股部队及商队。阿古柏一开始想收买徐学功，但被拒绝。1871 年 5 月，阿古柏命令马仲率军进攻徐学功的营地，徐学功则联络各路民团发起反攻，大败马仲所部，攻克乌鲁木齐满城，擒杀马仲。乌鲁木齐的回民也趁机再次拥立妥明复位。阿古柏亲自率军 1 万人前来驰援，迫使民团退往南山。妥明病急乱投医，派出几百名孩童，让他们手持《古兰经》，迎着阿古柏的追兵高声朗诵，企图阻止阿古柏的进军。但阿古柏不为所动，下令将这些孩童砍成碎片。妥明被吓破了胆，狼狈逃往玛纳斯，于 1876 年死在那里。阿古柏军再次攻占乌鲁木齐后，进行了残酷的报复，许多回民被活活烧死，有的则被当成箭靶乱箭射死，活着的人也被迫缴纳 10—1000 两的银子作为罚金。随后，阿古柏又在叛徒的指引下，趁民团过中秋节之际，率兵袭破南山营地，徐学功率残兵 100 余人退往乌苏，后应清军之邀来到绥来沙山子，召集旧部 3000 余人屯田。1872 年 5 月，他联络回民武装再次起兵，一路攻克昌吉、呼图壁等城，进逼乌鲁木齐汉城，各路武装齐聚在其旗下，号称有 20 多万人。阿古柏连忙从南疆调集大军前来围剿，连续击败徐学功部将的阻击，解了乌鲁木齐之围，并“尽掠其遗赀，搜刮汉、回民人金帛转输南路，实其窟穴，而驱其丁壮踞守乌垣各城，以为屏蔽”。徐学功所部则因损失惨重，只得退兵。

## "哲德沙尔国"

哲德沙尔政权建立后，阿古柏以浩罕等国的制度为样板，建立起一整套统治机制，以便更好地掠夺百姓。作为外来政权，他视新疆当地维吾尔族、回族为异己分子，政府权力几乎全被来自浩罕的安集延人所垄断，政府的官方语言也是乌兹别克语。"阿古柏约束土人极严刻，出一谋，决一策，非浩罕人不能参与，选官设将亦浩罕人居多。"

为了展示自己的权威，阿古柏制定了严格的礼仪制度。在朝会上，阿古柏高高在上，朝臣必须站在离他很远的地方，很少有人能被允许坐下。即使是他最信任的人，在其面前也必须显示出谦恭和顺从的姿态。所有官员都必须听从他的命令，回答问题也要带着"怯懦的表情和求恕的语气"。因为稍有不慎，便会惹怒这位暴君，从而遭受残酷的报复。

在"中央"层面，他建立了秘书机构"米尔扎"，米尔扎们负责将阿古柏所下的口谕记录下来，并派人通过驿站系统传递到各处。米尔扎的首领被称作"米尔扎毕西"，地位仅次于阿古柏，负责处理或向阿古柏转呈包括财政收支、武器调配、使节往来及法官任命在内的行政事务。米尔扎毕西虽有宰相之名，却无宰相之实，因为阿古柏"一意孤行，他的意志至高无上，他不信任别人"，他需要的只是为其服务的秘书，而不是礼绝百僚的百官之长。据统计，他所任用的历任米尔扎毕西除一人外，均为浩罕人。

▲ 阿古柏及其爪牙

在地方上，阿古柏建立起了被称作"苏玉尔阿列（君主的恩赐）"的军事封建采邑制，其追随者按不同级别领有采邑，采邑内的各族人民成为受封人的农奴。采邑内的赋税等各项收入均归受封者本人，受封者则抽出部分税收以"贡赋"的名义"奉献"给阿古柏。阿古柏将其统治区域分作喀什、英吉沙尔、叶尔羌、和田、阿克苏、乌什、拜城、库车、库尔勒和吐鲁番十个大区，同时在大区外及大区内另设行政区，最后形成了犬牙交错的局面。

各行政区的最高行政长官为阿奇木伯克，

他们管辖的地域虽有贫富大小的区别，但彼此间无隶属关系，而是统统直接受命于阿古柏。各地的阿奇木伯克多为浩罕人，即使一开始有少数维吾尔人担任此职，但不久后也会被以各种理由解职。阿奇木伯克在辖区内拥有最高权力，负责维持秩序、收缴税赋、任命吏员、执行法庭判决等行政事务，并为阿古柏的征服活动提供兵源及给养。阿奇木伯克之下，又分别设立了伯克、米尔或萨卡尔等官职，负责协助阿奇木伯克征收赋税、维持地方秩序，但没有阿古柏的授权，阿奇木伯克无权撤换他们。

不过，阿奇木伯克的领地不能世袭，也无薪俸，他们的收入全靠对地方的掠夺，横征暴敛越得力，其收入也越高。因此，他们想方设法地向阿古柏表示忠心，以保住自己的采邑。除了封建义务规定必须上缴的粮食、现金外，阿奇木伯克还要在固定时间朝贡送礼，这种礼物被称作"九九礼"①。礼物的多寡决定着阿古柏的恩宠程度，因此地方上的阿奇木伯克纷纷残酷搜刮领地内的百姓，如果实在搜刮不到足够的东西，为之举债亦在所不惜。

比如和田的阿奇木伯克尼牙孜·哈克木（莎车人）为了博取阿古柏的青睐，稳固自己的地位，每值主玛日（星期五）都要派人给阿古柏送去20个元宝和同样重量的沙金，10年间从无间断。除此之外，他每年还照例奉送两次各种名贵的礼物给阿古柏。有一次，他送去了11秤沙金、1000个元宝、800匹马，其中200匹马是鞍具俱全的战马，200匹驮着各种物品，还有400匹驮着各种名贵的狐皮、貂皮、绸缎等物。他所进贡的礼物是如此丰厚，以至于其他地区的送礼者惊讶地"不约而同地咬住了自己的手指"。正因为这样，即使阿古柏并不信任尼牙孜·哈克木，也找不到理由将他撤职。

为了加强对地方的控制，阿古柏还亲自任命军事法官到各地巡视，对阿奇木伯克等地方官员进行监督。阿古柏有时还亲自巡幸地方，以震慑地方上的离心倾向。一旦他发现地方独立性增强，就会下令割断几个人的脖子，并命人拽着他们的尸体四处示众，借以警示他人。

在阿古柏统治期间，警察、特务遍布各地，为维持这样一支力量，阿古柏下令每星期向民众征收一次警察捐。其中秘密警察由阿古柏本人直接控制，他们作为阿古柏的耳目无处不在，渗透在所有阶层中，没有人知道他们是谁，他们如何行动，但是每个人都能感受到他们的存在，并处在他们的监视之下。"社会的各个阶层普

---

① 每种礼物都要备足九份，礼物的种类包括马匹、丝绸、地毯、茶叶、银锭等。

遍存在着疑惧，在官邸里的长官，在法院里的拉伊斯，在棚铺里的店主，在茅舍里的工匠，都终日惴惴不安，因为不知与他进行最友好谈话的邻人是否正在详细推究他的言语，以便发现其中是否有任何图谋不轨的形迹。"

同时，在各地的市场、街巷、道口还密布着着装统一的市政警察，他们日夜巡察，可以直接逮捕在宵禁时间仍在街上活动的人，并随意鞭笞违反命令的民众。阿古柏统治时期，行人必须到专门的机构申请通行证，上面记载有姓名、职业、来自何处、去至何处等信息，如外出必须携带通行证。警察会在一些重要地点、道口对来往行人进行盘查，违者将被拘捕。

为了维持军事上的侵略扩张，阿古柏通过各种手段掠夺民众财富，其中最主要的手段便是制定严苛的赋税制度。为了确保征税力度，每个阿奇木伯克手下至少有好几十个税吏，多的则有六七百名，"他们给庶民不断派下各种名目的苛捐，不论这些负担有多重，不论是20天罡①或30天罡。白天应交应办的不得拖到晚上，晚上应交的不得拖至破晓"。

如果不幸生活在阿古柏治下，你会发现耕种粮食作物的土地会被征收什一税（乌什尔税），只有伊斯兰教会的土地和为阿古柏服兵役以代替缴税的人所占有的土地才会免税，其余所有种植谷物的土地都必须缴纳此税，税率为粮食收入的十分之一。但是在很多情况下，阿古柏派出的税吏所征收的税额要比法定的高3倍之多。他们要求农民在尚未动用分毫收成之前，甚至还未付地租之前，就把三分之一的收成上缴。如果你认为种植粮食税赋太高，转而种植蔬菜、瓜果、棉花、烟叶等经济作物，则需缴纳所谓的丈地税（塔纳比税）。阿古柏规定，根据作物的种类和产值，每1塔纳比（约2.77亩）土地应缴纳1—10天罡不等的赋税，但实际征收额远远高于定额。除此之外，你还要向阿古柏缴纳各种针对土地的附加捐税，比如麦草税（萨曼普尔税），最初仅为上交麦秸，最后则发展为缴纳现金。这笔附加税无定额，由本地负责征税的官吏谢尔克尔自行确定。甚至于你还要支付谷物作为谢尔克尔及其征税人的酬劳及开销，这笔附加捐被称作"卡甫散"。

如果你决定从事畜牧业，那你一年要缴纳两次畜产税。一次在春季牲畜产羔时，被称作"青税"，另一次则在秋季牲畜膘肥时征收，被称作"白税"。通常情况下，税吏要求以现金形式支付。但这两个季节正是牲畜价格最低的时候，你不得不低价

---

① "Tanga"的音译，一种银币，直径为12—15毫米，重约1.7克。

出卖你照料了许久的牲畜，因此实际税率要高于名义税率。

如果是商人的话，你会发现阿古柏的手下经常会到你的店铺赊购商品。他们会这样说："伟大的阿古柏陛下怎么会不付钱呢，不过就是没有现钱，先记账吧。"置于价格，当然也是按照阿古柏的估价来定，既然阿古柏陛下这么赏脸，那你便要投桃报李，将一部分商品作为礼品送给他，以报答他的惠顾。赊欠的钱款往往好几年都不见踪影。如果你大着胆子妄图讨要的话，轻则丢进牢房吃顿官司，重则送掉老命。更多时候，阿古柏连打张白条也不愿意，而是以"征用"的名义将你的货物变相无偿没收。

除了这些赋税之外，你还必须负担各种无偿劳役，包括为军队提供民夫、运输工具，为兵营、官家及其他"公共房屋"提供柴草燃料，为各级官员耕种土地，为过往官员及使者提供食宿及交通工具等。阿古柏每次出行，在其居住的地方，附近居民总要事先准备好各种菜类、肉类、草料、日用品乃至大街上都找不到的东西，供大军消耗。不论是湖泊沼泽，还是深山荒谷，或是一望无际的荒漠，都要做好这种准备。

即使你死去，阿古柏也同样不会放过你，很快税吏便会登门来向你的家人收取遗产税。税吏们可以对你的遗产任意估值，然后以高估的价值征税，你的家人如果付不出税款，便只能将家产变卖一空。很多时候，即使变卖家产也不能纳完这笔赋税。这还算好的，有时税吏会对你的家人说，这些家产都是你们家长的积蓄，既然家长已经死了，那就充公支援阿古柏陛下的事业。谁敢质疑，立刻就有如狼似虎的打手将人捆起来一顿痛打。一夜之间，你的家人便会失去家园，流离失所。

▲ 1875年阿古柏统治下的新疆

此外，阿古柏还会以查出新垦地为名，把耕者的土地再出售给耕者，以掠夺更多的钱财。当时有人愤怒地斥责道："我们高贵的阿古柏陛下将七层土地都卖完了，百灵鸟只得到羊背上打窝，因为天地间没有它停留的余地了。"

阿古柏还通过铸造货币来掠夺财富，其中流传最广的为名叫"天罡"的银币，阿古柏用这种银币替代清乾隆以来在阿克苏铸造的普尔钱与制钱。阿古柏所铸的天罡银质与重量参差不齐，"成色分量，任意低减，图售其奸，故市价相权，不能允协，民以为苦"。除此之外，阿古柏还下令铸造了金币"铁刺"[①]和铜币"普尔"[②]。为了谄媚其精神上的祖国，阿古柏在铸造的货币上均铸上了土耳其苏丹阿卜杜勒·阿齐兹的名字。阿古柏规定铁刺金币 1 枚合白银

▲ 天罡银币

1 两，或天罡银币 20 枚。天罡每枚作银 5 分，合 50 枚普尔。阿古柏利用不同货币之间的兑换肆意搜刮民财。例如，清政府铸造的最大的银锭在集市上按 1100 天罡通用，但收入"国库"时则按 1000 天罡计算；而浩罕的银元重量等于 2 枚天罡，但阿古柏的"国库"却按照 1.5 枚天罡来兑换。阿古柏利用这种压价，用他铸造的天罡来收购浩罕银元，再把它们改铸成新的天罡，从而大获其利。

这样沉重的负担毁得各族人民倾家荡产，颠沛流离。在阿古柏及其爪牙的肆意压榨下，越来越多的各族百姓沦为奴隶。阿古柏本人就拥有 3000 名奴隶，而当时其统治区域内的总人口也不过 100 万人。在喀什噶尔的奴隶市场，每名强壮的男奴售价 40 天罡。许多蒙、汉、维、回、哈萨克、布鲁特等族儿童被卖到费尔干纳、浩罕、巴达克山，甚至卖到土耳其去当奴隶。人们想方设法逃离这片难以生存的土地，有的辗转千里来到北京，请求大清皇帝吊民伐罪，收复新疆，更多的则是以朝圣或给商队充当向导为名一去不返，像这样的人每年都有好几千。

为了获取伊斯兰宗教势力的支持，阿古柏把自己扮成伊斯兰教捍卫者。在"哲德沙尔国"，伊斯兰高级教士拥有一系列政治、经济特权。他们被阿古柏授予一连串荣誉头衔，并占有大量免税土地。阿古柏还挑选能工巧匠，大量修建、扩建清真寺和伊斯兰教圣徒的麻扎，花费了大量民脂民膏。其中位于喀什噶尔的阿帕克和卓的麻扎和清真寺在阿古柏的修缮下，拥有了新疆地区从来未有过的辉煌塔顶，成为

---

① "Tilla"的音译，直径 20—21 毫米，重约 3.7—3.8 克。
② "Pul"的音译，直径 14 毫米左右，重约 3.3 克。

整个中亚地区最为壮丽雄伟的麻扎。他本人也表现得极其虔诚，没有错过一次礼拜。

阿古柏严厉推行伊斯兰教法典，以伊斯兰教规来禁锢各族人民，规定一切诉讼、审判只能以宗教方式进行，由宗教法庭处理。宗教法庭独立于地方行政当局，一般设于清真寺内，有的设在巴扎。宗教法官被称作"哈孜"，在主要的城镇，宗教法庭往往配备多名哈孜，分别负责刑事、民事、宗教、公共道德方面的案件。他们负责调查案件，并给出判决。在哈孜做出判决后，案件会被送交至教法解释者穆夫提处，由其通过判决，然后再将案件送交主管上诉的阿里姆处批准，最后送交当地的阿奇木伯克，由后者监管执行。如遇疑难案件，则由总哈孜负责裁决。在宗教法庭的审判过程中，《古兰经》《圣训》是判决的主要依据。由于没有成文法，一切全凭宗教法官们的随意解释，阿古柏本人则保留了对重要案件及涉及谋反案件的最终裁决权。

为了恫吓民众，每个城市和大村庄最显眼的地方都树立着绞刑架，让人一眼就能看到。不断有人被处以死刑，一些不便公开处死的人则被毒死。据统计，在阿古柏统治时期，新疆地区先后有 4 万多人被阿古柏的法庭处死。除此之外，阿古柏的法庭还保留了鞭笞、断肢、剥皮等种种酷刑，被判处徒刑的"罪犯"，则囚于地牢或水牢。所谓水牢，即掘一深井，让犯人扶梯而下，然后将梯抽出，犯人被浸泡在水里。

阿古柏在每个城市和村庄都设有拉伊斯，由他们监督伊斯兰教规和习惯的执行。这些执法官吏有权进入每户住宅，检查人们日常生活中的衣着、发式、行为以及宗教礼仪是否符合伊斯兰教规。他们身上带有象征权力的鞭子，如果发现违反教规的人，就会对其进行无情的鞭笞。只要他们出现在街头，妇女和儿童看到后，都会害怕地向四面八方飞奔。

自古以来，维吾尔族便是一个能歌善舞的民族，"男女皆习之，视为正业，女子未嫁，必先学成"，当时有人作诗这样描述他们载歌载舞的情景：

一片氍毹选舞场，娉婷儿女成双双。

铜琵独怪关西汉，能和娇娃白玉腔。

但是，这样其乐融融的情形却在"哲德沙尔国"不复存在，因为害怕民众聚集起来反抗其残暴统治，阿古柏下令禁止一切广场舞蹈和集体娱乐活动，萨玛舞和巴伊噶活动均被禁止，妇女们出门必须戴面纱，晚上不允许外出，21 点后必须就寝。在人人自危的情况下，一到夜间就一片死寂，音乐声和歌声都消失了，连欢快的笑

▲ 阿古柏统治下的新疆居民

声也不复存在。过去人们愉快居住的地方，现在仿佛被一种永远不能摆脱掉的忧郁气氛所笼罩。

1876 年，当俄国使臣库罗帕特金出使新疆时，他看到的是一片死气沉沉的景象，整个新疆大地好像"一座庞大的寺院"。城市里一副贫穷肮脏的样子，许多人连土布做的衣服都穿不起，许多妇女因为饥饿奄奄一息地躺在地上，与富丽堂皇的清真寺形成了鲜明对比。他因此断言："只要阿古柏与清朝政府的战斗打响，将激起本地居民参加反对阿古柏的暴动，因为他们承担着无力交纳的捐税，并为喀什噶尔现行的种种规章而深感苦恼。"

但对阿古柏及其爪牙们来说，这里无疑是人间天堂。他们"成天骑着高头大马，挥霍金银，吃着人间少有的饭菜，携带着女人随心所欲地干各种丑事"。他们随意奸淫妇女，抢占维吾尔族百姓的妻女，8 岁以上"悉被奸淫，死者十常七八"。供阿古柏父子寻欢作乐的宫殿、行宫遍布南疆各城，里面充斥着掠夺来的各族妇女，仅阿古柏一人便占有 600 多名妃妾。如果他怀疑妃妾不忠，便会下令在寝宫中挖一个大坑，将妃妾活埋。阿古柏每次行军，都有庞大的供应车队跟随，其中包括 50 辆运载金银和天罡的马车、50 辆运送铜钱的马车、200 峰驮着衣服的骆驼，还有 1000 匹马，其中 500 匹鞍具齐全，500 匹仅备床褥，还有 5000 头奶牛。阿古柏本人则享用包括几百头羊、好几车鸡和鸡蛋、好几车羊油和清油在内的大量食品，仅负责用马驮水的士兵就有 500 人。他驻军的地方，连禽兽都可以饱餐一顿，而其统治下的人民却因饥寒交迫挣扎在死亡线上。在无数人的鲜血和尸骨上搭建起的宫殿里，阿古柏及其爪牙肆意吮吸着各族人民的脂膏，天山南北也因此陷入无尽的黑暗地狱中，各族人民时刻盼望着祖国的解救。

## 大将筹边

新疆的乱局无疑给了正在深入中亚地区的英俄殖民者极好的干涉机会。早在 1865 年，英属印度测量局官员约翰逊，就在前来乞援的和田"帕夏"哈比布拉使者的带领下，来到了和田地区，并搜集了大量有关新疆地区政治、经济和地理的情报。随后他返回印度，将他在和田搜集到的情报，以及哈比布拉对英国的态度上报英印政府。旁遮普的英国官员福赛斯极力主张与哈比布拉加强联系，以其为代理人介入新疆事务，为英国的经济利益服务。但英印当局则认为局势尚不明朗，现在介入为时过早。不久后，哈比布拉政权便被阿古柏吞并，英国人随后便将拉拢的目标指向了阿古柏。双方以克什米尔土王为中介，很快取得了联系。1866 年，阿古柏为取得英国人的军火资源，派遣一个使团来到了克什米尔，并在那里与英印当局进行了会谈。在会谈中，阿古柏的使者表示一定采取措施为英印商人赴南疆贸易提供方便，并确保印度商队的安全。

俄国则利用新疆乱局，通过武力恫吓和外交讹诈大肆扩张。1864 年 10 月，沙俄政府迫使清政府签订了《中俄勘分西北界约记》，通过该和约及后来签订的三个子约，沙俄割占了中国西北部边疆约 44 万平方公里的领土。11 月，俄国外交大臣戈尔恰可夫向欧洲各国提交了一份阐述其 "侵略有理" 思想的通牒，其中这样写道：
"俄国在中亚的地位，如同一切与处在半开化的、没有定型的社会组织的游荡民族接壤的文明国家的处境一样。在这种情况下，维护边境的安全和商业往来的利益，永远要求更文明的国家对那些以狂暴、野蛮扰人的邻居拥有一定的统治权。"这份通牒便是俄国征服中亚的宣言。

当时，俄军已经攻陷了中亚最大的城市塔什干，整个哈萨克草原都已被其收入囊中。为巩固对新征服地区的统治，俄国于 1867 年成立了以塔什干为中心，直属陆军部的 "土耳其斯坦总督府"。该总督府下设两个省：锡尔河省和七河省。俄国在中亚的扩张，引起了英印政府的警惕。1867 年 9 月，印度总督劳伦斯建议把中亚划分为英国的势力范围和俄国的势力范围。1868 年 2 月和 6 月，沙俄政府先后迫使浩罕和布哈拉汗国与之签署不平等的《通商条约》，使两国沦为俄国的附庸。俄国势力在中亚的迅速扩张，引起了英国政府的恐慌。

1868 年，当阿古柏再次派遣使节来到拉合尔时，迅速得到了旁遮普省督的接见。旁遮普省的官员建议英印当局援助阿古柏，资助他武器和金钱，使其在沙漠上站稳脚跟。随后，在英印当局的支持下，英国退役军官海沃德与茶叶商人罗伯特·沙敖先后进入新疆，拉拢阿古柏。其中海沃德在南疆地区进行了大量的测绘活动，绘制了地图，并由此得到了皇家地理学会授予的金质奖章。罗伯特·沙敖则以商务考察的名义对沿途商贸情况进行了调查，窃取了大量的政治经济情况，并写下《喀什噶尔行记》一书，同样得到了皇家地理学会授予的奖章。罗伯特·沙敖来到喀什噶尔后，被当作英国派来的使节得到了阿古柏的盛情接待。阿古柏一连接见了他三次，甚至表示愿意成为英国维多利亚女王的臣属。罗伯特·沙敖于1869年夏返回印度后，立即向英印政府报告了阿古柏伪政权对英国的态度，并大肆宣传南疆人烟稠密、物产丰富，市场具有无限潜力。罗伯特·沙敖的宣传得到了英国资本家和殖民分子的支持，他们纷纷要求，英国政府应当在俄国人介入前将新疆纳入英国势力范围。

此时，刚刚到任的印度总督梅奥伯爵也一反其前任劳伦斯的审慎态度，他向英国政府正式提交报告，建议英国政府支持阿古柏在南疆独立建国，其政权将作为英国保护国存在，并立即与俄国政府谈判，和沙俄达成瓜分新疆的协议。1869年秋，英、俄两国在圣彼得堡举行了关于划分中亚势力的谈判。但由于俄国当局对南疆同样势在必得，因此双方并未达成共识。为抢在俄国人前面控制南疆，英印当局派遣福赛斯为使节，先后两次前往新疆，加紧与阿古柏的联系。1870年初，英国驻华公使威妥玛甚至奉英国政府之命，来到总理衙门虚声恫吓，要求清政府放弃新疆，当即遭到清政府的严词驳斥。期间，英印政府与阿古柏政权之间的贸易迅速增长，大量枪支、弹药、火炮源源不断地通过古老的贸易线路流入阿古柏手中，英国人甚至还帮助他开办了武器制造厂。

英国的举动让俄国人感到恐慌，这一系列动作意味着英国势力将对俄国的侧翼实现包围，而从当时的情况来看，阿古柏更倾向于英国一方。阿古柏虽想借助俄国人的力量保住自己窃取的中国领土，但也极为疑惧俄国人。因为，沙俄的目标在于完全控制新疆，让阿古柏变成如中亚诸汗那样的附庸，阿古柏目睹了俄国的对浩罕的入侵和对布哈拉的征服，自然预感到如果被俄国人控制，将遭到同样的命运。而且，以前他作为浩罕将领，曾多次在沙场上与俄军激战，曾身中5枪，创痕犹在，每次抚摸伤痕，阿古柏心里仍会涌起对俄国人的憎恨。1870年，英印政府派以福赛斯为首的使团赶赴新疆，与阿古柏进行谈判。福赛斯一行抵达喀什噶尔后，受到了阿古柏的隆重接待，阿古柏对他们的到来感到异常喜悦。为取得阿古柏的信任，福赛斯赠给阿古柏1门大炮和1万支枪。就这样，阿古柏完全倒向了英国这边。

虽然英国政府宣称，福赛斯一行不具有任何使团性质，也没有任何政治目的，但还是引起了沙俄极大的猜疑和嫉妒。为了对阿古柏施加更大的压力，1871年5月，沙俄土耳其斯坦总督考夫曼命令俄军迅速占领伊犁等地。俄军分两路进发，于6月底先后击败当地回民武装，攻占拱宸、瞻德、绥定、惠远等城。7月4日，俄军又占领伊犁苏丹政权的驻地固尔扎，夺取了整个伊犁地区。阿古柏感到形势严峻，急忙派遣使者携带着致英国女王和英属印度总督的信函出访印度，向英国求援。沙俄政府在侵占伊犁后，则开始修建军用公路，调集重兵，摆出一副随时干涉的姿态，并发出最后通牒。1872 年 6 月，阿古柏慑于俄国的军事压力，与沙俄订立了《俄阿通商条约》，主要内容为：俄商有权在南疆各地自由通商，并在各市镇建造商行和货栈，派驻商业代理人；俄国商品运入南疆只纳 2.5% 的进口税，作为交换，俄国承认阿古柏为"哲德沙尔元首"。

阿古柏并不甘心成为俄国人的傀儡。1873 年初，阿古柏派遣使节来到加尔各答，与印度总督诺思布鲁克密商共同对抗沙俄事宜。随后，阿古柏的使节又访问了伊斯坦布尔，给伊斯兰世界的宗主土耳其苏丹阿卜杜勒·阿齐兹送去了骏马、童男童女、绸缎、瓷器、黄金、茶叶等礼物，以寻求伊斯兰世界的帮助。当时的土耳其泛伊斯兰主义盛行，准备建立一个保卫伊斯兰教、反对俄国的伊斯兰大同盟，因此阿古柏的使节得到了阿卜杜勒·阿齐兹的盛情款待。苏丹笑纳了阿古柏的礼物，接受了阿古柏臣服于他的请求。他回赠阿古柏一顶皇冠和各种宝石装饰起来的帽子、衣服、宝剑，以及包括 1200 支步枪和 6 门加农炮在内的军火，还册封其为埃米尔，更派遣军事顾问前往新疆，协助阿古柏编练军队、巩固统治，这标志着阿古柏得到了以土耳其苏丹为代表的伊斯兰封建神权的支持。阿古柏为此十分高兴，穿戴着土耳其苏丹赐予他的皇冠、衣服，佩着宝剑，毕恭毕敬地向土耳其方向拜了又拜，以示感谢。此外，他还将"国旗"改得与土耳其的一模一样。1875 年，面对清政府出兵的压力，阿古柏的使节再次出使伊斯坦布尔，请求土耳其派兵援助，接管七城的统治，并允许其到麦加朝圣。土耳其苏丹虽未答应这一要求，但还是给予其 4000 支步枪及 6 门山炮在内的大量军火支援。

当然，英国也没有放弃对阿古柏的拉拢，印度总督诺思布鲁克声称不把喀什噶尔看作在俄国势力范围之内，也不

▲ 土耳其苏丹阿卜杜勒·阿齐兹

认为最近俄国和喀什噶尔签订的商约使他的看法有了什么变化。1873 年夏，英印政府专门组建了中亚贸易公司，并在这年秋天再次派福赛斯使团前往喀什噶尔，向阿古柏递交了英国女王的亲笔信。阿古柏表现出一副感激涕零的样子，他对福赛斯说："女王就和太阳一样，在她的温和的阳光里，像我这样可怜的人才能够很好地滋长繁荣。我特别希望获得英国人的友谊，这对我是不可少的。"

1874 年 2 月 2 日，双方在喀什噶尔签订英阿《喀什噶尔通商条约》。条约共 12 则，主要内容为：英国承认阿古柏在其统治区的统治地位，派驻大使级的政府代表常驻阿古柏宫廷；作为交换，英国人将享有领事裁判权和最惠国待遇；同时，英国及其附属国居民可以自由出入阿古柏政权控制区域，并有权在此居住、经商、购置土地等，阿古柏政权对从印度运入的商品所征收的关税，不得超过商品价值的 2.5%。英属印度与"哲德沙尔国"之间的贸易额由此逐年增长，至 1876 年，达到了 300 万卢比，其中包括大量军火贸易，单 1874 年的一笔交易，英国人就卖给阿古柏 2 万支滑膛枪。

在英国和土耳其的支持下，阿古柏对俄国态度逐渐强硬起来。这使俄国人颇为恼怒，一度准备发兵讨伐，但由于浩罕发生了大规模的暴动而未能实现。

清政府方面，虽然从 19 世纪 50 年代开始，大规模的内乱就不曾断过，太平天国运动、捻军、陕甘回民起义更是相继而起，直接威胁着清政府的统治，使其不得不"暂弃关外，专清关内"，全力对付"腹心之患"。但清政府并没有放弃新疆的打算，在新疆发生变乱后，清政府便迅速做出了反应。1865 年 2 月，清政府任命成禄（胜保旧部）为乌鲁木齐提督，率兵 3000 进驻哈密，收复失地。但是成禄心中畏惧，一路上磨磨蹭蹭，动作缓慢。虽然朝廷多次下旨催促，但他依旧逡巡不前，并透过于关内各道，说是他们提供的粮草不够，所以无法前行。成禄好不容易行至位于河西走廊中部的高台县，又遇到肃州回民起事，占据了嘉峪关及肃州城，他正好以此为由驻兵肃州高台县，从此兵不出城，也不肯再前进。驻兵高台期间，虽然各地运来的军饷足够供养其所统军队，但他仍大肆摊派粮草、煤炭、油烛等物，并向附近州县勒索年节犒赏。至 1870 年春，成禄搜刮到的财物包括捐输仓斗粮 10 余万石、捐钱约 10 万串，合银不下 30 万两。他用这笔盘剥来的钱财在当地养了个戏班子，沉醉于饮宴游乐之中，全不将收复新疆的使命放在心中。后来，他更是将自己宠爱的三姨太从北京接了过来，将这边塞小城当作了自己的安乐窝。高台地方贫瘠，民众难以承担摊派，成禄竟然借口当地百姓谋反，滥杀包括学童在内的无辜百姓 200 余人。

成禄虽然逗留不前，但哈密办事大臣文麟却率领一部清军进驻哈密。1869年8月，哈密协办大臣景廉也抵达哈密。清军即以巴里坤和哈密为基地，在汉族团练武装的支持下，与妥明的"清真王"政权展开了激烈的拉锯战。沙俄侵占伊犁后，清政府一面派使者前去交涉，一面派署理伊犁将军荣全进驻塔城，在塔城—库尔喀喇乌苏—博罗塔拉一线布防，做好收复伊犁的准备。并且命令景廉相机攻取乌鲁木齐。

　　从1874年起，随着各地起义相继被镇压，清政府开始调动清军，准备收复新疆。这年正月，广东陆路提督张曜率所部嵩武军行抵玉门关。3月，前乌里雅苏台将军金顺和凉州副都统额尔庆额率军出关。8月，清政府任命乌鲁木齐都统景廉为钦差大臣，督办新疆军务，金顺帮办军务，督率张曜、金顺、额尔庆额各部出关。清政府又命令陕甘总督左宗棠督办关外粮饷和转运事宜，以袁保恒为帮办，共图新疆。

　　但在清军准备出关收复新疆之际，1874年5月，日本入侵了台湾。当时日本政府以琉球船民被台湾高山族居民杀害为由出兵台湾，最后清政府妥协，以向日本政府赔款白银50万两了结此事。这一事件在清政府内部引起了关于"海防"和"塞防"之争的激烈辩论。当时，清政府连年用兵，还要支付大量赔款，财政十分拮据。因此，直隶总督李鸿章上《筹议海防折》，以军费紧张为由，建议清政府放弃新疆。

▲广东提督张曜

▲李鸿章

他认为新疆万里穷荒，没有战事一年也要支出 300 万两白银，得不偿失，即使勉强收复，周边又强敌环伺，最后肯定也无法守住，而且新疆对中国来说只是肢体，失去也不伤元气，不像海防乃是腹心大患。因此他建议撤回新疆各路兵马，将节省下来的经费匀做海防欠饷。在他的影响下，"海防论"一时甚嚣尘上，除江苏巡抚丁日昌等封疆大吏外，光绪的生父醇亲王也赞同罢西征之说。英国驻华公使威妥玛也派出代表，提出将伊犁让与俄国，天山南麓让与阿古柏。清政府因此举棋不定，已经开始的西征计划一时陷入困境。

山东巡抚丁宝桢、湖南巡抚王文韶、江苏巡抚吴元炳等封疆大吏则认为沙俄才是心腹大患，应该全力西征，"俄人不能逞志于西北，则各国必不致构衅于东南"。1875 年 3 月，清政府将李鸿章等人的奏议寄给左宗棠，令他统筹全局，通盘筹划。

左宗棠（1812—1885 年），字季高，湖南湘阴人，自小胸怀大志，曾写下"身无半文，心忧天下；手释万卷，神交古人"的对联以铭心志。左宗棠虽然科场不利，屡试不第，但他遍读群书，钻研舆地、兵法，致力于经世致用，表现出卓越的眼光和出众的能力，因此得到了当时许多名人的推崇。1849 年，林则徐因病开缺回乡，路过湖南时，他特地深夜邀请这位布衣晚生到湘江岸边的一叶小舟上相见。两人一见如故，畅谈治国方略，并结为忘年之交。林则徐认定左宗棠是绝世奇才，于是将发配新疆期间整理收集的资料悉数托付左宗棠，并赠言道："东南洋夷，能御之者或有人。他日西定新疆，非君莫属。"

1852 年，太平军入湖南，围攻长沙，左宗棠应当时的湖南巡抚张亮基之邀，入幕参赞军务，由此开始了他一生的功名事业。在随后的岁月里，他先后辅佐张亮基、骆秉章两任湖南巡抚，内清四境，外援五省，时人有"天下不可一日无湖南，湖南不可一日无左宗棠"之语。1860 年，他随同曾国藩襄办军务，编练楚军，率军先后转战江西、安徽、浙江、福建、广东等地，历任浙江巡抚、闽浙总督等职。在平定太平天国的战事中，他立下殊勋，受封一等恪靖伯，成为清王朝中兴的主要功臣。1867 年，左宗棠又受命出任陕甘总督，平定西北乱局。他到任后，即定下"先捻后回"的方略，接连取得大捷，顺利平定了蔓延数省、死伤千万的陕甘回民起义。

1875 年 4 月 12 日，左宗棠上奏清政府，提出了海防、塞防并重的建议。左宗棠着重指出，一旦放弃新疆，外敌必将得寸进尺，到时候不但陇右危急，蒙古各地也将不保，停兵节饷对海防未必有利，对边防则必定大有损失。至于军饷耗费巨大的问题，左宗棠则提出了兴办军屯、民屯的建议。左宗棠的主张得到了军机大臣、

▲陕甘总督任上的左宗棠　　▲湘军军营

总理各国事务衙门大臣文祥的大力支持。他认为放弃新疆乃是自撤藩篱，到时候敌人步步紧逼，势必形成两面受敌的不利境地。因此在廷议时，文祥力排众议，坚决主张西征。最终，清政府下定决心出兵收复新疆。1875年5月，清政府改派左宗棠为钦差大臣、督办新疆军务，金顺为乌鲁木齐都统，帮办新疆军务。

左宗棠受命后，立即开始裁汰冗员，整军经武，实行精兵政策。他将金顺部47营缩编为19营，将原景廉部34营编为19营，对其旧部徐万福回湘招募的4营勇丁则派员点验，将青壮者并成3营。对成禄旧部，在成禄被革职拿问后，左宗棠将该部12营挑汰整顿，并成3营。驻守哈密的文麟所部也进行了就地整顿，除保留吉林、黑龙江马队外，其余一律裁汰遣撤。经过一番裁汰后，西征军的战斗力得到了极大提升，同时也节约了大量粮饷。此外，左宗棠还着力提升西征军的武器装备，除在西安、兰州机器局大量仿制西洋枪炮外，还在上海、汉口、西安等地设立采买机构，大量采购西洋军火，确保西征军装备较先进的枪炮弹药，使其足以对付装备英国新式武器的阿古柏军队。与此同时，左宗棠还专门组建了一支专业化的炮兵部队，装备有后膛炮12门。

1875年7月，当沙俄政府派出的以索思诺夫斯基为首的所谓"科学贸易考察队"来到兰州刺探军情时，他们惊讶地发现，清军拥有的武器包括德国的毛瑟步枪、美国的雷明顿步枪等，不但在质量上堪比欧洲军队，数量上也毫不逊色。他们不得不承认，阿古柏的事业已经到了尽头，因为交战双方的实力太过悬殊。英国人包罗杰也评论这支军队不同于以往的中国军队，已经近似于一个欧洲强国的军队。

《孙子兵法》云："凡用兵之法，驰车千驷，革车千乘，带甲十万，千里馈粮，则内外之费，宾客之用，胶漆之材，车甲之奉，日费千金，然后十万之师举矣。"根据当时的军粮配置，步兵每人每天配给军粮1斤10两，骑兵每人每天配给军粮2斤，战马每日每匹需饲料4—5斤、草料12斤。"粮运两事，为西北用兵要著"，为解决军粮问题，左宗棠一方面下令在哈密地区屯田，一方面建立了四条运粮路线：第一条路线从甘肃河西出发，出嘉峪关、过玉门，到达哈密；第二条路线从包头、归化城出发，经乌里雅苏台、科布多，至巴里坤；第三条路线从宁夏出发，过蒙古草原，到巴里坤；第四条是通过俄国人购买粮食，从斋桑淖尔出发，运至古城。当时，俄国正忙于准备与土耳其的战争无暇东顾，同时也为了削弱英国人的势力，便同意了左宗棠购买粮食的要求。经多方筹措，至开战前，左宗棠已经搜集了4000多万斤粮食。但一路转运到前线的费用惊人，"出关之师，粮运至哈密，每百斤已费银十一两有奇"，更不用说运输到乌鲁木齐以及更远的地方。除此之外，军械添置、军衣军饷发放，均需筹措大量银两。但此时清政府国库拮据，只拨付了一部分钱粮，而各省的协饷也是时有时无。为了确保西征的军饷开支，左宗棠将希望寄托在"红顶商人"胡雪岩身上。两人之间合作多年，在左宗棠镇压太平天国、创建福州船政局、兰州织呢局等事业中均活跃着胡雪岩的身影。胡雪岩果然不负厚望，他多方活动，以江苏、

▲ 运粮的驼商

浙江、广东等地海关收入为担保，从汇丰银行借银1195万两，又以各省协饷作保，从华商手中借得175万两白银，有力地保障了收复新疆战事的顺利推进。

大军云集，粮草齐备，只待得令出征，但由何人统帅这支大军呢？左宗棠认为自己年老体衰，精力不济，于是毅然保举了湘军中的后起之秀，时任三品卿衔见署西宁道的刘锦棠。这年，刘锦棠刚刚30出头。但左宗棠称其英锐果敏，才气无双，足当重任，于是指派其为总理行营营务，指挥西征诸路兵马。当左宗棠询问刘锦棠出关作战需要多少人马时，他豪迈地回答道："胜兵万人，足以横行，不在多也。"

刘锦棠（1844—1894年），字毅斋，是左宗棠的同乡，出身湘乡农家，先辈世代务农。太平天国运动爆发后，其父刘厚荣与弟弟刘松山投入湘军王鑫部。但不久后，他的父亲便战死于岳州，时年9岁的刘锦棠只能与祖母陈氏相依为命。为了复仇，少年时期的刘锦棠开始精研军事，到15岁时，他来到江西，投入叔父刘松山所部，开始了自己的军旅生涯。此时刘松山已因战功擢升为参将，所部称"松字营"。刘锦棠在其叔父军中参赞军事，随其转战江西、安徽等地，深得刘松山的赏识。1864年，刘锦棠因保卫湘军祁门大营有功，被两江总督曾国藩保举为知县，并赏戴蓝翎，时年20岁。太平天国起义被镇压后，他又加同知衔，并赏换花翎。从1866年起，刘锦棠随刘松山赴河南、河北、陕西等省，参与围剿捻军的战事。在其参加的十多次战役中，每战必捷，因此被左宗棠保奏，以道员即选，并加按察使衔。1869年，在镇压陕西回民起义的过程中，刘锦棠又立殊勋，降服董福祥、张俊、李双良等20万众，因此加布政使衔，并被赐予"法福灵阿巴图鲁"的称号。

1870年2月，刘松山在攻打甘肃金积堡马化龙领导的回民武装的战斗中，中

▼《平定陕甘新疆回匪战图》

炮阵亡。回民武装趁机发动猛烈反击，并切断了湘军粮道。在主将战死、粮道被断的不利情况下，刘锦棠挺身而出接过指挥权，击退了回民武装的反击，并以此威服诸将，顺利掌握了军权。后经左宗棠奏请，刘锦棠以三品卿衔正式接管刘松山旧部。在随后的战事后，刘锦棠身先士卒，谋而能断，先后攻占金积堡外570多个堡寨，迫使马化龙和其子马耀帮于次年1月投降。不久后，刘锦棠按照左宗棠所示，将马化龙及其亲属伙党1800多人全部处死。开炮打死刘松山的回民头领马八条则被剖腹剜心，以祭奠刘松山的亡灵。在为其叔父报仇后，刘锦棠扶灵回乡，回到湖南。

1872年7月，刘锦棠带着招募来的一些湖南子弟，回到甘肃，再次投入镇压回民起义的战事中。他率部连战连捷，先后攻占西宁、肃州等重镇，迫降马文禄、马桂源等回民武装重要首领，另一回民武装重要首领白彦虎则率残部进入新疆。至1875年1月，陕甘地区各路回民武装均被剿灭。刘锦棠也因为其立下的战功被任命为署西宁兵备道。随着西征军主帅的任命下达，他也即将攀上其人生事业的最高峰。

## 风驰电掣克顽敌

1875年夏，左宗棠在兰州召开分统以上将领参加的军事会议，商讨作战计划。会上，左宗棠与刘锦棠两人将战略方针定为"先北后南，缓进速战"。所谓"先北后南"是因为新疆地势北高南低，先行收复北疆，可以居高临下，控扼南疆，同时乌鲁木齐周边土地肥沃，可以就地解决大部分军粮。"缓进急战"即战役与战役之间准备要充分，故前进要缓，一旦发起进攻，则必须迅速结束战斗，防止顿兵坚城之下。

1876年2月，各路大军陆续向肃州集结，主力为刘锦棠所部马步25营（包括董福祥部数营甘军），部将有汉中镇总兵谭上连、宁夏镇总兵谭拔萃、陕安镇总兵余虎恩等人。除此之外，西征军的阵容中还包括广东陆路提督张曜所部嵩武军16营，凉州副都统额尔庆额所部马队，乌鲁木齐都统金顺统帅的旧部与原景廉、成禄部共40余营，记名提督徐占彪所部蜀军7营等，以及后来征调的金运昌所部卓胜军10营，共计7万余人。英国人得知清政府下令收复新疆的消息后，连忙派遣福赛斯以英印政府代表的身份来华活动。4月8日，福赛斯会见了李鸿章，他极尽恫吓之能事，吹嘘阿古柏的实力，称俄国人也将帮助阿古柏，企图动摇清政府西征的决心，但清政府并没有为其所动。

"腰横剑气腾空出，侧耳乡音夹路闻。"1876年4月，西征军主力湘军马步25营，先后分四批出星星峡，向哈密进发。4月26日，刘锦棠亲提大军从肃州起程，踏上了西征的漫漫征途。

与西征军相比，阿古柏的军队无论在兵力上还是士气上都远远不如。"哲德沙尔国"的常备军约为3.5万人，主要兵种有步兵、骑兵、炮兵和抬枪部队。其中步兵被称作"沙尔巴兹"，主要以火枪为武器；骑兵被称作"吉杰特"，是军中精锐，主要使用腰刀和卡宾枪，而一部分东干人骑兵则使用长矛；炮兵由2

▲ 19世纪70年代的肃州

个炮兵连组成，使用的武器有滑膛炮和线膛山炮；抬枪部队则主要由汉人和东干人组成，使用一种类似小型火炮的大型火绳枪，需4个人才能使用。同时，阿古柏在乌鲁木齐、吐鲁番等地组建了东干人团练，兵力约为1万人。他们的武器主要来自英国、土耳其等地，此外英国人的中亚贸易公司还能为阿古柏源源不断地提供军火。

阿古柏军队的训练最初是依照阿富汗、英国、俄国各式操典的结合体进行的，但在与土耳其建立联系后，土耳其式操典成了阿古柏军队的主流，来自土耳其的教官充斥着"哲德沙尔国"的军营。阿古柏的军队实行军衔制，由下至上分为列兵、达巴什（十人长）、皮扬吉巴什（五十人长）、玉子巴什（百人长）和胖色提（五百人长）。遇有战事时，阿古柏会临时任命一位拉什卡尔巴什为最高军事指挥官，由他指挥5—10个五百人队。各级指挥官中除少数维吾尔族军官外，几乎全部为浩罕人所把持。其军中的维吾尔族士兵均为强制征发而来，每家每户都必须出1—2人从军，但他们很难按时获得军饷，很多时候除了每天的2个馕外别无他物。有的士兵在5年服役期内只领到了2件长衫和25腾格现金，没有获得任何给养。

为加强对军队的思想控制，阿古柏在军中派驻司法官、经训诠释官、宗教治安官等宗教官员，由他们传达军令，监督军令执行，灌输伊斯兰极端思想。但是，除少数阿古柏的心腹爪牙外，强制征发来的当地士兵均士气低落，时有逃亡。而安集延等地招募来的雇佣兵，他们来到新疆的目的只是为了掠夺和发财，能为阿古柏的"王冠和宗教进行战争的人"极其稀少。

除此之外，阿古柏还得到了逃窜至新疆的白彦虎残部的支援。1873年9月，白彦虎所部回民武装在遭到刘锦棠部重创后，其残部6000余人逃入新疆，向哈密城进犯，清政府急令景廉调派马队星夜兼程赶赴哈密。白彦虎一度攻破哈密回城，俘虏了哈密王伯锡尔的福晋，但很快被赴援的清军大败，只得再次窜逃。1873年10月，白彦虎率残部退往吐鲁番，在那里，他投靠了阿古柏。为了笼络白彦虎，阿古柏将自己的女儿嫁给了他。白彦虎在投降阿古柏后，率部进驻玛纳斯，后受阿古柏之命，进窜沙山子、马桥等地，并以此为跳板北上，进犯科布多南境，切断清军补给线。白彦虎忠实地贯彻了阿古柏的要求，多次出兵窜扰清军。1874年1月，白彦虎在乌梁海地区劫得清军饷银百万两之多，随后他率军向玛纳斯急归。清政府急调附近清军及民团截击。1月19日，徐学功及所部400余人发现白彦虎行踪，但徐学功考虑到自身兵力薄弱，难以正面截击，于是他心生一计，称自己乃是阿古柏派来的援军。白彦虎不疑有诈，遂让徐学功与其同行，白彦虎在前，徐学功则跟在其后面。次日，徐学功突然向白彦虎后队发起进攻，大败白彦虎，夺回了全部被劫饷银。随后，白彦虎又多次窜扰，袭击清军粮道，但皆被清军击败，不得不退往乌鲁木齐。

5月，西征军前锋谭上连部抵达巴里坤。随后，谭拔萃和余虎恩也相继率部到达。5月底，刘锦棠来到哈密，他下令将哈密存粮全部运至巴里坤、古城两地，以确保物资供应。清军的布置是：以徐占彪所部蜀军保护粮道安全，防敌北逃；金顺部驻兵最前线的济木萨，并分兵一部防止乌鲁木齐方面的敌军逃往玛纳斯；张曜所部嵩武军驻守哈密，防敌东窜。而阿古柏的布置是：以马人得为乌鲁木齐阿奇木伯克，率军驻守乌鲁木齐，同时统筹古牧地、昌吉、呼图壁和玛纳斯诸城；白彦虎部驻守红庙子（乌鲁木齐汉城，即迪化州城所在地），主力则集结于古牧地，妄图阻挡西征军前进。

7月1日，刘锦棠抵达古城，驻兵木垒河。7月11日，他率轻骑来到济木萨金顺的驻地，查看前线形势，商讨进军方略。双方商定合军出击，直捣白彦虎主力驻扎的古牧地，只要古牧地被攻克，敌军势必不能固守乌鲁木齐和红庙子了，而只能退守吐鲁番。7月21日，刘

▲ 白彦虎所部回民武装

锦棠率兵来到济木萨，与金顺部会合。7 月 28 日，两军又进驻济木萨以西 120 公里的阜康县城，直逼古牧地，随后发动了西征以来的第一场战役——古牧地之战。

古牧地，又名"辑怀城"，位于今乌鲁木齐市米东区，乃是乌鲁木齐的北大门，也是阿古柏的第一道防线。在清军主力向阜康一带集结的时候，白彦虎一面向阿古柏求救，一面离开红庙子，来到古牧地坐镇指挥。阿古柏在得知清军大举进逼的消息后，立刻命令阿孜木库尔率领 600 精骑与 4 个五百人队增援白彦虎，他本人则率主力 1 万余人作为后援。

面对这一情况，刘锦棠当机立断，下令发起进攻。阜康通往古牧地的那条大路，从离阜康城 20 里处的西树儿头子至黑沟驿之间的 50 里全是戈壁，除甘泉堡一处枯井外别无水泉，即使甘泉堡这处古井开掘后也只能供 100 多人一天饮用。于是白彦虎让开大路，屯兵于水源地黄田，筑卡树栅，以引诱清军从大路出击，准备趁清军人困马乏之际，突然发起袭击。刘锦棠询问当地土著，得知水源地黄田就在黑沟驿之上，而其上游就是古牧地的时候，决定将计就计。他于 8 月 9 日派出一部分士兵来到甘泉堡，故意在那里挖掘枯井，摆出一副从大路出击的样子，以迷惑敌军。白彦虎果然中计，只待以逸待劳击败清军。却不料刘锦棠于次日率部与金顺会合后直趋黄田，迅速占据了山冈位置，随后于黎明时分发起了猛烈的进攻。参将董福祥率所部直捣中坚，势如猛虎下山，有诗赞道：

手牵牙旗夺临入，骁腾无一不当百。

守贼晾醒睡眼看，突讶神兵从天来。

从睡梦中惊醒过来的敌军在经历了最初的慌乱后，开始了有组织的抵抗。陕安镇总兵余虎恩与记名提督黄万鹏两将率马队分左右两路直扑敌军，其雷霆一击迅速击败了敌军马队的反扑。不过，敌军并未立即溃散，而是在会合后发动步兵再次反扑。刘锦棠遂命跟进在马队后面的宁夏镇总兵谭拔萃、汉中镇总兵谭上连两部居中迎敌，马队则绕至侧翼左右包抄，如暴风骤雨，锐不可当。敌军终于抵挡不住，在丢下大量辎重后狼狈逃窜。刘锦棠一路追击至古牧地，见该城城墙高大坚固，一时难以攻克，遂回到黄田暂作休整。

首战告捷后，8 月 12 日，西征军来到古牧地城下，刘锦棠部驻东北面，金顺部驻东南面。次日，阿古柏派来的援军在阿孜木库尔率领下从红庙子驰援而至，刘锦棠遂命马队在步兵配合下下山迎敌，迅速将其歼灭。阿孜木库尔当场被毙，只有 100 余人逃脱。随后，西征军步兵在开花大炮的支援下，先后攻克城外的山垒和城

▲ 董福祥

关两地，清除了敌军城外据点，从而完成了对古牧地的包围。由于清军具有压倒性的火力优势，敌军只得困守孤城。在清军火炮的猛烈射击下，古牧地多处城墙被炸出缺口，破城只是时间问题。

刘锦棠与金顺商议后，决定在 8 月 16 日晚发起总攻。由谭拔萃等将领率军攻打城东北角，谭上连等部攻打东城，总管湘军营务处的罗长祐则指挥城南炮队，掩护攻城部队。同时，刘锦棠又命记名提督谭和义、谭慎典等将伏兵护城壕中，等炮火炸开城墙后强行攻入。除此之外，为防备敌军弃城逃窜，刘锦棠还布置了多路人马防守城外诸要津，以截击逃敌。刘锦棠本人则亲率马队驻守城南山垒督战。

8 月 17 日拂晓，伴随着震耳欲聋的火炮声，西征军发起了总攻。清军猛烈的炮火迅速炸开了城墙，先锋董福祥在囊土填平壕沟后，率部首先从缺口冲入，与守敌进行了激烈的巷战。经一番激战，西征军全歼守敌 6000 余人，而自身仅付出了阵亡 158 人、伤 455 人的轻微代价。唯一遗憾的是白彦虎不在城内，因此未能将其擒获。不过，在缴获的一封乌鲁木齐阿奇木伯克马人得写给古牧地守将的信中，刘锦棠得知乌鲁木齐城内的精锐已经全被调去古牧地，现在城防空虚，而南疆的援军尚未赶至。刘锦棠当机立断，决定乘胜追击，一鼓作气攻下乌鲁木齐。

8 月 18 日，在留下一部分军队防守古牧地后，刘锦棠亲率大军分三路直趋乌鲁木齐。迫于西征军的凌厉攻势，白彦虎、马人得等自知难以抵挡，仓皇出逃。于是，清军不费一枪一弹地收复了乌鲁木齐三城，缴获敌军存粮 100 多万斤。此时，经过阿古柏匪帮及其爪牙的反动统治，乌鲁木齐城内一片凋敝残破，仅有汉回居民数十人。正所谓是：

乱后全无旧井屯，萧条兵火数家存。

炊烟带雨迷荒市，蔓草连根入断垣。

"夜奏甘泉书报捷，重恢疆域种葡萄。" 就这样，刘锦棠取得了三日连克四城

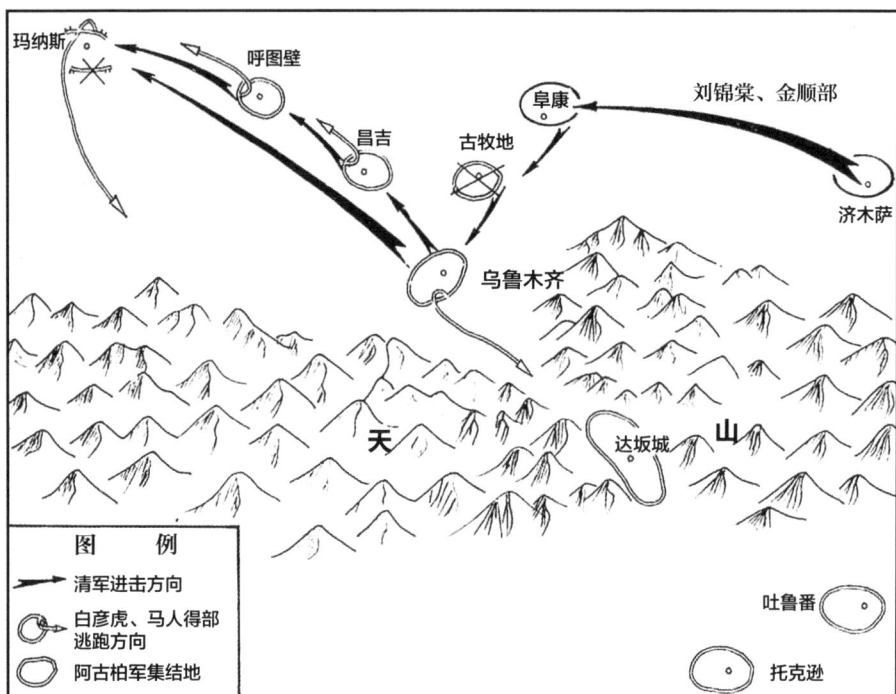

▲ 收复北疆之战

的辉煌战果。迫于西征军的赫赫声威，昌吉、呼图壁等地敌军望风披靡，纷纷南逃。对于这一战，英国人包罗杰评论说："这次进军，其行动是如此的隐蔽，而攻击又是如此的神速和巧妙。基于此，其战果之显著，不管是在中国还是在中亚细亚的历史上都是前所未有的。"

与此同时，北疆清军也攻克了妥明残部据守的玛纳斯北城。早在2月份，清军便已经着手攻打玛纳斯了。2月23日，凉州副都统额尔庆额、总兵冯桂增为抢头功，率吉江马队约2000人乘夜扑城，结果失利，额尔庆额身负数创，冯桂增战死，阵亡官兵200余人。在随后的围城战中，各路清军又各行其是，以至于久攻不下。直至8月份，守将余小虎等人见大势已去，率亲信南逃后，清军才趁势攻下北城。残余回民武装据守南城负隅顽抗。清军在攻打南城的战斗中，再次遭受挫折，损失颇重。于是，金顺不得不率部前去支援。而刘锦棠则留在乌鲁木齐，指挥各部肃清北疆各地残敌。10月，金顺等部久攻玛纳斯南城不克，不得不向刘锦棠求援。于是刘锦棠派遣罗长祜等人率领步队6营、马队5旗（一旗为半营，共125骑）前去增援。各路清军会合后，于 11 月 6 日攻下了玛纳斯南城。至此，西征军收复了北疆所有地区，使肃州、哈密、塔城连成一片，防止了阿古柏北窜的可能性。

不过，由于已至冬季，大雪封山，粮草辎重难以运输，同时军中因水土不服患病者也较多，西征军不得不暂缓进军，以待次年雪融冰消，再整军出发直指南疆。

在西征军收复乌鲁木齐，取得北疆战事大捷的同时，英国为维护其在新疆的利益，出面进行所谓的调停。驻华公使威妥玛通过李鸿章转告清政府，称英国将代阿古柏向清政府乞降，其"哲德沙尔国"可以作为清政府属国存在，但是只隶版图，不必朝贡，以免劳师糜饷，兵连祸结。10 月中旬，总理各国事务衙门将这一情况转告左宗棠，并征询其意见。左宗棠对此予以了坚决驳斥，称南疆乃中国领土，阿古柏窃据此地，即是大清之贼，岂有让其立国之理。所谓代阿古柏乞降，只是英国为维护其利益的借口，断不能从。

1877 年 1 月，清政府首任驻英公使郭嵩焘抵达伦敦，英国政府即命威妥玛与其谈判新疆事宜。威妥玛称阿古柏的"哲德沙尔国"是主权国家，要求清军立刻停止进攻，这样既有利于中英之间的贸易，也能防止俄国长期占据伊犁。同时，威妥玛还提出英国愿意出面调停，让阿古柏遣使议和。在谈判过程中，郭嵩焘向清政府提出意见，力主对英妥协，认为西征劳师糜饷，新疆为无用之地，只要阿古柏不再滋事便应当和解，让阿古柏的政权作为清政府附属国存在。这一主张无疑极其短视，为左宗棠坚决反对。

阿古柏方面，虽然北疆诸地全为清军收复，但损失的人马多为白彦虎等回民武装，其主力并未受损。在清军于北疆休养之际，他调兵遣将，集结精锐，沿天山一线利用关隘重点设防，其中达坂城、托克逊、吐鲁番三城均布置重兵，三城互成犄角之势，击其一点，其余两地可以分兵驰援。阿古柏企图依靠这一铁三角防线阻遏清军南下，继续维持其"哲德沙尔国"的反动统治。其中，达坂城守将为其大总管爱伊得尔呼里，有精兵 5000 人；吐鲁番守将为布素鲁克之侄艾克木汗、马人得和白彦虎，守军约 8500 人；托克逊城则由其次子海古拉防守，有步骑 6000 人、大炮 6 门；阿古柏则亲自

▲威妥玛及其使馆内随从

坐镇喀喇沙尔指挥，其布置在前线的总兵力为 27000 人。

对于阿古柏的这一布置，左宗棠认为只要三处得手，歼灭其主力部队，则如破竹之势。因此，左宗棠决定，由徐占彪、张曜率所部人马攻打吐鲁番，刘锦棠则率主力攻打达坂城，在两城克服后，再进攻托克逊。为加强刘锦棠所部实力，左宗棠还调来了侯名贵指挥的炮队 1 营（有后膛炮 12 门）及肃州镇总兵章洪胜等人率领的马队 3 营。张曜、徐占彪也分别得到了马队和炮队的补充，实力有所增强。

1877 年 4 月，在经 4 个月的补充和休整后，西征军再次启程，发起了收复南疆的战役。4 月 14 日，刘锦棠亲率大军由乌鲁木齐南下，于 4 月 16 日兵临达坂城下。该城雄踞通往南疆的要道，阿古柏在山口修建了高大坚厚的新城，由其悍将爱伊得尔呼里把守。当时守敌将湖水引入城下草泽中，形成了一汪深及马腹的泥塘。他们自恃有此天险万无一失，于是放松了防备。刘锦棠通过侦查得知这一情况后，遂命余虎恩、谭上连两将率部急驰，乘着夜色悄悄渡过泥塘，迅速占领了城外有利地形，将达坂城四面合围。次日，守敌才发现城池已被包围，慌忙开枪射击。中午时分，刘锦棠冒着敌军密集的子弹，来到城下巡视。其坐骑中弹而死，但刘锦棠不为所动，易马继续前行，并指挥各营迅速挖掘壕沟，修筑营垒。

4 月 18 日，西征军将开花大炮运至城下，开始修建炮台。此时，敌军托克逊守将海古拉得知达坂城被围，派骑兵 1500 人前来解围，但被清军击退。守敌企图突围，但这一计划被从城中逃出的当地维吾尔族群众报告给了清军，刘锦棠遂命令在城外布满火炬，将城垣周边照得亮如白昼，使敌军行动无所遁形。

4 月 20 日，在侯名贵的指挥下，西征军的火炮对达坂城进行了猛烈轰击。敌军炮台首先被摧毁，随后城墙也被轰塌多处。守敌根本无力还击，只得坐以待毙。不久后，西征军的一颗炮弹击中敌军弹药库，引起剧烈爆炸，声震全城。在大风的助力下，火焰迅速蔓延，引爆了其他弹药。西征军则趁着敌军混乱之际发起总攻，一举攻克该城。此役，毙敌 2000 余人，俘获 1200 余人（包括守将爱伊得尔呼里及 6 名五百人长），缴获战马 800 多匹、各类枪炮军械 1400 余件、大炮 1 门，而清军仅仅战死 52 人，受伤 116 人。

攻克达坂城后，刘锦棠对俘获的敌军进行了甄别，其中附从的土尔扈特人和维吾尔人均给以衣粮，放还原籍。释放的俘虏回到托克逊后，阿古柏害怕他们会削弱军队的战斗意志，于是下达了处决令。一部分人被杀，剩下的人听到消息后投奔了清军。此消息一出，南疆各地与阿古柏更是离心离德。同时，阿古柏的军队在听说

▲ 列阵中的湘军

达坂城被攻克，"一人一骑不返"的消息后，也是乱作一团，或向清军出降，或逃亡喀什噶尔，阿古柏根本难以约束。

此时，国际形势也对清政府极为有利。1877 年 4 月 24 日，俄国以拯救土耳其压迫下的基督徒和保护斯拉夫兄弟为由，向奥斯曼土耳其宣战，发动了第十次俄土战争。俄国人企图通过战争控制巴尔干，进而控制黑海通往地中海的咽喉博斯普鲁斯海峡，以打通出海口。英国的注意力也被转移至巴尔干方向，再也无暇顾及新疆地区。对英国政府来说，阿古柏只是能够利用的对象，绝不会为他牺牲自己的利益。

"将军金甲夜不脱，半夜军行戈相拨。"4 月 25 日拂晓，刘锦棠在白杨河分兵两路，一路由罗长祜率领，共计马步 6 营，与徐占彪、张曜会合后攻打吐鲁番；一路由他亲自率领，共计马步 14 营，直捣托克逊。刘锦棠主力行军至小草湖时，当地维吾尔族群众纷纷前来报告，称敌军准备逃窜，并焚烧附近村庄，准备裹挟当地居民一起西逃。于是，刘锦棠挥军疾进，于 15 点左右行至距城 10 里之地。刘锦棠只见前面火光四起，枪炮声隐约可闻，知道敌人就在附近，遂命令马队立刻奔驰前进。双方在城郊展开激战，刘锦棠亲率主力驰来，横截敌军，敌军节节败退，只得焚烧存粮、火药，弃城逃窜。清军奋力追击，酣战通宵，贼尸遍野。4 月 26 日，刘锦棠收复托克逊。此役，清军杀敌 2000 余人，俘敌 100 余人，缴获战马 200 余匹、枪械 2000 余件，自身仅伤亡 90 余人。同一日，罗长祜所部也抵达吐鲁番，与徐占彪、张曜所部会攻该城。此时，白彦虎已经再次丢下城池逃窜，守敌马人得势单力孤，被迫率部投降。由于粮饷一时难以运到，刘锦棠与左宗棠商议后，决定先行休整，待 8 月秋凉后继续南下。

至此，西征军在决战中歼灭了敌军主力，打开了通往南疆的大门，阿古柏利用天山之险布重兵顽抗的企图破灭。刘锦棠也因为这一功勋赏戴双眼花翎，"其以监司受戴，恩与督抚无异，朝廷眷注之隆，为二百年所未有"。

# 收拾金瓯一片

十万旌旗环大漠，莫教勃律过天山。

在刘锦棠率领西征军凯歌高奏、狂飙推进的同时，阿古柏的反动政权也在土崩瓦解中，大小官吏纷纷给清军写信输诚，连他的首席司库乌守尔见大势已去，也携带着阿古柏用于前线的所有金银并伙同50余人投奔到西征军阵营。饱受阿古柏苛政荼毒的当地维吾尔族欣喜地欢迎西征军的到来，"各城阿奇木、阿浑、玉子巴什携酒酪，献牛羊，络绎道左"，他们或为向导，或随清军打仗。阿古柏军中的维吾尔族士兵也纷纷丢下武器，向清军投诚，"没有一个城镇向皇帝陛下的大军射过一粒子弹"。

在南疆各地，到处都流传着这样一首民谣：

和台人从北京赶来了，就像天上的明星。

安集延人转身逃走了，就像林中的猪猡。

他们来去空空，这些安集延人！

他们仓皇逃窜，这些安集延人！

5月29日，众叛亲离的阿古柏在阿勒泰暴卒。其死因众说纷纭，最流行的说法是，阿古柏知人心已去，日夜哭泣，最终服毒自杀。还有说法是，他是被和田的阿奇木伯克尼牙孜·哈克木毒杀的，虽然"他们在一起时，犹如蜂蜜和黄油混在一起不分你我，但在背地里却彼此玩弄阴谋，想方设法努力消灭对方"。据说他重金收买了阿古柏的几名侍从，而阿古柏当时由于一连串失败的打击，脾气极为暴躁。有一天，他在痛打他的一位书记官后，十分口渴，便让侍从进茶来，茶中已被放入毒药，他喝下后中毒身亡。此外，还有一种说法是，阿古柏在打死一名办事不力的书记官后，继续殴打他的一名司库，没想到司库居然反抗，反而将阿古柏打得失去知觉，随后阿古柏伤重而死。

阿古柏死后，众人秘不发丧，直到其次子海古拉率兵从喀喇沙尔来到库尔勒后，才于6月1日宣布了阿古柏的死讯。阿古柏死后，"哲德沙尔国"迅速因内部争权夺利四分五裂。海古拉匆匆宣布艾克木汗为副手，命其主持库尔勒一带的防务后，便以运送阿古柏尸体为名，准备回喀什噶尔与兄长伯克胡里争夺汗位。

但是海古拉刚离开便后院失火，艾克木汗自立为汗，改称"艾克木汗条勒"，并派兵占领了阿克苏。失去退路的海古拉只得硬着头皮带着随从继续前进，6月23

日，他在克孜勒苏河的一座桥上被他的哥哥伯克胡里派人截杀。还有说法是，伯克胡里亲自用枪打死了他。8月13日，伯克胡里率兵打败艾克木汗条勒，进占阿克苏，艾克木汗条勒逃往俄国。不久后，他又率兵击败了已经投诚清军的尼牙孜·哈克木。但这并不能挽回"哲德沙尔国"最终灭亡的结局。清军收复南疆的新一波攻势已经开始了。

在西征军整军备战的同时，左宗棠还从全局出发，思考如何治理大乱后的新疆。他一面在各收复地区设置善后局，作为临时政府，招合离散，组织生产，一面又提出了设置行省的建议。他认为，面对内忧外患的动荡局面，原有的军府体制已经不适应治理新疆的需求，为了杜绝外敌的觊觎，必须在新疆设置行省，改行郡县制。

8月25日起，休整了4个月的西征军拔营依次出发，一路上设哨驻垒，稳步前进。10月初，刘锦棠亲率马步军主力与各路人马齐聚曲惠。10月3日，刘锦棠命记名提督余虎恩、黄万鹏率马步14营攻打库尔勒城，准备一举歼灭据守此地的白彦虎部众。他本人则率大军于10月5日出发，直捣喀喇沙尔。当时留驻喀喇沙尔一带的白彦虎，听说西征军即将到来，连忙掘开海都河（又称"通天河"）堤坝，妄图阻碍清军前行，以河水掩护其逃亡。顷刻间，洪水蔓延数百里，来不及逃走的附近

▲ 海都河

居民，被淹死无数。当清军来到河畔时，只见一片汪洋，最浅的地方也到马背位置。西征军依靠当地蒙古族群众的帮助，绕道百余里，抵达开都河东岸，之后派出一部搭造浮桥，挖修车道；另一部则轻骑简装，渡过水漫区，直取喀喇沙尔。

10月7日，西征军进入喀喇沙尔，当时城中水深数尺，一片泽国景象，官署、民舍荡然无存，城中居民均被裹挟而走。10月9日，西征军进入库尔勒城，得到的同样也是一座空城。据俘虏告知，白彦虎在抢掠秋粮后，裹挟大批民众运粮西走库车。但当时清军运粮的车驼未至，过水泽时又丢弃了过多的军粮，因而出现了断粮的情况，刘锦棠只得下令暂缓前进。他一面飞书后方，要求尽快将粮食运至前线，一面挖掘地窖，搜寻当地居民窖藏的粮食，解燃眉之急。10月12日，军粮终于运到，刘锦棠立即拣选精锐，追击白彦虎。

由于白彦虎裹挟了大批百姓，因而行进缓慢，西征军日夜兼程，终于在10月16日于轮台赶上了其逃亡大队。敌军后队千余人排队迎战，西征军一阵猛冲，阵斩百余人，其余敌军纷纷四散奔逃。西征军继续追击40里后，再次发现敌军踪迹，其中持械者不过千余人。此时白彦虎见清军追至，不敢恋战，丢下大批被裹挟的群众狼狈而逃。10月17日凌晨，白彦虎刚刚逃到库车，刘锦棠便已亲率大军追抵城下。见城下郊野都是不愿跟从白彦虎逃亡的维吾尔族群众，刘锦棠下令猛击敌阵，歼敌千余人，白彦虎率残部逃脱。此战，西征军连续奋战6昼夜，追击900里，一路解救被裹挟的各族群众10万余人。10月21日，西征军收复拜城。在短暂休整后，西征军于次日履冰而行，"风头如刀面如割，马毛带雪汗气蒸"。西征军在急行军80里后，于铜厂地区再次追到正在渡河的敌军。西征军趁机掩杀，刘锦棠亲率骑兵中路突击，再次大败白彦虎。敌军人马之尸堆积河中，水为之不流，但依旧未能擒获白彦虎。10月24日，西征军追至阿克苏城下，等待清军多日的当地维吾尔族群众打开城门，迎刘锦棠军队入城。西征军继续穷追猛打，一直追到戈壁滩上，不见敌军踪迹，这才收兵回返。当白彦虎摆脱追兵，逃至喀什噶尔附近时，其部众已不足百人。这次追击战，西征军一路穷追猛打，不给敌军以任何喘息机会，在短短20多天内行军3000里，收复4城，取得了极大的战果。有诗赞道：

铁谷关头万岭齐，军声直走海都[①]西。

前锋夜半遮归虏，马上生擒胖色提。

①指海都河，又名"开都河"。

正当刘锦棠打算在阿克苏等地休整一段时间，补充兵员和给养，等张曜率军到达阿克苏后，再合兵直捣敌军老巢喀什噶尔时，原清军降将何步云宣布反正。他趁伯克胡里率兵攻打和田城的尼牙孜·哈克木时，率领数百满汉军民占领了汉城，俘获了伯克胡里的家眷。伯克胡里连忙回转，杀回喀什噶尔，包围了汉城。何步云依靠高大的城墙顽强据守，并派遣使者向刘锦棠求救，望其立即赴援。刘锦棠得知消息后，当机立断，决定由余虎恩从阿克苏出发，正面佯攻，记名提督黄万鹏等人从乌什出发，取道布鲁特边界，迂回包抄，他本人则率军进驻巴尔楚克和玛纳巴什，以作策应。

　　12月17日，余虎恩和黄万鹏两军进抵喀什噶尔。此时伯克胡里正与白彦虎合围汉城，城外贼骑遍布，城内火光冲天，何步云竭力抵抗，战事正酣。余虎恩见此情形，立即发起攻击。在清军的两面夹击下，敌军毫无斗志，顷刻间土崩瓦解，纷纷四处逃窜，叛国贼金相印父子也被俘获，后被处死。清军一路追亡逐北，直至中俄边界。由于伯克胡里和白彦虎率残部逃入俄国境内，清军不得不回返。攻占喀什噶尔后，清军一路高唱凯歌，守敌均望风披靡。12月21日，清军收复叶尔羌。12月24日，袭取英吉沙尔。次年1月2日，收复和田。至此，除伊犁地区还在沙俄手中外，其余失地已全部光复。从库尔勒开始，清军在两个月的追歼战中，军行"五千

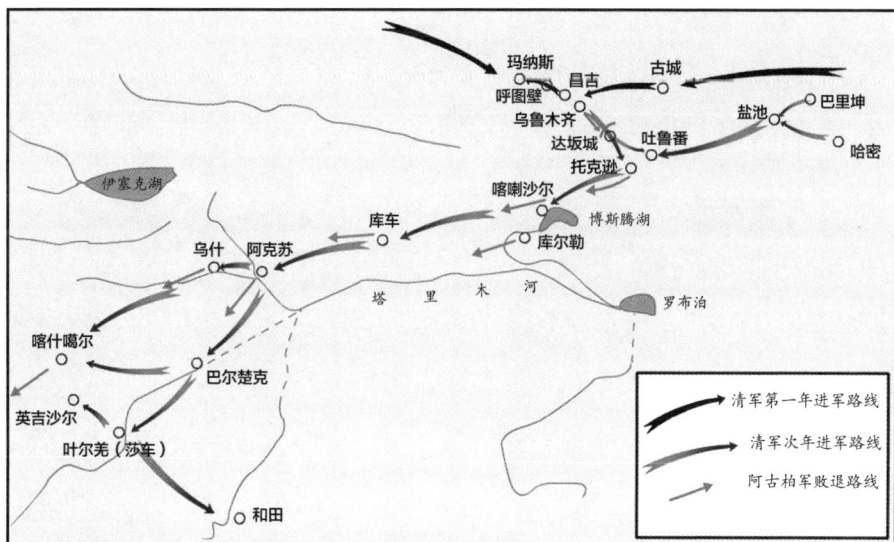

▲ 收复新疆之役

余里，未尝亡一裨将，兵威之盛，汉唐开边之臣所未闻也"。

清军西征所取得的巨大胜利，粉碎了英、俄帝国主义侵占新疆的阴谋，极大地振奋了国民。维吾尔族历史学家莎依然米这样写道："虽然可汗秦（泛指中央政权）周边的俄国、德国、英国、意大利或其他皇帝曾企图侵略大可汗，但是大可汗在他们面前就像一座大山一样呈现出自己的雄壮。其他皇帝就像一条小河一样冲撞大山，但无法动摇它，它们将慢慢地平静下来。"同时，这巨大的胜利也使得帝国主义瓜分中国的野心不得不暂时收敛，正如包罗杰所说："中国人克复新疆，毫无疑义，是近50年里在中亚发生过的最值得注意的事件。同时，这是自一个多世纪前乾隆征服这个地区以来，一支由中国人领导的中国军队所曾取得的最光辉的成就。这又以一种更为不合我们口味的方式证明，中国具有一种适应能力，必须承认这是在中亚日常政治生活中一个很重要的事实。"

1882年3月，虽几经波折，清政府最终还是虎口夺食，从俄国手中收回了伊犁地区，新疆建省一事终于再次提上议事日程。1884年11月17日，清政府发出上谕，正式确定新疆建省，刘锦棠成为首任新疆巡抚。1885年9月5日，左宗棠病逝，享年73岁，谥号"文襄"，取其"辟地有德、甲胄有劳"之意。

最后，让我们用左宗棠好友杨昌浚所作的一首诗来结束本文：

大将筹边尚未还，湖湘子弟满天山。

新栽杨柳三千里，引得春风度玉关。

# 参考文献

[1] 包罗杰. 阿古柏伯克传 [M]. 商务印书馆翻译组, 译. 北京: 商务印书馆,1976.

[2] 潘志平. 中亚浩罕国与清代新疆 [M]. 北京: 中国社会科学出版社,1991.

[3] 库洛帕特金. 喀什噶尔 [M]. 中国社会科学院近代史研究所翻译室, 译. 北京: 商务印书馆,1982.

[4] 陈慧生, 主编. 中国新疆地区伊斯兰教史 [M]. 乌鲁木齐: 新疆人民出版社,2000.

[5] 左宗棠. 左宗棠全集 奏稿 [M]. 长沙: 岳麓书社,2009.

[6] 捷连季耶夫. 征服中亚史 [M]. 武汉大学外文系, 译. 北京: 商务印书馆,1980.

[7] 中国社会科学院近代史研究所, 编著. 沙俄侵华史（第三卷)[M]. 北京: 人民出版社,1981.

[8] 高鸿志. 英国与中国边疆危机 1637-1912 年 [M]. 哈尔滨: 黑龙江教育出版社,1998.

[9] 新疆维吾尔自治区民族研究所, 编著. 新疆简史 [M]. 乌鲁木齐: 新疆人民出版社,1978.

[10] 王闿运, 等. 湘军史料四种 [M]. 长沙: 岳麓书社,2008.

[11] 马汝珩, 马大正. 清代的边疆政策 [M]. 北京: 中国社会科学出版社,1994.

[12] 潘向平. 清代新疆和卓叛乱研究 [M]. 北京: 中国人民大学出版社,2011.

[13] 星汉. 清代西域诗研究 [M]. 上海: 上海古籍出版社,2009.

# 东进的巨熊

## 沙皇俄国远东征服简史

作者 / 明忆

1480 年，金帐汗国的阿合马汗亲率大军攻打莫斯科公国。莫斯科军队严阵以待，阿合马汗不敢轻动，双方对峙于乌格拉河两岸。这场最终未能刀兵相见的"乌格拉河对峙"，标志着金帐汗国对罗斯诸城邦两百多年的统治正式结束。1502 年，金帐汗国末代可汗赛克赫阿里被先前从金帐汗国分裂出去的克里米亚汗国击败，曾经掌控东欧的金帐汗国就此灭亡。然而另一边，莫斯科公国的伊凡四世在 1547 年加冕为沙皇，沙皇俄国就此建立。

## 东征西伯利亚汗国

不过当时的俄国依旧只是一个东欧小国。立窝尼亚战争[①]失败之后，伊凡四世便不得不开始面对国内贵族的巨大压力，并正视因连年战争而几乎枯竭的国库。于是，左右受困的伊凡四世将视线再次转向东边。此前，伊凡四世已经征服了东边的喀山汗国和阿斯特拉罕汗国，而他的下一个目标则是乌拉尔山以东的西伯利亚汗国。为了能够控制这片让人垂涎不已的土地，伊凡四世在当地扶持起了斯特罗甘诺夫家族作为俄国东扩的落脚点。斯特罗甘诺夫家族通过对贸易的垄断以及对汗国土地的蚕食不断扩大自己的实力，并招抚了曾因在伏尔加河下游以及里海上劫掠商船而被沙皇判以重刑的哥萨克首领叶尔马克·齐莫菲叶维奇·奥莱宁。而此时的西伯利亚汗国新的统治者——库楚姆汗却引起了莫斯科方面的巨大反感。

这位通过军事夺权上台的可汗拒绝继续向俄国称臣纳贡，并且时常骚扰俄国边境，这引起了伊凡四世的极大不满。1581 年，叶尔马克在斯特罗甘诺夫家族和俄国的支持下，带领一支由哥萨克人、战俘组成的 840

▲ 伊凡四世和他的老仆人

---

① 1558—1583 年，沙皇伊凡四世为争夺波罗的海出海口和波罗的海东岸土地先后与立窝尼亚骑士团、波兰、立陶宛（1569 年合并为波兰—立陶宛联邦）、瑞典、丹麦—挪威联合王国进行的战争，最终以俄国战败而告终。

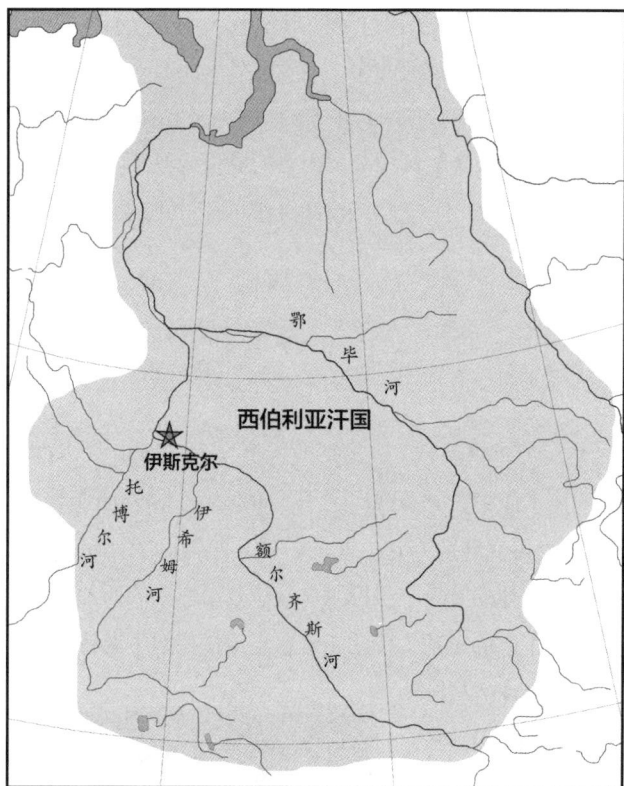
▲ 西伯利亚汗国的疆域范围

人的队伍，开始了对西伯利亚汗国的征服。此时西伯利亚汗国的实力相较俄国要弱小得多。高纬度以及恶劣的气候，使汗国人口稀少。并且，西伯利亚汗国的版图并不相当于我们常说的西伯利亚。如今我们熟知的西伯利亚，其实是俄国继续征服了北亚的大片区域之后，以"西伯利亚"（Сибирь）重新命名的。而那片寒冷的蛮荒之地，之所以对伊凡四世产生了极大的吸引力，是因为这片荒原上拥有足以吸引俄国人扩张欲望的产物，那便是大量来自丛林动物的毛皮。

对毛皮的需求是俄国不断向东方冻土带扩张的根本动力。当时俄国的总人口虽然并不算少，但是和辽阔的国土相比，依然是地广人稀，再加上俄国寒冷的气候，使得大部分的土地开垦成本过于高昂，因此当时的俄国在乌拉尔山以西的欧洲领土上保有大量的未开垦森林。不过这些森林虽然开垦成本过高，但森林中出没的狐、貂、獾等动物，则为俄国人带来了一笔丰厚的财富。尤其在英国人开通了白海新航路，并成立莫斯科公司与俄国进行贸易之后，俄国的毛皮得到了直接售往西欧的机会，这更加刺激了俄国的毛皮需求量。俄国的对外毛皮贸易，正是支撑伊凡四世不断对外征战的资金源泉。在乌拉尔山以东广袤的森林中所蕴藏的毛皮资源，对伊凡四世以及俄国贵族而言，实在是一种难以抗拒的诱惑。

1581 年 9 月，叶尔马克和他的远征军正式开始了他们的征服之旅。这支人数不多的军队从水路很快便进入了西伯利亚汗国的领土。但是时值冬季，远征军不得不暂停他们的行动，然后在生活着大量沃古尔人的地方安营扎寨，并依靠掠夺这些沃古尔人的物资度过了那个冬天。次年春天，叶尔马克的远征军在图拉河畔与一位西伯利亚汗国的王公叶潘恰发生了战斗。

远征军依靠火器以及哥萨克人的骁勇很快便战胜了叶潘恰的军队，并攻占了齐姆基城（今秋明城附近）。远征军的这一成功对西伯利亚汗国的库楚姆汗产生了极大的震撼。库楚姆是一位来自南方草原的鞑靼可汗，通过内战获得了西伯利亚汗国的最高统治权。虽然之前库楚姆汗便已得知这支小小的远征军的存在，并且将其视为了一种威胁，但是库楚姆汗并没有太过重视，所以明显准备不足。而对西伯利亚汗国更加不利的是，西伯利亚汗国实际上是一个部落联盟，它并不具备作为一个国家应有的凝聚力。另外，汗国内部除了鞑靼人之外，还有着数量众多的其他民族。在这个本质上是部落联盟的汗国中，库楚姆汗实质上也不过是一个最强的王公而已。

为了应对远征军的威胁，库楚姆汗在全国下达了动员命令，并在各处设防，想要以此来阻击远征军。很快，远征军在图拉河口与前来拦截的 6 名汗国王公发生激战。战斗持续数日，叶尔马克的远征军最终战胜了这些王公。

▼ 伊凡四世与莫斯科公司代表

▲ 下令备战的库楚姆汗

▲ 马背上的哥萨克人

　　之后，远征军进入托博尔河，并沿河而下。掌握了远征军行动的库楚姆汗立刻命令在托博尔河两岸埋伏重兵，并在河面上架起了拦江索，试图阻截远征军的舢板船。7月8日，远征军在"哨兵崖"与西伯利亚汗国展开了大战。在西伯利亚汗国的进攻下，进退维谷的远征军遭到了巨大的损失。不得已，叶尔马克用伪装的草人充作远征军士兵放在船上吸引敌人的注意力，而远征军则通过陆路偷袭了毫无戒备的汗国军队，并最终获得了胜利。

　　然而获胜之后，远征军因为一路上付出的巨大伤亡，对能否继续前进、能否成功征服西伯利亚汗国产生了动摇。就在这时，远征军偶然抓到了库楚姆汗的一个仆人塔乌桑，由此获知了西伯利亚汗国的兵力部署。得知虚实的远征军终于再次鼓足勇气，继续向前进发，并在巴巴桑击败了汗国王子马麦特库尔，占领了库楚姆汗的重臣卡拉恰王公的领地。这之后，远征军成功入侵托博尔河口。在几场小战斗之后，远征军到达额尔齐斯河左岸，当地的阿吉克王公不战而降。叶尔马克以此为根据地，兵锋直逼西伯利亚汗国的首都——伊斯克尔。

　　面对远征军的威胁，库楚姆汗急忙调遣大量王公和将军带兵在伊斯克尔集结。鉴于库楚姆汗庞大的兵力，叶尔马克并不急于进攻，而是修建了阿吉克堡，以做好长期作战的准备。之后，叶尔马克将目标放在了伊斯克尔前面的楚瓦什岬。楚瓦什岬位于额尔齐斯河的东岸，这里地势险要，居高临下地控扼着额尔齐斯河。这个地点对双方来说，无疑是胜负的关键，远征军一旦攻克了楚瓦什岬，汗国的首都伊斯克尔便会暴露在远征军的炮火之下。明白楚瓦什岬重要性的库楚姆汗派遣重兵截断楚瓦什岬周围的道路，并在江面上设置拦江索，试图以此阻击远征军。

库楚姆汗的防御策略确实一度使远征军撤回阿吉克堡，并且汗国也对其发动了反击，但是随着时间的推移，王公之间的不和也在这时爆发出来，曼西人和汉提人的王公更是直接脱离战线。于是远征军依靠着武器优势以及王公之间的不和，在付出了 107 人身亡的代价后，成功重创了西伯利亚汗国诸王公的联军。自知不敌的库楚姆汗不得不放弃伊斯克尔，将首都拱手相让。最终，叶尔马克得到了这座让他魂牵梦绕的城市。然而，对西伯利亚汗国的征服实际上并没有就此结束，对伊斯克尔的占领只不过是漫长征服的开始。

在远方的莫斯科，接见了带回 2400 张貂皮、20 张狐皮、50 张海狸皮的远征军信使伊凡·科里佐后，伊凡四世狂喜不已。他不仅当即赦免了叶尔马克的罪行，还下令莫斯科大教堂进行感恩祈祷，全城鸣钟，并向贫民大量施舍食物。同时伊凡四世还加派 500 射击军增援叶尔马克，并向这支远征军赐予了大量的财物，还赐给了叶尔马克御衣、金银器具以及两件铠甲。

然而失去伊斯克尔的库楚姆汗依然掌握着大片领土。同时，鞑靼人对远征军的不满也与日俱增。王子马麦特库尔在伊斯克尔失守之后，继续在该城附近活动，并且时常伺机袭击远征军的小队。之后掌握了马麦特库尔行动的叶尔马克迅速出动，击败了马麦特库尔的部队，并将其俘虏。但是出逃的库楚姆汗依旧时刻被远征军警惕着。在莫斯科派来的西伯利亚督军伯尔克斯基大公与叶尔马克会之后，叶尔马克便加快了对西伯利亚汗国残余抵抗力量的清剿。然而这一次，幸运女神却将这位冒险者抛弃了。

在他包围额尔齐斯河畔的要塞库尔拉拉时，叶尔马克遭到了守军顽强的抵抗。最终一无所获的远征军决定回到伊斯克尔，但库楚姆汗的军队此时已经悄悄跟随在远征军后面。当 300 多人的远征军精疲力竭地在额尔齐斯河支流的一个小岛上扎营休息时，库楚姆汗率领军队乘着夜色杀向了这支军队。沉浸在睡梦中的远征军，在鞑靼人的攻势下很快陷入了一片混乱之中。当时，叶尔马克正在军中。结果慌不择路的叶尔马克在登上木船逃跑时，掉进了河里。颇为讽刺的是，长期游走于各大河流之间，本应水性极好的叶尔马克，因为舍不得那两套沙皇所赐的铠甲，竟然穿着它们逃跑，结果落水后很快便被淹死了。溺死于河中的叶尔马克最终在下游被鞑靼人打捞了上来。有传言说，鞑靼人对叶尔马克的尸体进行了侮辱，但也有人说，他的尸体被当作神灵供奉了起来，只不过这一切都已经与他无关了。他所珍爱的铠甲最后也回到了莫斯科的军械所，一直保存至今。

▲ 俄国射击军

▲ 叶尔马克

## 顽强的库楚姆汗

伴随着叶尔马克的死亡，俄国的扩张事业立刻陷入了巨大的危机。困守在后方的 150 名残余远征军不得不放弃西伯利亚城（即伊斯克尔）。对于流浪多时的库楚姆汗来说，这毫无疑问是一个千载难逢的机会，他立刻派儿子阿莱前往西伯利亚城。但是在这个关键时刻，汗国内部却发生了内讧。与库楚姆汗不和的赛伊季雅克王公起兵赶走了阿莱王子，自己占据了西伯利亚城。

莫斯科方面，新沙皇费多尔·伊凡诺维奇派遣伊凡·曼苏罗夫带领着一支 100 多人的队伍赶往西伯利亚。到达汗国后，曼苏罗夫才知道西伯利亚城所发生的巨大变故。无奈之下，曼苏罗夫在突破当地奥斯恰克人的围攻之后，沿着额尔齐斯河顺流而下，并从伯绍拉河返回莫斯科。虽然曼苏罗夫的活动使额尔齐斯河下游一些地区归附俄国，但是对于远征军来说并无多大意义。同时，莫斯科又派遣了督军苏金和米亚斯内伊，率领 300 人前来接应曼苏罗夫。苏金收编了从西伯利亚撤回的残军以及曼苏罗夫的部队。在了解情况之后，他很快决定通过水路再次对西伯利亚汗国发动进攻。不过，这次苏金并没有直接进攻西伯利亚城，而是带领远征军沿着图拉河，前往位于图拉河河口的鞑靼人旧城齐姆吉，并在附近建立起了秋明城。

秋明城的建立，代表着俄国远征军在西伯利亚汗国有了一个稳固的据点，同时也代表着俄国对西伯利亚汗国已经不仅仅是掠夺式的盲目进攻，而是对已征服地区进行管理，并步步为营地消灭整个汗国的反抗力量。1587 年，莫斯科再次派遣文书官达尼尔·丘尔科夫带领 500 人前往秋明城。在沙皇的命令下，丘尔科夫在离伊斯克尔仅有十几公里远的地方建立起了一个小小的木制据点——托博尔斯克堡。这个小小的据点，在日后最终发展成了俄国在西伯利亚重要的行政、经济以及军事中心。

可惜的是，身居伊斯克尔的赛伊季雅克王公对托博尔斯克堡这个近在咫尺的眼中钉以及整个远征军的行动漠不关心。赛伊季雅克在这座都城中尽情地享受着原本属于库楚姆汗的一切，仿佛他已经成为这个国家的主人，而他的傲慢和骄纵最终也将断送他的美梦。

丘尔科夫将这位高傲的王公邀请到托博尔斯克堡赴宴。可当赛伊季雅克和他的手下在筵席上喝得正酣时，丘尔科夫趁机将他们一网打尽。失去王公的鞑靼人再次化作一团散沙，要么拱手而降，要么逃亡南方的草原。一时间，西伯利亚汗国内的抵抗势力再次土崩瓦解。

这之后，远征军继续建设更多的要塞和城堡，并开始从本土迁来移民开垦土地，进一步消化已得到的成果。

获知伊斯克尔轻易易手的库楚姆汗心中做何感想已经不得而知，但这位久经磨难的老汗王很快就采取了行动。库楚姆汗亲自率领部队，不断试探远征军的虚实，并收拢溃散的鞑靼人。为了应对这些鞑靼人发起的骚扰，远征军吸取了叶尔马克的教训，并没有采取主动围剿的方法，而是步步为营，不断建设更多的要塞和城堡，并向生活在当地丛林中的土著居民征收实物税。同时，大量来自欧洲的捕猎商则作为契约劳工开始进入西伯利亚汗国，他们不仅在西伯利亚的毛皮生产中占据着重要地位，同时也为继续扩张提供了急需的兵力来源。

为了彻底击溃库楚姆汗的势力，莫斯科派出了安德烈·叶列茨基大公以及两名文书官鲍烈斯·多莫热洛夫和格里高利·叶里扎罗夫。他们在 1594 年率队出发，并且还有两位百人长同行。在到达了托博尔斯克堡之后，又有来自秋明城的部队和当地的土著与这支远征军合流，还有来自彼尔姆的工匠以及造船工加入队伍。至此，俄国在西伯利亚汗国规模最大、阵容最豪华的一支远征军就此诞生。这支总计1500 多人的队伍中，包含射击军、步兵、骑兵、哥萨克人、改编的战俘，以及为俄国服役的巴什基尔人与鞑靼人。同时，远征军携带了大量的弹药、食物，做好了长期作战的准备，并计划在额尔齐斯河流域选取合适的地点筑城。最终，安德烈·叶列茨基大公选中了额尔齐斯河的支流安加尔卡河的河口，在此筑起了42平方俄丈的塔拉城。这座新城交通便利，是各地的商人前往俄国的必经之处，同时这里不仅适宜耕种，更盛产食盐。可以说，塔拉城对于俄国加强对额尔齐斯河流域的控制产生了极大的助力。

塔拉城完工后不久，俄国便派遣新的督军费多尔·保利索维奇·叶列茨基以及文书官瓦西里·米哈伊洛夫前往塔拉城。在对库楚姆汗展开的一系列外交攻势都以失败告终之后，1595年，失去耐心的俄国政府正式下令追剿库楚姆汗势力。秋明城和托博尔斯克堡两城被命令派遣部队协助费多尔·保利索维奇·叶列茨基的行动，之前拨给托博尔斯克堡的5门火炮也全部被调拨到这次行动中。

费多尔·保利索维奇·叶列茨基没有急于寻找库楚姆汗的主力，而是逐渐将库楚姆汗的势力向南方压缩。入冬之后，趁着牧民们纷纷休整过冬，费多尔·保利索维奇·叶列茨基派遣戈什利·亚瑟利带兵顺着额尔齐斯河逆流而上，进入库楚姆汗的领地。远征军在俘虏的鞑靼渔民嘴中得知了库楚姆汗正计划袭击塔拉城，督军立刻派遣文书官鲍烈斯·多莫热洛夫带领一支270多人的队伍追击库楚姆汗的部队，

▲ 来自欧洲的契约"捕猎商"

并攻下了切尔内伊堡。同时，安德烈·叶列茨基大公也在继续对库楚姆汗实施打击。1595 年春，安德烈·叶列茨基大公对库楚姆汗势力活动中心——巴拉宾草原进行了远征。这支 480 多人的远征军在大雪尚未融化的情况下，依靠雪橇进军，并对沿途土著居民进行了残酷的袭掠与屠杀。直到冰雪完全化冻，远征军无法依靠雪橇行军时，才停下了他们残酷的暴行。

这种疯狂而残忍的战法严重削弱了库楚姆汗的势力。到了 1597 年，新的督军思捷潘·科兹明接替了叶列茨基。次年，莫斯科方面又委任伊凡·摩萨里斯基大公为塔拉督军。同期，叶佛姆·瓦尔费罗麦耶维奇·布徒尔林担任新的托博尔斯克督军。这几位督军一到任，便开始制定对库楚姆汗的新一轮剿灭计划。在沙皇的许可下，塔拉城和托博尔斯克堡很快便组织起一支由 700 名武装俄国人和 300 名鞑靼人组成的军队。这支军队在摩萨里斯基大公的带领下，于 1598 年开始对库楚姆汗进行最后的围剿。

已经双目失明的库楚姆汗，这次遭遇了彻底的失败。俄军不仅找到了他的主力，并且轻松地攻占了他的营地。俄军俘虏了库楚姆汗所有的家眷以及追随他的贵族。他手下的鞑靼人要么被俄军当场杀死，要么四下逃散。最终库楚姆汗孤身逃进了中亚草原，并在那里结束了自己悲怆的一生。至于俄国人，他们则踏着鞑靼人的尸骸，继续向着未知的东方挺进。

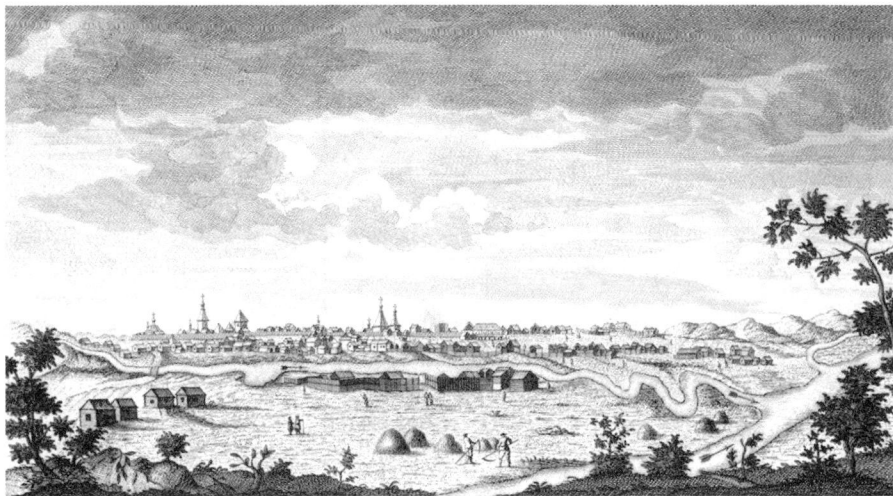

▲ 塔拉城

## 叶尼塞河与勒拿河

在将整个西伯利亚汗国吞下腹中后，俄国基本掌握了额尔齐斯河中下游地区。很快，整个鄂毕河流域也被俄国控制。此后，俄国将目光投向了东方的另一个目标——叶尼塞河流域。在征服西伯利亚汗国的过程中，河流对远征军的行动起到了关键作用。远征军的成员通过他们驾驶的舢板船，在额尔齐斯河和鄂毕河航行，而舢板船同样适应于叶尼塞河。正是叶尼塞河流域与西伯利亚汗国的相似性，使俄国将目光投向了相对易于征服的叶尼塞河流域，而不是广袤的中亚草原。当然，这时的俄国也并没有征服中亚游牧民族的实力，因此只能继续向东去征服当地的土著民族。

然而俄国人对叶尼塞河的征服并不顺利。由于缺乏相应的地理知识，俄国人的征服在一开始，更应该被称为对这一地区的探险。在俄国政府的命令下，大量具有军事背景，甚至是由军人直接组成的武装探险队开始了对叶尼塞河上游的探索。

同时，在逐渐开拓出一些通往叶尼塞河的水路通道之后，俄国人开始了对叶尼塞河下游的入侵。俄国人所采用的方法与之前一样，都是通过修筑要塞与城堡，以及向当地土著居民征收实物税，来对新征服地区进行控制。在占领了与叶尼塞河下游毗邻的曼加杰拉地区，并建立起曼加杰拉城之后，俄国人很快就将其变成了这一地区的中心。俄国在这一地区实行县制并派遣督军，同时还建立商场，对与当地居民进行贸易的商人进行集中管理，并征收税赋。

在此之后，俄国人不断通过派出武装探险队、向当地居民强制征收毛皮的方式，

▲ 叶尼塞河流域

▲ 生活在叶尼塞河流域的人们

▲ 貂

▲ 征收毛皮的哥萨克人

将更多的当地部族纳入他们的统治之下。这些探险队大多由哥萨克人组成，他们向当地居民征收了大量的貂皮，并在上交莫斯科的同时，不断中饱私囊。俄国在这些地区虽然有自己的统治机构，但是依然需要哥萨克人来帮助他们进行统治，因此哥萨克人在当地获得了极大的特权，并依靠这些特权在西伯利亚建立起了大量的哥萨克聚居区。哥萨克人所征收的毛皮实物税，对当地人来说，是一项不折不扣的暴政。在瑟姆河和卡斯河生活的奥斯恰克人那里，哥萨克人狮子大开口地要求：每人每年交出5—6张貂皮。1607年被派往下通古斯河的哥萨克人米哈依尔·卡什梅洛夫，更是向当地的一些通古斯商人要求：每人每年交出12张貂皮！

要知道，貂的猎取实际上是一件极为困难的事情。貂作为一种极为机警的动物，平常几乎很难发现它们的踪迹。只有在冬天，老练的猎人才能通过雪地上的蛛丝马迹找到它们的行踪。并且，由于貂体型较小，一旦使用猎枪或者弓箭射杀，就会在貂皮上造成无法弥补的损伤。因此，猎手们只能通过布下一些不会伤及毛皮的陷阱，来捕捉这些狡猾机敏的小动物。由于野生貂的捕捉难度较大，加之貂皮在各种动物毛皮中成色又极为上等，貂皮成了不折不扣的"软黄金"。这也就不奇怪，为什么俄国会那么渴望得到更多的貂皮了。

当然，不仅仅是貂皮，狐、狼、獾等动物的皮毛同样对哥萨克人充满了诱惑。很快，他们就向着叶尼塞河进发，去寻找更多的毛皮。然而哥萨克人沿着河流对土著部落的征服，也开始遇到了麻烦。

在鄂毕河的一条支流——托姆河河畔居住的鞑靼人，由于掌握着开矿冶铁的技术，被俄国人称为"铁匠"。这里的鞑靼人对俄国人极为抗拒，他们不仅数次击溃俄国派来征收毛皮的队伍，并一度迫使俄国人放弃了在这一地区筑城的计划。1614

年，他们更与吉尔吉斯人和布里亚特人一起围攻了俄国的重要据点——托木斯克城。不过，围攻最终失败了。

这次围城令俄国下定决心加强对鞑靼人和吉尔吉斯人的控制，于是下令托博尔斯克堡、秋明城、托木斯克城三地调集兵力，在"铁匠"地区筑城。在军役贵族米哈伊列夫斯基、哥萨克首领拉费列夫、鞑靼首领科科列夫的带领下，俄国人在"铁匠"地区终于建立起了库兹涅茨克城。俄军修筑了大量的城堡以防范当地原住民的进攻。平定了"铁匠"地区之后，俄国人继续进军。在剿灭了一系列通古斯人的反抗之后，俄国人在叶尼塞河西岸的科姆河河口上方，建立起了叶尼塞斯克城。

虽然建立了叶尼塞斯克城，但俄国人在叶尼塞河流域的活动依旧充满挑战。在叶尼塞河上游的楚雷姆河和阿巴坎河地区，吉尔吉斯人、鞑靼人依旧坚定地反抗着俄国人的入侵。而当俄国人暂时击败了吉尔吉斯人之后，布里亚特人又因不满俄国人的侵略，与其爆发了冲突。等一系列清剿行动告一段落后，在叶尼塞斯克督军雅科夫·赫利布诺夫的谏言下，俄国在卡恰河畔修筑了克拉斯诺亚尔斯克城。但是这座新城的建立并不代表俄国在这一地区的统治趋于稳固，相反，俄国人与吉尔吉斯人的矛盾终于演变成了战争。1639年，罗曼诺夫王朝的开国沙皇米哈伊尔·费奥多罗维奇下令剿灭吉尔吉斯人的反抗，并从叶尼塞河流域的多个俄军要塞中抽调

▲ 吉尔吉斯人

▲ 鞑靼人

了 870 人，在莫斯科方面的支援下进攻吉尔吉斯人。1641 年，在图哈切夫斯基的带领下，这支俄军在吉尔吉斯地区与吉尔吉斯人、鞑靼人、准噶尔人的联军激战。结果，这支在沙皇谕令下组建的混杂部队，被游牧民族打得土崩

▲ 勒拿河流域

瓦解。多亏克拉斯诺亚尔斯克城及时派来援军，图哈切夫斯基的远征军才避免全军覆没。不过之后一直到 18 世纪，俄国人都没有再染指吉尔吉斯人的草原。

放弃了对吉尔吉斯人的征服之后，俄国人转向继续东进。在征服了不愿顺从的通古斯人之后，俄国人打开了通往贝加尔湖的道路。同时，勒拿河以及勒拿河以东的辽阔土地袒露在了俄国人面前。

在勒拿河流域一代生活的布里亚什人率先进入了俄国探险队的视野。布里亚什人与鞑靼人和吉尔吉斯人一样都是游牧民族。之后随着俄国探险队的不断深入，雅库特人也进入了俄国人的视野。

俄国人在征服勒拿河流域时，显然吸取了在叶尼塞河的教训。他们不仅花费了大量的时间对未知的地区和民族进行试探性的探险活动，同时在不过分刺激原住民的情况下，建立起了一些据点，以此作为征服的基础。在将勒拿河流域的情况基本掌握清楚之后，俄国人停止了探险活动，正式开始了对勒拿河流域的征服。不过勒拿河距离俄国的中心区域实在太过遥远，因此俄军的规模并不大。并且在整个军事行动中，俄军的军事力量基本处于一种分散的状态。当地土著军民——曾被通古斯人感叹为桀骜不驯的雅库特人，对这群来自西方的不速之客，进行了激烈的反抗。

俄国人建立的勒拿斯克堡（后来的雅库茨克）一度遭到雅库特人的激烈围攻。然而雅库特人缺乏有效的攻城武器，即使在冬天对俄军城堡进行长达两个月的围攻，也没有战胜这群来自欧洲的殖民者。甚至雅库特人在准备放火焚城前夕，就因长期围城而不断扩大的内部矛盾发生了内讧。最终，俄国人获得了胜利！

▲ 装备西式装备的俄国军队

之后，俄国人花了大量时间来稳定所征服的地区。当时在东欧，俄国与波兰之间的关系再度紧张，这使俄国无法分出精力去维护自己新得的土地。而哥萨克人与当地居民之间的矛盾又直接导致了布塔利斯克暴动。这次暴动最终在雅库茨克的援军帮助下被镇压，俄国人还对雅库特人进行了残酷的报复，但这并不能掩盖一个糟糕的事实，那就是俄国人在勒拿河现有的力量，难以维持对土著的控制。

1645 年，阿列克谢·米哈伊洛维奇上台，在这位被称为"最安静的沙皇"统治时期，俄国进入了"黄金时期"。期间，波兰由于赫梅尔尼茨基起义陷入内乱，从此逐渐失去了与俄国对抗的力量。而俄国国内虽然依然有叛乱，但大体还能保持稳定。这时的俄国人终于可以放心大胆地投入人力物力，进入已经占领的叶尼塞河和勒拿河流域，让这些土地为俄国带来更大的价值。

俄国在勒拿河地区的收益是相当可观的。自雅库茨克辖区建立之后，1641 年，从当地运往莫斯科的貂皮装满了整整 199 袋，合计 8000 多张。到了 1651 年，上交的貂皮数量更是达到了 14 万张以上！外加其他兽皮带来的收益，这一年勒拿河地区为俄国带来了巨大的收益。除了毛皮收益外，勒拿河地区的盐业和矿业也逐渐得到开发，不过这些产业一时还无法与庞大的兽皮产业相抗衡。巨大的毛皮收益不仅壮大了俄国的实力，同时也为俄国继续东进带来了动力。俄国将在与其他欧洲国家作战时所捕获的俘虏纷纷运往亚洲，虽然他们很多人可能并不乐意在这片冰冷的土地上为俄国君主效力，但是他们确实为俄国的远征军和探险队带来了一些欧洲的军事科技。并且罗曼诺夫王朝对欧洲的知识，尤其是军事科技的积极学习，也给这些驻守在亚洲的军队提供了不断壮大的条件。他们继续向东前进，直到遇到了那些强大的东北亚国家。

## 北冰洋上的征服

虽然俄国在勒拿河地区收获颇丰，但是继续向东的道路却变得越加荒凉。俄国人通过北冰洋的海路和陆路发现了楚科奇半岛以及鄂霍次克海，但是所经地区大多都是荒凉的苔原冻土带。莫说寻找貂皮，就连连森林都变得愈加稀少。

在这期间，俄国远征军首先与尤卡吉尔人发生了冲突。尤卡吉尔人主要是以驯养驯鹿为生，也有定居的尤卡吉尔人依靠捕鱼和养狗为生。狗在他们的文化中相当重要，因为狗同时也是他们重要的交通工具。尤卡吉尔人因为自然环境的约束，整体还处于一种极为原始的状态，因此俄国远征军并没有付出太多代价就征服了尤卡吉尔人。虽然尤卡吉尔人生活的地区并不是令俄国人满意的貂皮产区，但是俄国人也并未因此而放松对尤卡吉尔人的勒索。面对俄国人的大胃口，尤卡吉尔人与俄国人冲突不断，加之天花在这一地区的爆发，尤卡吉尔人人口锐减。甚至最后，俄国人也不得不放弃周围那些已经成了无人区的营地。

尤卡吉尔人微薄的油水显然不能让那些不远千里前来淘金的大商人满意，他们立刻资助哥萨克人继续向东前进①。在对鄂霍次克海和北冰洋的探索中，他们发现了一种新的可以生财的东西——海象牙。然而沿着鄂霍次克海向东的道路远比之前艰险得多。俄国富豪阿列克谢·乌索夫就曾派人向东探险，但这支队伍最终被冰山阻挡无功而返。1648年，不甘心失败的阿列克谢·乌索夫与瓦西里·费多托尔·古谢利尼科夫联手再次组织起了一支90多人的队伍。他们这次

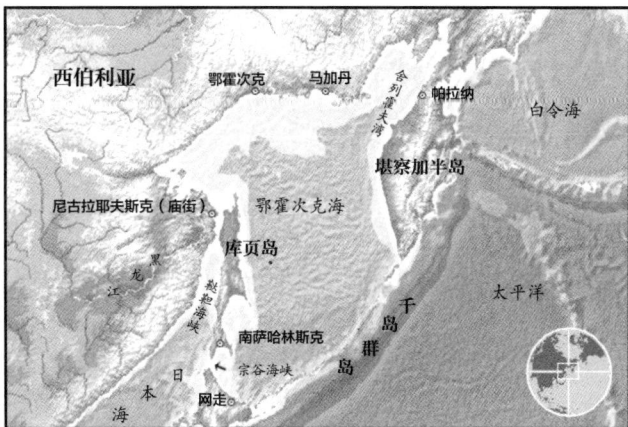

▲ 鄂霍次克海

① 对蒙古人的忌惮使他们暂时放弃了南下的念头。

▲ 哥萨克人的小型帆船

▲ 因为吃人肉而被黑龙江流域居民称为"罗刹"的俄国探险队首领哈巴罗夫

不仅准备充分，更是招揽到了赫赫有名的北冰洋探险家谢苗·杰日涅夫。

在谢苗·杰日涅夫的带领下，船队从北冰洋向东，绕过楚科奇半岛到达太平洋。然而这趟旅途并不顺利，恶劣的天气和海难随时会吞没海员的生命，还有些船只甚至被风浪一直吹到了美洲。更糟糕的是，陆地上的楚科奇人对幸存的海员也不会心怀同情。最终，在历经磨难之后，谢苗·杰日涅夫一行人虽然完成了壮举，但是收获的海象牙数量实在无法令人满意。恶劣的环境和不相称的收益，使俄国人对继续东进变得兴趣索然。终于，他们下定决心要与南方的蒙古人较量一番。

俄国人与蒙古人最早的接触是通过贝加尔湖以西的蒙古人分支——布里亚特人。不过俄国人实际上对蒙古地区并不了解，相关的情报也大多来自通古斯人的传说。因此，俄国人在一开始并没有把这些蒙古人的分支放在眼里，然而他们很快就因为自己的轻敌付出了代价。在被多次迎头痛击之后，叶尼塞斯克当局开始调集大量的哥萨克、俄国军队，用了20多年的时间，直到1652年才将布里亚特人彻底征服。

布里亚特人臣服之后，俄国人沿着贝加尔湖继续探索，并一路往东进入尼布楚地区。不过俄国人在贝加尔湖地区的粗暴统治引起了当地原住民的极大愤怒。而大量战俘、捕猎商的加入，也让这支远征队伍的成分变得更加复杂，继而使军纪变得愈发不堪。他们不仅毫无节制地大肆掠夺当地百姓，甚至还一度热衷于人口买卖。

他们通过暴力和拐卖，将大量布里亚特人贩卖到叶尼塞斯克的商人和捕猎商手中，再通过他们将这些布里亚特人贩卖到俄国各地。为了能够控制这些被抓获的布里亚特人，哥萨克人别出心裁地为他们进行了强制受洗，然后将他们关进了东正教修道院中。在俄国人的暴行之下，俄国人与布里亚特人的战争也在不断升级，甚至还引起了清廷和蒙古其他部族的关注与介入。但是俄国人顶住压力，最终在17世纪末彻底控制了这一地区。然而俄国人所得到的，依然是一片荒凉的草原。

不过占领了贝加尔湖地区的俄国人并不敢轻易南下。这不仅仅是因为与布里亚特人的战争令他们焦头烂额，更是因为之前与吉尔吉斯人的战争使他们不敢轻易深入游牧民族的腹地。因此他们继续向东，开始了对阿穆尔河（黑龙江）流域的入侵。

1689年，俄国与清王朝爆发雅克萨之战，战败的俄国与清政府签订了《尼布楚条约》。俄国人的力量显然还不足以与依然强盛的东方帝国一战，因此他们只能止步于尼布楚地区。

与此同时，在楚科奇地区，俄国人与楚科奇人的战斗正在不断升级。俄国人对楚科奇人最重要的科雷马河地区垂涎已久，然而此地却是楚科奇人攸关生死的重要命脉。因此双方对这一地区的争夺成了战斗的重心。

楚科奇地区与西伯利亚地区森林密布不同，这里的貂皮产量少得可怜，但是生活在北冰洋沿岸的海象的象牙，却是不亚于貂皮的珍宝。17世纪末，随着俄国人控制的楚科奇地区的海象数量急剧减少，加之与楚科奇人的战争陷入僵局，俄国在这一地区的势力开始逐渐收缩。

但是到了18世纪，俄国与楚科奇人的矛盾再次升级。这次俄国人的目标并不仅仅是楚科奇人猎场里的海象。彼得大帝①时期，随着对堪察加半岛和阿拉斯加的探索，俄国不断将触手伸向这些地区。尤其是在发现白令海峡②之后，"北方航线"也同样对俄国人产生了极大的吸引力。然而不管俄国想要如何在东北亚继续发展，楚科奇人依旧如卡在喉咙里的尖刺，不拔不快。

为了彻底解决这些难缠的楚科奇人，俄国强化了毗邻楚科奇人的阿纳德尔斯克

---

① 1721年，俄国元老院授予沙皇彼得一世以"皇帝"（Imperator）的头衔，以便与更加强大的君权和更加庞大的国家相对称。俄国元老院直接把古罗马皇帝的拉丁文头衔拿来献给彼得。这也是彼得大帝吸收西方文化的成就之一。在此之前，俄国最高统治者称"沙皇"（Tsar），也就是"恺撒"的意思，不过在汉语中依然习惯将后来的俄国皇帝都称为沙皇。

② 名字来自于丹麦探险家维他斯·白令，他于1728年在俄国军队任职时候穿越白令海峡。

▲ 楚科奇人

堡。这个差点被废除的据点，驻兵人数一下子增加到了 300 多人，该配置在俄国所占据的东北亚地区堪称豪华。

1701 年，谢缅·切尔内舍夫斯基带领 24 名俄国士兵以及 110 名当地土著，远征楚科奇人。他们在阿纳德尔河河口摧毁了 13 座帐篷，并强迫当地的楚科奇人向沙皇缴纳实物税。然而俄国人的要求立刻遭到了楚科奇人的反对，俄军随即对这些楚科奇人进行了屠杀。不愿意臣服的楚科奇人，甚至不惜以互相刺杀来避免落到俄国人手中。随后，500 多名楚科奇人与俄国人发生了激战，楚科奇人战败，死伤达 300 余人。之后，这支远征军又遇到了更大规模的楚科奇人围攻。俄军在被困 5 天后不得不脱身逃回阿纳德尔斯克堡。

总之，俄国在之后长达 30 年的时间里，虽然组织过多次远征，但是与楚科奇人的战争却依然处于一种僵局。1730 年，白令探险队成员舍斯塔科夫，在枢密院的授意下，率领 150 名俄国士兵[1]在柏林河与楚科奇人激战。结果楚科奇人击溃俄军，并将舍斯塔科夫当场击毙，还缴获了大量的武器、旗帜作为战利品。次年，沙皇派少校帕夫鲁次基带领 215 名俄国士兵和 200 多名土著，对楚科奇人进行报复性围剿。这支规模空前的俄军乘坐 700 多辆鹿拉雪橇，顺着阿纳德尔河而下，穿过别拉亚河和山谷冻土带，来到了楚科奇海沿岸。在接下来的两周时间里，帕夫鲁次基扫荡了沿途遇到的一些楚科奇人的小型营地。之后，在楚科奇人称为"石中山"的地方，他们与数百名楚科奇人发生激战。在俘房 150 人，击杀 450 人，夺得大批驯鹿以及舍斯塔科夫的部分遗物之后，帕夫鲁次基获得了远征的第一个令人满意的战果。

很快，帕夫鲁次基又与近千名楚科奇人发生激战。战斗持续了整整一个上午，俄军杀死了 300 余名楚科奇人，并且缴获了近 4 万头驯鹿。之后，第三次战斗爆发，俄军再次击败了其遭遇的 500 余名楚科奇人，杀死 400 余人。在经过了整整 8 个月

① 之前的俄国远征军主要是由土著民组成。

的多次攻击后，这支远征军带着丰厚的战果，以及楚科奇人浓重的恨意满载而归。虽然枢密院对帕夫鲁次基的成果颇为满意，然而这次报复性行动对俄国降伏这支民族来说，并没有什么帮助。之后，楚科奇人仍继续反抗俄国，甚至数次兵临阿纳德尔斯克堡城下。

帕夫鲁次基因为对楚科奇人的战果，被提拔为雅库茨克督军。1740年，俄国枢密院下旨，要求雅库茨克方面尽快解决楚科奇人问题。到了1742年，枢密院更是下旨，要不惜一切手段彻底消灭不愿意臣服的楚科奇人，并对其斩草除根。同年，帕夫鲁次基被调到楚科奇地区作为解决楚科奇人问题的负责人。帕夫鲁次基带领407人到达阿纳德尔斯克堡，同时他还网罗了200多名土著民以及大量的驯鹿群。帕夫鲁次基在准备好军队和粮草之后，开始对楚科奇人进行大规模扫荡。1743—1746年，他针对楚科奇人进行了三次远征，结果除了在"石中山"击杀100多名楚科奇人、虏获4620只驯鹿以外，鲜有斩获。而庞大的部队在荒凉的北冰洋沿岸也意味着巨大的后勤压力，并且因为所带食物的限制，远征的距离有限，成效并不理想。

楚科奇人则集结起了军队准备对俄国人施以颜色。1747年，500多名楚科奇人对俄国人主动出击，他们驱逐了臣服于俄国的科里亚特人。闻讯的帕夫鲁次基立刻率领96名哥萨克人和35名科里亚特人去追逐正在撤军的楚科奇人。或许他以为楚科奇人仍旧是惯例性地抢一波就跑，然而这次，他一头栽进了楚科奇人的陷阱。帕夫鲁次基最终在奥尔格沃伊河与楚科奇人相遇，或者说楚科奇人早已在山冈上居高临下地等着他。帕夫鲁次基命令哥萨克人率先进攻，然而哥萨克人的进攻却很快被

▲ 北亚东部重要的交通工具——鹿拉雪橇

▲ 楚科奇人战士

楚科奇人粉碎。在楚科奇人的攻势下，俄军兵败如山倒，帕夫鲁次基被当场击毙。

帕夫鲁次基的战死，预示了俄国人在征服上，仅仅依靠武力不会产生太大的效果。而楚科奇人却在与俄国人的长期对抗中，使自身军事科技得到了迅速发展。他们学会了制造铁器，并且通过缴获俄国人的装备获得了火器，更掌握了其使用方法。

在又进行了几次远征之后，俄国人终于决定与楚科奇人进行一种"和平"的相处方式。俄国人主动与楚科奇人进行谈判，并不再要求武力迫使楚科奇人向沙皇缴纳实物税。至此，俄国人与楚科奇人长达一个世纪的战争才宣告结束。到了18世纪末期，俄国人最终通过相对平和的方式实现了对楚科奇人名义上的统治。不过俄国人的扩张依然没有结束，他们跨过大海，向着南方和美洲继续扩张。

## 争夺千岛群岛

俄国官方文献中首次出现"堪察加半岛"这个地名，是在1667年出版的《西伯利亚地图志》上。然而俄国人真正入侵堪察加半岛则是在17世纪末。雅库茨克的哥萨克人克鲁茨·莫洛兹科在哥萨克五十人长佛拉基米尔·阿特拉索夫的任命下，率领16人沿着楚科奇半岛南岸征服当地的科里亚克人，途中他们往南进入了堪察加半岛。莫洛兹科带回来的有关堪察加半岛的情报让阿特拉索夫兴奋不已，他立刻决定亲自领军征服堪察加半岛。阿特拉索夫调集了自己所能调集的全部人手，这是一支半是军役和实业人员、半是土著民的120人队伍，他们携带了3门火炮，经海路前往堪察加半岛。阿特拉索夫决定兵分两路，他让先前到达过堪察加半岛的莫洛兹科率兵往东南前进，自己则从半岛西面通过河流向南前进。

然而阿特拉索夫队伍中的尤卡吉尔人发生了哗变。他们在杀死3人、打伤15人后迅速逃走。但此时的阿特拉索夫已经没有回头路可走，于是他继续前进，并最终到达堪察加河谷地带。他在堪察加河岸边树立起了十字架以示征服，之后他向南前进，并于1697年回到俄国。满载而归的阿特拉索夫向沙皇进献了自己在堪察加半岛获得的大量毛皮，俄国政府在嘉奖了阿特拉索夫的贡献之后，也开始着手准备征服堪察加半岛。

不过由于身陷与楚科奇人的战争，俄国一时无法腾出足够的兵力调往堪察加半岛。并且更加糟糕的是，哥萨克人爆发了严重的内讧，甚至连阿特拉索夫这位"堪察加的叶尔马克"最后也身丧哥萨克人之手。1712年，堪察加人又和哥萨克人爆发了严重的冲突。前往阿瓦恰收取实物税的哥萨克人安奇弗洛夫受到了当地堪察加人的热情款待，然而这个宴会却是一个鸿门宴。夜晚，趁哥萨克人放松警惕时，堪察加人点燃了草屋。与哥萨克人待在一起的堪察加人，为了不让他们逃脱，直接选择与他们一起葬身火海。1713 年，俄国政府为了报复，派出 120 名军役以及 150 名臣服的堪察加人对那些不愿意降伏的堪察加人进行猛攻，并将城塞付之一炬，以儆效尤。不过堪察加人的反抗从未停止过，并且由于俄国人的暴政，这种反抗还在不断升级。

1731 年，堪察加人爆发了规模最大的一次大起义。1731 年春天，堪察加人以会客宴饮的方式进行了串联。他们在首领托伊昂费多尔·哈尔钦的带领下，趁堪察加斯的克哥萨克首领克雷科夫命令当地妇女采集浆果上交引起众怒时起兵。他们一举杀死了克雷科夫，并席卷了几处哥萨克夏季营地。在得知了俄国人打算从堪察加河口出航的消息后，哈尔钦立刻带领堪察加人占领了重镇下堪察加斯克，他们捣毁了大量的房屋，杀死了大半哥萨克人。后来在响应哈尔钦起义的其伯父托伊昂切格奇的建议下，起义军开始固守下堪察加斯克。他们修筑工事，并且开始不断串联其他地方的堪察加人来扩大队伍。哈尔钦则模仿俄国人，为自己立了一个"委员"的头衔。

▲ 堪察加人

闻讯赶来的俄军在劝降失败之后，立刻开始攻城。他们使用的火炮对堪察加人脆弱的防御工事产生了极大的破坏，而火器的巨响更让堪察加人感到极度恐慌，城中被俘的哥萨克人和俄罗斯妇女则趁机逃脱。眼见守城无望，哈尔钦只能带领几个随从化装溜出城堡。城中的堪察加人除了 30 人投降外，其他大多都被俄军杀死了。狼狈逃走的哈尔钦召集了自己的眷属和各地头领，准备前往海上迎击俄军。他们的队伍在途中与一支俄军遭遇，双方沿河对峙。或许是对下堪察加斯克的战斗还心有余悸，哈尔钦决定与俄军谈判。俄国人假意同意了他的请求，却在半路设下伏兵将哈尔钦和他的兄弟俘获，并用火炮驱散了试图营救他的堪察加人。哈尔钦虽然被俘，但是他的部下依旧辗转堪察加半岛与俄军对抗。一直到 1732 年，堪察加人的起义才被彻底镇压。

经过了这场血腥的起义，堪察加半岛的土著数量锐减，俄国政府不得不采取措施，以缓和当地原住民与俄国人之间的矛盾。随着俄国在这一地区统治机构的完善，堪察加人的大规模起义也逐渐消失。然而在堪察加半岛以南的千岛群岛，俄国与日本之间的烽火却已熊熊燃起。

1699 年，阿特拉索夫在堪察加半岛的当地居民中发现了一位名叫传兵卫的日本商人。这名商人来自日本大阪，他在 1695 年乘商船前往江户的途中遇到暴风袭击，最终流落到此。传兵卫见到阿特拉索夫之后，声情并茂地向他讲述了日本的富裕，并夸张地将日本说成一个盛产金银，甚至庙堂和宫殿都使用了大量金银的国家。传兵卫的描述打动了阿特拉索夫，他将这个落难的日本人带到了西伯利亚的雅库茨克。传兵卫的话很快传到了沙皇彼得一世的耳朵里，于是在 1702 年，彼得一世将传兵卫召唤到俄国的新都城——彼得堡。借助翻译，与传兵卫的交谈极大地激起了彼得一世对日本的兴趣。这位战胜了瑞典与土耳其的雄主，无疑对远东也有着极大的兴趣。同年 4 月，彼得一世发布敕令，让传兵卫学习俄语，并开始教俄国人日语。他培养了一批日语翻译人员，并于 1705 年在彼得堡开办了一家日语学校。同时，俄国人也开始了他们对千岛群岛的扩张计划。到 1721 年，俄国人终于将北部千岛纳入俄国版图。后来有一些俄国人的船只遇到风暴，他们顺流而下，来到了南部千岛的国后岛，之后便开始趁机侵占南部千岛地区，直到 7 月回到鄂霍次克。

在整个 18 世纪中期，俄国频繁地出入千岛群岛，开始在当地强征毛皮并开展殖民统治。俄国的种种行为也引起了日本德川幕府的警觉，当时这一地区被日本人称之为"虾夷地"，由松前藩负责管理。早在一百年前，松前藩就已经征服了在这里生活的阿伊努人。

作为对俄国人行动的回应，1784 年，德川幕府派遣了一支"巡查队"前往择捉岛。他们砍掉了俄国竖起的标志着占领的十字架，并立起了"大日本惠登吕府"的牌柱。1794 年，俄国又将 20 名流亡犯和 20 名猎手派往得抚岛，并建立起了移民地。作为反制，德川幕府在得知消息后，于 1799 年将东虾夷地列为德川幕府的直辖地，并命令身兼官员与富商双重身份的高田屋嘉兵卫前往择捉岛，开辟出 17 个渔场，并且把择捉岛划分为 7 村 25 乡，设置了一批阿伊努人官员来进行管理。

自此，德川幕府开始在择捉岛建立起了行政机构，不仅规定幕府官员常驻此地，更是在 1801 年正式派兵驻扎择捉岛。同年，幕府派遣官员前往得抚岛晓谕俄国移民，表示禁止俄国人与日本人进行贸易，还在这里立下了"天长地久大日本属岛"的牌柱。1803 年，德川幕府正式下令禁止北海道人前往千岛地区，以此断绝俄国移民的物资来源。这招可以说相当奏效，仅仅一年之后，在得抚岛的俄国移民便不得不全部撤离。

当然，俄国的行动也并不是一味地扩张，著名的叶卡捷琳娜女皇在 1791 年 9 月亲自制定了对日外交行动。1792 年 9 月，她派遣亚当·拉克斯曼携带西伯利亚总督的信函与大量贵重礼物，还有几名因海难漂流至俄国的日本人，乘坐"叶卡捷琳娜号"，从鄂霍次克前往日本箱根。然而就日本开港问题的谈判，俄国与幕府耗时一年多却毫无进展。1803 年，俄国又特命全权使节雷扎诺夫，携带沙皇亚历山大一世的国书以及更多的贵重礼物和 4 名日本人，从喀琅施塔得乘军舰启程，在 1804 年抵达了日本长崎。在经过半年的谈判后，俄国人依旧空手而归。再加上得抚岛的俄国移民因为日本的封锁不得不撤离，俄国人终于失去了耐心。愤怒的俄国

▲ 阿伊努人

▲ 远东哥萨克人

人准备给这个胆敢藐视俄国的"蛮夷"一个"惩罚"。

库页岛在《尼布楚条约》中被明确划为清帝国领土，并且长期向清政府交纳贡赋，然而由于清政府长期封锁东北的政策，使巨大的库页岛只有区区数万人居住。因此日本和俄国都将此地视为无人地，进行移民。清政府对此漠不关心，或者说完全不知情。

1806 年 10 月 22 日，"俄美公司"[①]下属的两位海军军官——赫沃斯托夫和达维多夫带领着武装船只袭击了松前藩在库页岛久春古丹的一个税务所。俄国人抓走了 4 名日本守卫人员，并洗劫了税务所，抢走了大量的大米，最后将抢不走的东西和房屋焚毁。俄国人还留下了一个黄铜板，向日本和清帝国表示库页岛自此被俄国占领。

紧接着，1807 年，赫沃斯托夫和达维多夫带领的武装船只又数次侵入日本管辖的南部千岛。俄国人洗劫了日本在当地的"会所"（金银交易所），并劫掠当地百姓，抢走大量粮食、武器、衣物，最后将所有建筑付之一炬，带走了俘获的日本人。同时，这些俄国人还在海上截掠松前藩的商船以及官船。1811 年，俄国又派

①一个半官方性质的殖民贸易公司。

遣海军少校瓦西里·米哈伊洛维奇·戈洛伏宁带着"测量队"乘战舰再次前往南部千岛。这次可以说是沙皇俄国正式向南部千岛派遣了军事力量。6月17日，戈洛伏宁和他的战舰闯入了择捉岛纱那地区的海滨。7月5日，他又闯到了国后岛的泊湾。在这里，他遭到了日本人的反击。7月11日，戈洛伏宁等8人在登陆后被日本当局逮捕。后来经过西伯利亚总督和鄂霍次克地方长官出具的"谢罪书"，日本才在1813年10月将被捕的戈洛伏宁8人释放。

至此，俄国与日本关于千岛群岛的争端，终于以这个颇具讽刺意味的方式落下了帷幕。虽然两方未能正式签订条约，但是俄国占据北部千岛，日本占据南部千岛的局面稳定了下来。然而这一局面，很快就被"黑船叩关"打破。

1852年，美国海军准将马休·佩里带着国书前往日本，要求其开国通商。在得知了美国的行动之后，向来将远东视为自己扩张目标的俄国一下子慌了手脚。俄国在1852年匆忙成立了"远东政策特别委员会"。俄国外交部也很快向委员会递交了《关于日本问题的备忘录》，强烈要求和日本进行通商，并表示为达成此目的，不惜使用武力。委员会迅速审批了该文件，并派遣有大量环球航行经验，并且熟识远东情况的叶夫菲米·瓦西里耶维奇·普提雅廷率领舰队前往清帝国和日本。

1853年7月8日，佩里再次率领美国舰队来到日本，要求改变旧制，开国通商。德川幕府以商议未定为由，请求佩里宽限一年时间，以讨论开国通商事宜。佩里的舰队离开之后，普提雅廷于8月22日抵达了日本长崎。当普提雅廷得知佩里率舰队来过的消息后，便致函佩里，请求美俄两国在对日交涉中采取联合行动，但是遭到了佩里的拒绝。

普提雅廷与日本的谈判不仅围绕通商问题展开，同时还将千岛群岛的归属再次提上了日程。德川幕府对俄国人，采取了和对待美国一样的拖延战术。此时的俄国舰队也由于巴尔干—黑海地区局势紧张不得不返回国内，以应对即将到来的克里米亚战争。

1854年1月，普提雅廷再次来到日本，提出了包括划定疆界、开放港口、最惠国待遇、信仰自由等一系列要求。虽然日本答应了其中的部分要求，但是最关键的领土问题依然悬而未决。最后，普提雅廷因为克里米亚战争的形势只能回国。

1854年4月，普提雅廷第三次来到日本与德川幕府谈判。但此时的德川政府犹如一块顽石一般软硬不吃，普提雅廷只能铩羽而归。普提雅廷的行动刺激到了另一边的佩里，为了防止俄国在日本通商问题上捷足先登，佩里加大了对日本的

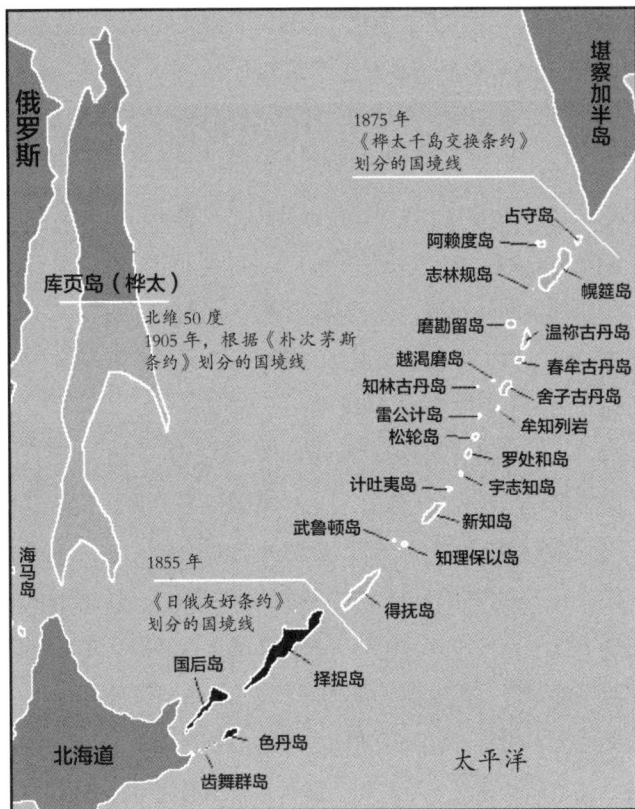

▲ 1875年日本瓜分千岛群岛与库页岛

图中标注文字：
俄罗斯
堪察加半岛
1875年《桦太千岛交换条约》划分的国境线
占守岛
阿赖度岛
志林规岛
幌筵岛
库页岛（桦太）
北维50度
1905年，根据《朴次茅斯条约》划分的国境线
磨勘留岛
温祢古丹岛
越渴磨岛
春牟古丹岛
知林古丹岛
舍子古丹岛
雷公计岛
牟知列岩
松轮岛
罗处和岛
计吐夷岛
宇志知岛
海马岛
武鲁顿岛
新知岛
知理保以岛
1855年
《日俄友好条约》划分的国境线
得抚岛
国后岛
择捉岛
北海道
色丹岛
齿舞群岛
太平洋

施压力度，最终迫使德川幕府签订了《日美亲善条约》。以此为开端，西方国家纷至沓来。1854年10月，普提雅廷第四次来到日本，并迫使日本于次年签订了《日俄友好条约》。

明治维新后的1874年，日本政府派遣幕府旧臣榎木武杨为全权特使，前往俄国彼得堡谈判。就领土划分问题，尤其是库页岛和千岛群岛，日俄于1875年5月7日签署了《桦太千岛交换条约》，日本以放弃库页岛南部为基础，收回整个千岛群岛，即以日本所占据的库页岛南部换取俄国占据的千岛北部。至此，日俄之间围绕北方领土的争端终于告一段落。但是需要注意的是，俄国对日本的试探活动实际上远早于美国"黑船叩关"。不过即使双方已经达成协议，但俄国依然是盘踞在日本北方上空的阴云，这也使日本在日俄战争前一直对俄国保持高度警惕。

## 加利福尼亚的罗斯堡

俄国人并没有停下继续东进的步伐，美洲的新大陆对俄国人一样充满诱惑。早在1716年，俄国探险家就开始对美洲进行了探索。当时的美洲北部对欧洲人来说是一个充满了未知的地方，就连美洲和亚洲是否接壤，都是一个需要严肃探讨的问题。完成从亚洲前往美洲这一任务的是维他斯·白令的探险队，虽然第一次探险无功而返，但是在第二次行动中，白令的探险队终于有所斩获。他为俄国带来了急需的关于阿留申群岛的情报。更重要的是，白令成功开辟了从堪察加到阿留申群岛的航道，这对俄国的毛皮生意尤为重要。

阿留申群岛很快就成了俄国毛皮商人的天堂，大量的猎人和毛皮商慕名而来，他们的目标是阿留申地区出产的海獭皮。这些上等的皮料不仅价格不亚于貂皮，而且他们可以直接高价出售给临近的清帝国，而不用千山万水运回欧洲。然而到了18世纪中期，阿留申群岛毕竟地域狭小，很快这里的海獭就被俄国人捕获一空。俄国人立刻将视线转移到了北方的阿拉斯加。俄国实业家们的行动迅速传回了彼得堡，而叶卡捷琳娜女皇对美洲的开发也颇富兴趣。她直接绕过枢密院，密令海军委员会组织一支秘密考察队前往美洲。考察队的队长是克列尼曾，他带领考察队于1768年抵达了阿留申群岛。然而遗憾的是，他没能到达美洲大陆。

同时，对这一地区充满兴趣的不只俄国，还有大西洋上的英国。在东印度公司的资助下，大名鼎鼎的库克船长来到了白令海峡。不过此次库克船长最重要的任务是寻找北方航道，但是这并不代表英国人不想染指这一区域。库克船长的到来着实刺激到了俄国人的神经。事实证明，如果俄国人不加紧速度登上美洲大陆，那么这片土地很有可能就会被英国人捷足先登。

▲ 维他斯·白令

▲ 俄美公司的主要经济来源——美洲海獭

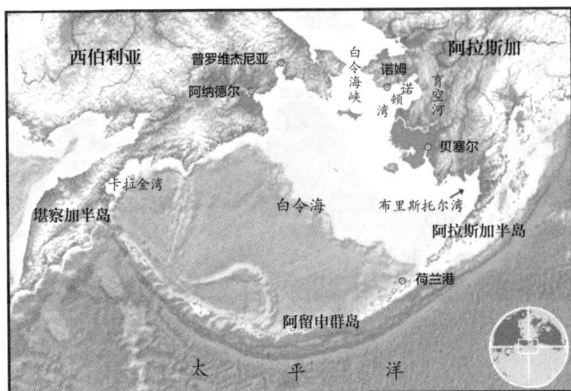
▲ 白令海

之后，随着英俄关系日趋紧张，俄国开始支持商人创立了几个私人贸易公司。但这些贸易公司自身矛盾重重，这让英国人有了可乘之机。为了避免俄国在这一地区的霸权被英国人抢走，在有"俄国哥伦布"之称的舍利霍夫的建议下，俄国将这些美洲贸易公司整合，创立了前文提到的俄美公司。

俄美公司建立后，俄国的对外毛皮贸易额得到了稳定增长。但是一个新的问题出现了，那就是海獭毛皮的来源。阿拉斯加虽然是一块庞大的土地，但它所能产出的皮毛非常有限。同时，还有一个更严重的问题，那就是粮食危机，无论是楚科奇还是堪察加都不是能够产出粮食的地方，而俄国人在阿拉斯加进行的粮食种植也宣告失败。因此，俄国人开始顺着美洲西部沿海逐渐向南迈进。他们与南方加利福尼亚地区的西班牙人很快就产生了摩擦。原本俄国人想要通过相对和平的方式从加利福尼亚的西班牙人手中购买粮食，但由于这违背了西班牙人的殖民地政策而遭到拒绝。虽然深陷困境，但俄国人并不打算轻易罢手，他们甚至开始策划对加利福尼亚实行武装入侵。

1808 年，移民区副行政长官库斯科夫指挥着俄美公司的两艘船开始在加利福尼亚寻找海獭捕猎区。不过这明显是个幌子，他们真正的目的是在加利福尼亚寻找适合的地点建立俄国移民区。不过这次行动以失败告终。

到了 1811 年，库斯科夫终于寻找到了一个适合的殖民点。他们在博迪加湾周

▼ 罗斯堡，绘于1841年

围的一个小海湾定居，并将大量物资运到这里，将其命名为"罗斯堡"。但是这个定居点遭到了俄美公司上层极大的非议。首先，这个定居点距离西班牙人的旧金山城实在太近。其次，这一地段并没有港口可供船只停泊。不过不管怎样，这一定居点也算是俄国人在加利福尼亚的第一个立足点。同时在军事方面，这个定居点也确实是一个可进可守的堡垒。

原本俄国打算通过逐渐蚕食的方式占领整个加利福尼亚，不过此时的国际局势出现了对俄美公司有利的迹象。拉美的独立运动极大地牵制了西班牙的精力，而英国人则需要对付此时崛起的拿破仑所制定的大陆封锁战略。为了不错失良机，俄国放弃了之前进行的对哥伦比亚河流域的占领计划，改为全力占领加利福尼亚地区。但是这一计划因为沙皇亚历山大一世顾及与西班牙和法国的关系而暂时被搁置。

1812 年，计划重启，俄国人的行动自然引起了西班牙人的强烈反对。虽然西班牙当局不断向俄国发出抗议，甚至扣押了俄美公司在旧金山的经纪人，但是俄国依旧不断向加利福尼亚地区渗透。他们甚至笼络了当地的印第安酋长来支持自己。

当然，俄国人此时并不急于用武力来获得加利福尼亚的土地，毕竟俄国本身在美洲的势力还尚为薄弱。因此，俄国借西班牙革命[①]爆发之机，向西班牙政府提出了以提供舰队为代价，让西班牙开放加利福尼亚地区的对俄贸易。随着西班牙革命不断升级，西班牙国内一片混乱，于是俄国趁机狮子大开口，希望获得整个加利福尼亚，来以此抵消之前为西班牙提供的那支舰队。

然而此时情况又发生了逆转。墨西哥脱离了西班牙统治之后，开始以更加强硬的姿态来应对俄国人在加利福尼亚的小动作。尤其是阿古斯汀·德·伊图尔维德于1822 年在墨西哥称帝之后，墨西哥更是直接要求在罗斯堡的俄国人离开。同时，美国商人开始不断涌入加利福尼亚，他们严重破坏了俄国与当地西班牙人的经济联系，使得俄国之前在经济上进行的一切努力化为泡影。并且美国此时的总统门罗，本身也对欧洲在美洲的殖民活动极为反对。当时的俄国面临着来自墨西哥和美国的双重压力。

不过就在同年，事情再次出现了转机。墨西哥帝国在内战中被推翻，而加利福尼亚则实际上脱离了墨西哥的控制。此时的加利福尼亚内部分裂为墨西哥派和西班牙派。为了能够促使加利福尼亚独立，俄国开始拉拢西班牙派，并撮合起了旨在让

---

① 1808—1814 年，西班牙人反对法国侵略、争取西班牙独立的战争，也称"争取独立战争"。

加利福尼亚加入俄国的"复兴会"。然而就在俄国人的努力初见成效时，一直在加利福尼亚奔走努力的扎瓦利申却被召回国。

当时，俄国当局对加利福尼亚的兴趣可以说淡了很多。首先，俄国在加利福尼亚的行动使俄国遭到了英美两国的共同反对。其次，俄国在罗斯堡的成果实在有限，不仅没有产出足够的海獭皮，因为地形和潮湿的气候，粮食生产也是极为困难。最终，因为美国的压力，以及居高不下的成本和极低的收益，俄国人决定放缓在加利福尼亚的扩张。之后，又因为沙皇尼古拉一世的错误决定，俄国获得加利福尼亚的希望变得更加渺茫。

随着加利福尼亚脱离墨西哥，美国巨大的压力朝着罗斯堡进一步碾来，大量美国农场开始包围这个俄国人的定居点，最终俄国决定放弃罗斯堡。至此，俄国在美洲的扩张宣告结束。到了亚历山大二世统治的 1867 年，俄国人又因为国际压力，不得不将阿留申群岛与阿拉斯加一并低价卖给了美国，俄国人从此退回欧亚大陆。

以此为标志，俄国长达将近 400 年的向东扩张，终于告一段落。

▼ 重建的罗斯堡教堂，位于加利福尼亚州罗斯堡国家历史公园，它静静地向人们展示了一个大帝国在这里留下的足迹

# 参考文献

[1] 洪宇．简明俄国史 [M]．上海：上海外语教育出版社，1987.

[2] 邓南凤．早期英俄贸易（16—17 世纪）[D]．西安：陕西师范大学，2014.

[3] 徐景学．西伯利亚史 [M]．哈尔滨：黑龙江教育出版社，1991.

[4] G.F. 米勒，彼得·西蒙·帕拉斯．西伯利亚的征服和早期俄中交往、战争和商业史 [M]．北京：商务印书馆，1979.

[5] 徐景学．俄国征服西伯利亚纪略 [M]．哈尔滨：黑龙江人民出版社，1984.

[6] 苏北海．西伯利亚汗国的兴起和灭亡 [J]．新疆师范大学学报哲学社会科学版，1986 (1).

[7] 艾伦·F. 丘．俄国历史地图解说：一千一百年俄国疆界的变动 [M]．郭圣铭，译．北京：商务印书馆，1980.

[8] 马丁·吉尔伯特．俄国历史地图 [M]．王玉菡，译．北京：中国青年出版社，2012.

[9] 穆景元．日俄战争史 [M]．沈阳：辽宁大学出版社，1993.

[10] 刘尔权．论 17—18 世纪初的西伯利亚督军制度 [D]．哈尔滨：黑龙江省社会科学院，2008.

[11] C.B. 奥孔．俄美公司 [M]．俞启骧，译．北京：商务印书馆，1982.

[12] Christoph Witzenrath. *Cossacks and the Russian Empire, 1598−1725*[M]. Routledge, 2007.

# 一只鸡导致的王朝覆灭？

# 明末吴桥兵变与孔有德之乱始末

作者／杨继正

崇祯四年（1631年）八月，一份来自辽东的紧急战报震动了身处北京的崇祯皇帝以及明帝国的大小臣工。后金首领皇太极率军直扑明帝国边境的大凌河城，将筑城的3万余军民团团围住，形势万分危急。在这种情况下，崇祯皇帝急命各路援军增援大凌河城。身处登州的登莱巡抚孙元化奉命派遣孔有德等人自陆路支援辽东。同年闰十一月二十八日，孔有德等人在北直隶的吴桥突然举兵造反，兵戈回指，连陷山东诸县，最终攻克山东重镇登州并包围莱州。被动的明帝国朝廷调集各路援军，耗费18个月才最终打败了这伙叛军。叛军首领孔有德、耿仲明等人狼狈逃窜，最终浮海投降了后金。

吴桥兵变出现在明清易代的关口，是一场十分值得研究的战役。这场战役彻底改变了双方的军事平衡，同时也极大地影响了之后明清交战的作战方法。然而遗憾的是，因为各种原因，清代统治者对这场战役讳莫如深，并销毁了大部分描述这场战役的明代资料。吴桥兵变的经过就像一团疑云，笼罩在明清历史的上空，久久不散。甚至有一种所谓"吴桥兵变是一只鸡引发的血案，并最终摧毁了一个帝国"的奇谈怪论。其实要理清这一切，还要从登州开始说起。

## 明帝国对登州的经略

登州，位于我国山东省东部。夏代时，登州与蓬莱、禹贡、青州这几个地方合称"嵎夷"，斟鄩氏在此建国。这是登州地区最早的建制，之后历朝历代屡有变迁，直到唐武德四年（621年）才有了登州的称呼。唐代以后，随着朝贡体系的确立以及中国和周边国家的贸易往来，登州逐渐变成朝鲜半岛、日本向中原王朝朝贡或贸易的官方港口。登州的作用日显突出。

到了明朝，登州的军事作用开始获得统治者的重视。1368年，明太祖朱元璋经过艰苦奋斗，终于推翻了元朝的残暴统治，正式在南京称帝，国号大明。随即在洪武二年（1369年）正月二十六日，朱元璋派遣使臣远赴日本、占城、爪哇、西洋等国宣布一个全新的中央王朝的建立。讽刺的是，在朱元璋派遣使臣赴日的同年，山东沿海郡县遭到了倭寇洗劫，他们掳走了大量百姓，最后逍遥而去。在这种情况下，明帝国于同年在登州设立守御千户所，这是明帝国在登州设卫的开端。

在洪武时期，自宋代就开始出现的由日本落魄武士或官方组织的倭寇对明帝国的影响已经十分巨大了。他们十分残忍和疯狂，这在当时高丽使者的日记中有很直

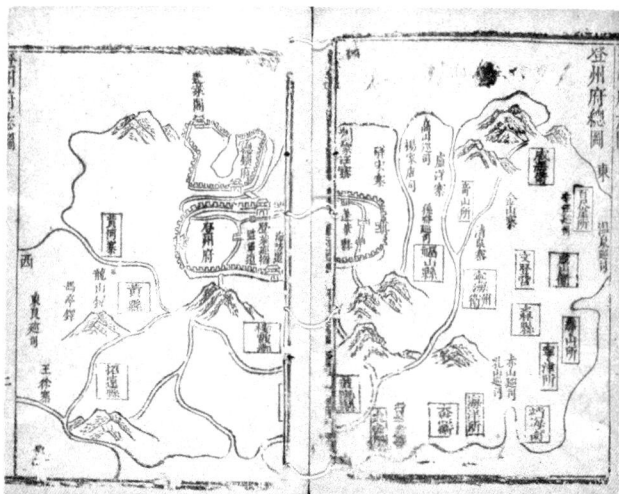

▲ 登州城图，清顺治年编

观的体现。例如洪武时期来华的高丽使臣郑梦周在朝贡回程的途中宿于沙门岛的百姓家中。夜半时分，郑梦周突然听到有妇人的哭泣声，郑梦周上前询问原因，才知前些时候倭寇进入沙门岛劫掠，杀害了妇人的丈夫。听到此处，郑梦周不免哀叹连连，同情这位妇人的命运。

而这，只是倭寇疯狂劫掠明帝国沿海地区的一个小小缩影。

在倭寇肆虐沿海的大背景下，明帝国不得不加强沿海的军事建设，而登州的地理位置尤为重要，史载："东扼岛夷，北控辽左，南通吴会，西翼燕云。艘运之所达，可以济咽喉。备倭之所据，可以崇保障。封豕麋所渔，长鲸冈敢吸。"洪武初年，山东沿海地区仅仅只有莱州卫、登州卫以及宁海备御千户所。洪武九年（1376年），明帝国将登州备御千户所升级为卫，下辖左、右、中、前、后、中左、中右7个千户所，另在洪武三十一年（1398年）设置威海卫、成山卫、大嵩卫、靖海卫。

在之后的山东海防建设中，明帝国先后设置了11个卫、14个所、20个巡检司，有烟墩243个、堡129个。在所有卫级军事单位中，归登州府管辖的就有登州卫、宁海卫、大嵩卫、威海卫、成山卫、靖海卫。

可以说，明帝国对登州的建设要比以往的朝代更加重视，这不仅是因为朝廷加强了对沿海贸易的监控，更是因为倭患所致。从洪武时期一直到万历末年，登州一直是明帝国"备倭"的前线阵地，甚至在万历二十一年（1593年），其地位上升到与明帝国九边同等重要的程度。

然而，登州重镇在明朝的历史中却不以备倭而闻名，真正让登州大放异彩的，是始于天启年间的"备虏"。

明万历四十四年（1616年），崛起于白山黑水之间的女真首领努尔哈赤在建

**明洪武年间倭寇入侵次数统计表**

| 时间＼区域 | 山东 | 南直隶 | 浙江 | 福建 | 广东 | 合计 |
|---|---|---|---|---|---|---|
| 元年 | – | – | – | 1 | – | 1 |
| 二年 | 1 | 3 | 2 | – | 1 | 7 |
| 三年 | 1 | – | 1 | 1 | – | 3 |
| 四年 | 1 | – | 1 | – | 1 | 3 |
| 五年 | – | 1 | 3 | 2 | – | 6 |
| 六年 | 2 | – | 1 | – | – | 3 |
| 七年 | 2 | 2 | – | – | 1 | 5 |
| 十三年 | – | – | – | – | 2 | 2 |
| 十六年 | – | – | 1 | – | – | 1 |
| 十七年 | – | – | 2 | – | – | 2 |
| 十八年 | – | 1 | – | – | – | 1 |
| 二十二年 | 1 | – | – | – | – | 1 |
| 二十三年 | – | – | – | – | – | |
| 二十四年 | – | – | 1 | – | 1 | 2 |
| 二十六年 | – | – | 1 | – | – | 1 |
| 二十七年 | – | – | 1 | – | – | 1 |
| 三十一年 | 1 | – | 1 | – | 1 | 3 |
| 合计 | 9 | 7 | 16 | 4 | 7 | 43 |

州称汗，建元天命。万历四十六（1618 年）年四月，努尔哈赤经过充分且缜密的准备后，命令其部落至明帝国边境抚顺进行互市，暗地里却派遣精兵跟随。四月十五日拂晓，努尔哈赤率部突起直袭毫无防备的抚顺城。战斗很快结束，抚顺城被攻陷，努尔哈赤生擒游击李永芳，并在之后全歼前来救援的明帝国 3000 骑兵。总兵官张承胤、副总兵颇廷相、游击梁汝贵全部战死，河水为之赤，京师震动。此战标志着明帝国与女真战争的开始。

# 明帝国对登州的经略一览

| 时间 | 事件 |
|---|---|
| 洪武二年 | 调遣莱州卫官军镇戍登州 |
| 洪武四年 | 严禁沿海居民私自出海 |
| 洪武九年 | 升登州为府。知府周斌奏改登州守御千户所升为登州卫，置指挥 19 名，屯田 185 顷 50 亩，设左、右、中、前、后、中左、中右 7 所，有正副千户 30 名、百户 70 名①。修建备倭城池 |
| 洪武十年 | 升宁海备御千户所为宁海卫，置指挥 18 名，屯田 154 顷 70 亩 8 分，设右、中、前、后 4 所，有正副千户 12 名、百户 40 名 |
| 洪武十七年 | 明太祖令信国公汤和巡视海上，修筑山东等处沿海城堡 |
| 洪武二十三年 | 修建 5 个总寨于宁海卫，与莱州卫的 8 个总寨共辖 48 小寨 |
| 洪武三十一年 | 新建威海卫、成山卫、大嵩卫、靖海卫 4 个卫所。新建宁津所、奇山所 2 个守御所 |
| 永乐六年 | 倭寇入犯成山，又侵宁海。明成祖朱棣置备倭都司节制沿海诸军 |
| 永乐七年 | 组建登州营于备倭城内，设把总、指挥各 1 名，中军管队官、千户、百户 31 名，用于团练京操班军② |
| 永乐九年 | 增设总督 |
| 宣德四年 | 建文登营，设把总、指挥各 1 名，中军管队官、千户、百户 23 名 |
| 成化年间 | 建海阳守御千户所，设正副千户 5 名、百户 10 名，屯田 55 顷。新建大山所、金山所、百尺崖所、寻山所 4 个千户所 |
| 弘治十二年 | 设巡查兵备道于莱州 |
| 嘉靖三十四年 | 建兵备道署于登州 |
| 嘉靖四十一年 | 设巡查海防道于登州，建团练营 |
| 万历二十一年 | 因丰臣秀吉入侵朝鲜，明帝国调集南北水陆官兵巡防沿海。登州从此时起遂为重镇，与北方长城九边地位相同。设立中、后 2 营，2 营各设把总 1 名，中营设哨官 2 名，后营设哨官 4 名。分团操为 2 营，左营直隶于中军，设哨官 5 名；右营以副总兵率领，设把总 1 名、哨官 5 名。改文登营为守备府，设守备 1 名、中军 1 名、哨官 2 名 |
| 万历二十五年 | 设总兵署、都督金事 |
| 万历二十八年 | 增设团操中、前 2 营，各设把总 1 名、哨官 4 名。裁总兵官，改设副总兵 |
| 天启元年 | 设登莱巡抚参赞军务，专辖沿海屯卫，兼辖东江诸岛 |
| 天启二年 | 设登莱总兵官，后又设辽东总兵官③ |
| 崇祯二年 | 罢登莱巡抚 |
| 崇祯三年 | 登莱总兵官改镇临清。登州设城守营，并 12 营为 6 营，每营设将官 1 名、中军 1 名、千总 1 名、把总 2 名，共官兵 9197 名 |

① 明代一卫有军士 5600 人，1120 人为一千户所，112 人为一百户所，50 人为一总旗，10 人为一小旗。
② 即明代春秋两季，各地卫所军士轮番赴京戍卫操演。
③ 挂征房前将军印，号"东江大帅"。

▲ 萨尔浒之战中，努尔哈赤率领女真军大败明军

强大起来的建州女真终于不得不让明帝国开始正视他们的存在。万历四十七年（1619年），明帝国集结各路边军自辽东出塞，欲效仿正统年间扫平建州酋长李满住的故事，一次性打败努尔哈赤。但讽刺的是，由于各路将领的轻敌冒进以及互不协调，明军被努尔哈赤一一击溃，惨败于萨尔浒。就在这个节点上，一代名臣熊廷弼正式出现在了历史的舞台上。

萨尔浒之战惨败以后，明廷罢斥辽东经略杨镐，熊廷弼以兵部右侍郎兼右佥都御史经略辽东。熊廷弼还未出山海关，后金军便已攻陷了明帝国辽东重镇开原；出关后不久还未到任，明帝国再失铁岭。后金军气势汹汹，仿佛要在一夜之间吞并整个辽东。在这种恐慌情绪下，沈阳和附近城堡的军民一时丧失了抵抗的力量，纷纷举家溃逃，辽阳危在旦夕。此时形势已经相当严峻，稍微调控不好，明帝国在辽东就会满盘皆输。然而幸运的是，明帝国选择了熊廷弼。熊廷弼收到战报后，没有退缩，反而日夜兼程地向前线开进。他沿途不断招抚逃人，并以雷霆之势斩杀了逃跑将领刘遇节、王捷、王文鼎，再杀贪墨军士饷银的将领陈伦，弹劾并罢斥了辽东总兵官李如桢。在不长的时间里，熊廷弼以强硬的手段，监督军士维修战器、修缮城池、疏浚壕沟。他令严法行，不到数月辽东守备大固，人心始安。

然而历史却总是喜欢和人们开玩笑，它选择了熊廷弼，却并没有给予他足够的时间和机遇。万历四十八年（1620年），支持熊廷弼的明神宗朱翊钧驾崩。仅仅一个月之后，新嗣位的皇帝泰昌帝朱常洛驾崩，明熹宗天启皇帝朱由校即位。在这种最高领导人频繁换代的情况下，明帝国进入了一个"群魔乱舞"的时期。

明熹宗刚刚嗣位不久，熊廷弼便因为陷入党争而被政敌诽谤以致被罢斥，改为庸碌无能的袁应泰经略辽东。天启元年，后金军看准时机，里应外合，一举攻破沈阳。此后，后金军乘胜而战，攻陷了辽阳，经略袁应泰自缢身死。两个重镇的陷落导致辽东河西地区（辽东广宁周围地方）的居民纷纷遁逃，塔山至间阳200余里地区，烟火断绝。在这种危急关头，明廷终于又想起了熊廷弼。

▲ 熊廷弼画像

熊廷弼回朝伊始，即向明熹宗条陈复辽方略：其一，广宁城以马步兵列阵河上，力阻南下的后金军；其二，于天津、登莱设置舟师，乘虚进剿，动摇后金军的人心，使其有后顾之忧，则辽阳可复。明熹宗深以为然，下令再次起用熊廷弼，升熊廷弼为兵部尚书，经略辽东。旋即，明廷于登莱设立巡抚及舟师部队，登莱两地作为"备虏"重镇的地位被正式确立下来。登州作为明清战争的前线阵地，正式登上了历史的舞台。

明帝国对登州的建设十分上心。明天启元年（1621 年）七月，明帝国将领毛文龙在内应的帮助下收复了被后金军占领的镇江。八月，毛文龙收复镇江的捷报送达北京，这种在频频战败中出现的捷报自然让明帝国高层十分欢喜，甚至有人认为收复辽东指日可待。于是在这种乐观情绪影响下，明帝国做出了极大动员，准备再次寻求和建州女真的决战，以期彻底消灭建州女真。明军计划在全国 13 省每省调集 1 万军士，兵部尚书亲领 2 万军士，共计 15 万大军开至广宁，击敌正面；再调遣 2.5 万名登州水军至朝鲜，与朝鲜兵一道击敌腹背；中间由辽东还未沦陷的镇江与铁山牵制。明帝国认为，三方合力，必定能彻底击破建州女真。然而，上天再次和明帝国开了一个玩笑。在镇江捷报到达北京后不久，后金军再陷镇江、毛文龙遁逃朝鲜的败报就呈到了明朝君臣面前，并且后金军不久后再克铁山。加上朝鲜以壬辰倭乱以后国内一片凋敝为由，对出兵辽东一再推诿，三方布置最终胎死腹中。不过，从此次事件中可以得知，登州在明帝国正式投入与后金军的战争后不久，就能一次性召集水兵 2.5 万名，可见登州战备之强。

之后在整个天启年间，明军在辽东的战局趋于保守。因而登州虽然作为反攻辽东的重要大后方，但是没能发挥配合前方战场、趁势攻入敌方老巢的作用。这个时期，登州的主要作用便集中在了接回辽东难民、押运赴辽粮草、沟通朝鲜的信息渠道上了。

# 吴桥兵变的起因与考证

到了崇祯年间，明军与后金军的战斗进入到了拼国力、拼策略的拉锯状态。崇祯四年七月，为了进一步巩固辽东防线，明军将领祖大寿率领麾下 1.3 万余军士和大量民众修筑关外大凌河城。明军的行动很快，在八月初就已经完成大部分工程。然而后金军首领皇太极并不会眼睁睁地看着明军在自己的眼皮子底下修建城池。于是，皇太极于崇祯四年八月初六率领 1.5 万女真精锐将大凌河城层层包围。也是在此战中，后金军开始使用俘获以及自制的红夷大炮和其他炮种进行攻坚战，大凌河城周围的墩台城堡非败即降。明军火炮优势尽失，在辽东孤立无援。小小的大凌河城很快出现了粮食危机，并出现人相食的惨状，但是明军并没有投降，而是努力和外界沟通，期望朝廷派遣援军救援大凌河城。经过重重努力，八月二十二日前后，来自大凌河城的求援战报终于送到了北京城。此时辽东已没有力量可以增援大凌河城了，于是支援大凌河城的重任便落在了重镇登州与莱州身上。

此时任职登莱巡抚的正是西法党人[1]孙元化。明廷自接到大凌河城的求援战报后，便下令驻防在皮岛的前协副总兵张焘（西法党人）率兵至旅顺的双岛，与登州参将黄蕈以及孔有德部会师并进军至三岔河，以期相机登岸夹攻后金军，解大凌河之围。

一个月后的九月二十七日，登州派出的援军正式从水路起航支援大凌河城。援军规模不可谓不大，张焘以及葡萄牙军官公沙率领沙船 21 艘自皮岛进发。当晚，明军船队遭遇大风，被迫修整一昼夜。之后的十月初一（飓风持续 5 天）、初六、初八（飓风持续 3 日）持续遭遇飓风。这种极

▲ 清末民初的祖大寿墓（部分）

---

[1] 明末积极引进西方数学、天文学及军事建筑、军器、战术思维的团体。事实证明，他们这种推崇十分盲目，带有很强的政治目的和利益倾向。

端恶劣的天气导致明军船只严重损毁，士兵的辎重及兵器亦全部遗失。而已经抵达三岔河的孔有德部称，三岔河已经结冰，但冰面尚无法承受太大重量，军队无法渡河。于是来自登莱的援军竟然以此为借口，不顾大凌河城官兵的死活，一直逗留到了十一月初。

尽管风浪巨大，但是实在无法想象双岛一整个月都有飓风的存在，援军兵器尽失竟也不在当地及附近采买。西法党人张焘甚至在逗留不前的情况下，居然还吹嘘与自己同行的葡萄牙人"西洋一士可当胜兵千人"，并请明廷购买西洋火炮、火药以及盔甲给自己的部队。

那么这里就存在几个问题。西洋火器是否能在短时间内采买齐全？况且双岛距登州已经很远，是否有地方可以短时间内采买到？张焘本人说沿途飓风，就算登州尚有西洋火器，运抵双岛是否还需要一个月的时间？如果不需要一个月，那么张焘逗留一月不前是何居心？张焘不可能不知道他的提议是胡闹，也不可能不知道大凌河城的官兵已经苦盼援军三个月，但是他依然"任性"地在双岛驻扎了下来。这种无耻、软弱和盲目自信的对敌态度，其实可以说是明末西法党人的真实写照。

一筹莫展的明廷于十月二十三日再次发文催促登州调遣援军，自陆路发兵5000火速开往大凌河城。然而由于张焘及孔有德的逗留不前，登州城内只有不足3000军士，登州步兵火器营主力都在逗留于双岛的孔有德以及吴进胜的手中，共4200人。无计可施的孙元化只得在十月二十五日，调拨小划船前往双岛诏谕孔有德部回登州。等孔有德部召集队伍回到登州的时候，已经是十一月十四日了。

▲ 旅顺双岛沿海环境

十一月十四日，孙元化命孔有德与王廷臣先行。此次自陆路北上辽东的第二次援军队伍，一共有官兵4472员、马1061匹、骡515头、驼3只、牛154头，所携装备有铁甲1985副、棉甲564副、中西大小铳炮1034门、火药5990斤、铅子2217斤。孙元化因

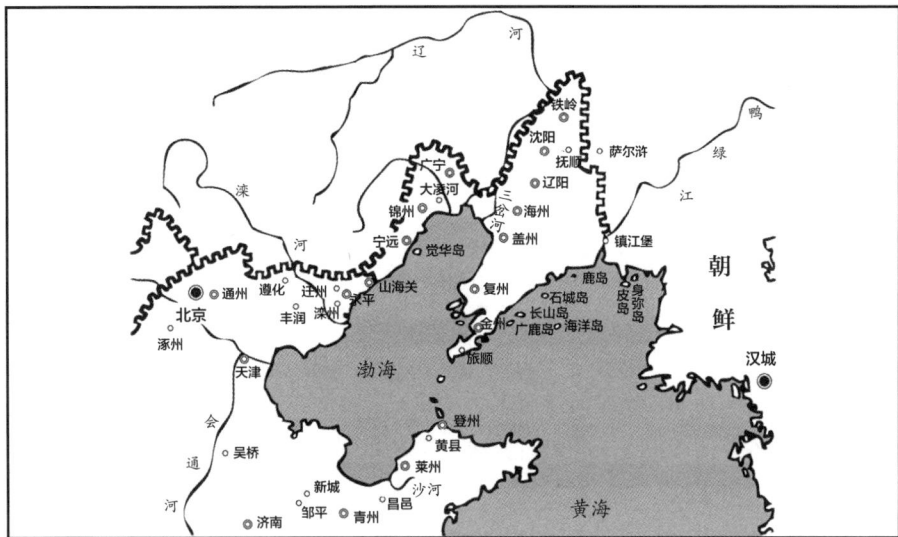
▲ 明末辽东、山东与东江地形图

此吹嘘道："从来援兵未必若此之盔甲、器械、锅帐、辎车悉全者。"但是讽刺的是，大凌河城守军已经在半个月前，由于援军的拖延和弹尽粮绝而投降了。

孔有德部自陆路出发后，沿途怠玩，丝毫没有火速前进的意思。孔有德部甚至在山东邹平驻扎了月余而停止不前，以至于出发两个月才离开山东境内，这从侧面说明孔有德十月初时至三岔河不渡，并不是因为水面结冰而无法飞越。目无法纪，人胆狂妄，就是孔有德的真实性格了。

崇祯四年闰十一月二十八日，当孔有德部率军抵达直隶河间府的吴桥时，孔有德部突然易帜叛变。常见说法是，当时已经到了冬日，部队到达吴桥县以后，补给无法满足。孔部的步卒到吴桥县的乡绅王象春家偷食了王家的鸡犬，此事被王家告发以后，孔有德惩罚这名肇事士卒穿耳游营。饥寒交迫的孔部见此情形又惊又怒，遂发生哗变。哗变的军士将王象春的家宅焚烧殆尽，王家仅王象春之子幸免于难。第二日，孔部千总李应元与其父李九成捆绑孔有德于演武场，逼迫孔有德谋反，孔有德最终被迫答应。于是，孔部叛军自吴桥县回戈东指山东，尽行劫掠，所过无遗。这便是震惊明末，改变了明清力量的吴桥兵变。

很多史料，如清代编撰的《明史》以及之后的《清史稿》，都采信这种说法。孔有德在之后给后金首领的请降书中，亦将自己包装成一个人畜无害的忠良将领，因军队冻饿，加上官员的逼迫才不得已造反。然而事实真的是这样吗？

其实《明史》和《清史稿》中为了避尊者讳，巧妙地隐藏了一些细节，成书于康熙年间的清代禁书《平叛记》却给我们留下了更多线索。根据《平叛记》的记载，孔有德部在登州到吴桥县的途中，军纪就已经非常败坏了。当时孔部在途中，所过之处多行劫掠，名声非常差。到达吴桥县以后，百姓因为这个原因纷纷闭门罢市，不纳孔部，才导致了孔部饥寒交迫的情况。但这里还有一个不能忽视的前提，那就是孙元化在发兵之前，已经给足了孔部粮饷以及冬衣。孔部在吴桥县会出现断粮的情况，恰恰是因为他们在山东足足逗留了两个月！再则，孔部在粮饷充足的情况下尚且沿途劫掠，无粮时能有多强的军纪，就实在耐人寻味了。孔部给出的冻饿交加才不得已"起义"的借口，放在崇祯初年的大背景下，也是站不住脚的说法。就以崇祯四年吴桥兵变之前的己巳之变（崇祯二年）来说，当时皇太极率领大军越过喜峰口，兵围北京城，崇祯皇帝下令各路军队勤王，各路勤王军的处境亦十分凄惨。比如当时延绥军接到勤王诏令，急行军数千里，到达顺义时乏粮，顺义守城官拒给给粮，亦拒绝延绥军进城，饥寒交迫的延绥军却并没有出现哗变的情况。又如云南勤王军到达北京时，缺粮数月，因水土不服减员十分之二三，衣物器械典卖殆尽，整个军队犹如乞丐，亦没有出现哗变的情况。再如京营士兵缺粮十数月；宣府大同勤王军粮饷数月未给，官兵枵腹，在勤王途中急行军数日

▲ 清太宗皇太极画像

不得食，但都保持了良好的军纪。孔有德因为自己玩忽职守，逗留两月不前而乏粮，且以此为借口推卸责任，实在是强词夺理。《平叛记》中说孔有德"骄悍不法"，可谓是一针见血的评价了。

值得注意的是，目前记载最为清楚的第一手资料当数《中国明朝档案总汇》里面的内容。这份档案中收录了一份极其珍贵的吴桥知县毕自寅的叙事奏疏，记载了孔部过境的更多细节。据称，吴桥县自崇祯四年十一月三十日左右到孔有德所部经过，陆续有援辽的山东队伍过境（当指前文中的王廷臣部），一路上并无迟留。闰十一月二十七日，

有领兵官孔有德所率兵丁约六七百人于当日傍晚抵达吴桥县歇息，次日饭后继续向北出发。当孔部北行至吴桥县校场时，孔部突生变故，驻扎不前。毕自寅见状，急忙派人去孔有德军中催问缘由。只见孔部士兵将孔有德捆绑，口称孔有德不支粮饷，要求支给他们粮饷才能施放孔有德。毕自寅见状亲自到孔有德军营中劝慰军心，但是恼怒的士兵并不听从毕自寅的劝说。到中午，他们强行让毕自寅给予其饭食，之后下乡掠夺马驴十数匹。毕自寅见状急忙命令县中衙役、保甲和民壮等上城守御，以防不测。至傍晚时分，孔部终于拔营，声称回登州讨粮，随即南行。

另外根据记载，胁迫孔有德谋反的李九成，是登莱巡抚孙元化任命的购马官员。因登州及山东等地马种矮小，不利于辽东战事，登州府会时常遣人至山西、陕西等边地买马。然而李九成却将朝廷给予的购马款项贪污殆尽，自知难逃重刑的他才最终生起了谋反的念头。

将以上记载串联起来后，我们可以得到一个非常清晰的吴桥兵变的前因后果：孔有德部援辽军士，沿途观望，军纪败坏，以至于到了吴桥县就已经基本用完了所带粮饷。到了吴桥县以后，吃过最后一顿饭，军粮终于见底。骄妄的孔部军士将孔有德带至校场捆绑索要粮饷，最终将官的野心与士兵的不满联合起来，促成了最终的兵变。

此外，整个吴桥兵变期间，两方将领对兵变谋反的态度本身就是"一拍即合"：孔有德目无王法，狂妄自大；李九成父子自知死罪难免，亡命一搏。而且在一开始孔部赴援辽东路过莱州时，史载莱州知府"知其必反"。可知孔有德要么对朝廷极其不满，人尽皆知；要么在出城时，孔部的军纪就已经十分败坏了。

那么孔有德究竟是被乱兵"胁迫"最终"不得已起义"，还是早有预谋的谋反，就十分让人怀疑了。


## 退败与增援：明军与叛军的山东争夺战

无论如何，孔有德最终还是叛乱了。崇祯四年闰十一月二十八日，孔部叛乱后，连陷陵县、临邑、商河、齐东等地，每到一处必劫掠当地府库，施放囚犯来壮大自己的兵力。在孔部攻陷齐东以后，当时巡历在平原的山东巡按王道纯距离叛军驻地很近。王道纯得知此事后，急忙移书在山东首府济南的山东巡抚余大成，告知其叛军谋反连陷州郡一事。让人啼笑皆非的是，如此重大的事件，余大成居然不相信，

▲《徐显卿宦迹图》中的明朝官员形象

他认为孔部皆山东士兵，怎么会做出杀掠本省人民的事情？王道纯无奈，急忙再次向余大成发书求援，这一次余大成竟告病称这件事自己没办法管。

直到十二月初六，叛军攻陷青城以后，大梦方觉的余大成才终于意识到事情的严重性。余大成急命济南府中军沈廷瑜、武德参将陶廷鑨发兵剿贼。十二月初八，来自济南和武德的明军与孔部叛军会战于阮城。在这种危急关头，沈廷瑜居然乘坐轿子指挥战斗，其麾下士兵的战斗如何就不言而喻了。结果显而易见，刚一交锋，沈廷瑜所率领的济南兵就率先败退。叛军见有机可乘，一鼓作气地击败了陶廷鑨率领的武德兵。明军军队几乎死伤殆尽，沈廷瑜与陶廷鑨仅以身免。

此时的形势已经十分严峻，山东巡抚余大成在确信了孔部叛变以后，先是派遣官员乙邦才①赴孔部招安叛军，但是桀骜不驯的叛军将乙邦才绑缚，打了40军棍放回。余大成无可奈何，急命山东各路部队集结会剿叛军。但是孙元化却打算招安孔有德部，孙元化移檄山东沿途各州郡，不许对叛军相加一矢，以表示朝廷招安叛军的诚意。孔有德也似乎被感化，阮城以后就再没有沿途攻打济南到登州的州县。于是天真的孙元化给余大成写信道："抚局已定，我兵不得往东一步以致坏事。"随即孙元化解散了召集的登莱援军。余大成无奈，亦下令解散会剿叛军的明军。终于在十二月二十二日，孔部到达登州城下。

值得一提的是，在吴桥县发动兵变之后，孔部叛军之所以在山东境内纵横豕突，无人能挡，是因为山东境内的军备已经到了明帝国开国以来最差的时候。自明成祖

---

① 累官至总兵官，为史可法部将。南明时期清军破扬州，乙邦才自杀殉国。

迁都北京以来，明帝国以蓟辽、宣云为京师两翼，以山东为京师咽喉。但山东相比作为京师两翼的那四个地区，兵力情况着实堪忧。万历二十年，因为日本侵略朝鲜的原因，山东作为连通南北的重要交通要道，明帝国商议在此增设兵额。最终，明帝国在济南府增兵3000名，登州增兵3700名。万历四十八年，因为建州努尔哈赤的崛起，山东添兵9000名。天启二年，山东再添兵9000名。前后一共增兵24700余名，并成定额。崇祯二年，由于糟糕的财政状况，明帝国裁汰了一部分兵额。裁汰以后，山东实存兵15900名。在同年后金军兵围北京城的己巳之变中，山东抽调精锐5600人入卫京师，官兵损失很大，山东全省仅有老弱兵卒数千分布在辽阔的辖区内。"空虚之极"算是对山东兵力的真实写照了。于是在崇祯三年七月，山东请朝廷发饷增募新兵3000人以为用。但是显而易见，就整个山东省的体量来说，这无疑是杯水车薪。一年的时间显然无法练出精兵，所以一开始人数不多的孔部能在山东肆无忌惮。

就在全山东束手无策，眼睁睁地看着叛军挺近登州城，而孙元化以为事情就这么平息下去的时候，只有莱州知府朱万年保持了十分清醒的头脑。十二月十三日，即叛军到达登州的10天前，朱万年便在莱州城誓师，动员全城军民严守城池，且做了十分充分的准备。

朱万年对莱州的城防主要做了三件事：

其一，城内宵禁戒严。朱万年命令城内妇女一律不许出城，官绅的粮食全部运回城中以防资敌。再者，城中的每一个十字路口均设置一个栅栏，责令附近居民轮流看守，夜间及时封锁，非有令箭不许擅自开启，五更以后方可通行。不许夜间饮酒赌博以生事端。

其二，登记人口，十家一牌。朱万年规定十家为一牌，以牌为单位查清各家的人口和具体情况。每牌均要准备防火设备，若有火警，只需本牌十家相互扑灭，以防奸细。每牌编册以后，十户家庭每户出壮丁一名守城垛，以备不虞。

其三，完善城防。莱州城的大楼、角楼以及马

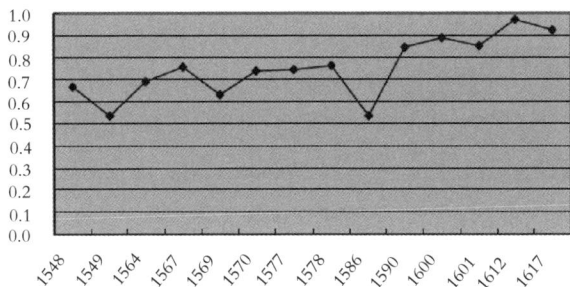

▲ 明朝中后期的军费开支比例

▲ 莱州府治下掖县鼓楼老照片

面墙按需配置红夷大炮以及其他火炮。红夷大炮用四轮炮车安置，以便移动。再于城垛上设置礌石以及箭帘等物[1]，莱州城四个大门前皆修筑高墙以护门。其中南北二门各置千斤铁叶牌保护城门，牌上安装滑轮以为升降进出之用。

可见朱万年对莱州城的防守十分细心仔细。所以在之后的登莱之战中，莱州城防成了吴桥兵变中最为耀眼的闪光点。

另一方面，因为山东全省在孙元化的错误判断下，遣散了所有的援助力量，孔部叛军一路急进。崇祯四年十二月二十二日，孔部叛军抵达登州城下，驻扎于登州城南的密神山。孙元化此时终于稍微动了一点头脑。他命令张焘率领辽东兵驻扎城外，总兵官张可大率领南兵拒战。准备充分以后，孙元化派人赴孔部军营招安。这个时候孔有德等人终于露出了狰狞的面孔。他们不仅没有接受朝廷的招安，而且连夜组织士兵攻打登州西城。登莱总兵官张可大连忙用大炮击退了攻城的孔部。此时孔部被大炮轰击首战不利，士气受到了相当大的打击。张可大陈请孙元化趁机发兵，一鼓作气消灭孔部叛军。然而孙元化却一错再错，他心怀侥幸，执意招安孔有德，并没有听从张可大的建议。张可大只能再次急切地向孙元化晓以利害关系，建议几天之后的崇祯五年元月初一集合大军攻打孔有德部。然而到了崇祯五年的元月初一，孙元化拒不发兵。明军早期顺利平叛的最后一个机会至此就被孙元化给放弃掉了。

上一战之后，明军任由孔部叛军休整了足足 10 天而不做任何准备。崇祯五年元月初二，孔部叛军再次兵临城下。又惊又惧的孙元化才终于觉悟，他急命张可大的南兵与张焘的辽东兵合兵，与孔部战于登州城东。张可大的南兵先与孔部作战，南兵悍不畏死，奋勇当先，连破孔部叛军数个兵阵。但是就在这时，配合南兵作战的张焘却因为怕死，放弃张可大，率辽兵逃走。张焘的引退导致明军阵型全面崩溃。

---

[1] 莱州城共有堞垛 1778 个，每个垛口设置箭帘以避弓矢。

▲ 铸于万历十年的登州戚氏刀

张可大的南兵在辽兵退却以后依然殊死力战，直至最后，几乎全军覆没。张可大部下中军管维城，游击陈良谟，守备盛洛、姚士良皆力战身死，张可大仅以身免。反观张焘所部辽兵，虽然提前逃跑，但依然有一半军士投降了孔有德。

崇祯五年元月初三，投降孔有德的34名明军突然出现在登州城门外，要求入城。两军交战，投降的军士被敌军无故放回本就疑点重重，但孙元化却不加甄别，选择相信被放回的军士并让他们进入登州城！虽然经过张可大等人苦口婆心地劝导，但是天真的孙元化再次放弃采纳张可大等人的建议，这些叛军就这样混入了登州城内的明军之中。

事情的发展没有半点悬念。夜半，被孔有德从营中放回的辽军与城内明军中军耿仲明、都司陈光福等人起兵为内应。他们振臂高呼，与城外的孔部叛军里应外合，不费吹灰之力便攻下了登州城东门，最终占领了这座明廷经营十数年之久的重镇。据说孙元化当时看着城头的火光，心知大势已去，于是抽出佩刀，想挥刀自刎，但是却并没有自杀成功。孙元化被孔部叛军掳去，旋即因为他昔日对孔有德等人有恩，最终被叛军放走。此时张可大奉命守登州水城，不在大城之中。登州大城被攻陷以后，张可大抚膺恸哭，并解下自己的符印和旗鼓，自小道逃入济南。在交代了后事之后，这位悲情英雄最终自缢于家中。

此时被孔有德占领的登州城中，尚有旧兵6000人、援兵1000人、马3000匹、饷银10万两，并有红夷大炮20余门、西洋大炮300余门，其余火器甲仗不可胜数。这些兵马军资皆为孔部叛军所有。孔有德等人占领登州后，召集登州城内所有辽人，给他们发放兵器。其后，孔部叛军以及城内辽人，对登州城内的其他百姓进行了惨无人道的屠戮与奸淫。一时间，昔日繁华的登州城犹如人间炼狱。

可以说经过天启、崇祯两朝的建设，登州已经成了名副其实的边防"第十镇"，和明朝传统九边镇城处于同等地位。但是这样铁打的登州城，为什么就在数千人的攻势下迅速瓦解，不堪一击呢？总结来说，就是以孙元化、张焘为首的西法党人盲目、愚蠢的防御政策所导致的。诚然，登州城城高池深，所用大炮都是西洋炮，用的也是西洋火药，更是聘了西洋炮手，但在·场战争中，最重要的因素永远是人，其次才是武备。明末孙元化等西法党人虽然对中西技术交流做出了很大贡献，但是他们迟钝的政治军事水平却毫无意外地间接成就了后来崛起的清王朝，为大明朝的覆灭埋下了导火线。

明朝最后一位阁臣范景文曾这么评论过登州失陷一事，此文亦可当作总结：

虽然，此器耳，尤存乎其人……孙初阳（初阳为孙元化的字）……自以为有西洋大炮八门，鸟铳枪刀皆西洋。药法弹法皆西洋。又即以西洋人放之，精极无加矣。然孔有德一攻不守，此曷故哉？此非徒狗器，而不得人心之谓乎？

## 喋血孤城

号称明帝国边防"第十镇"的登州城的沦陷，使整个山东地区陷入了恐慌之中。崇祯皇帝直到这个时候才知道孙元化等人是何等的无能，他立即下令逮捕误国的孙元化以及张焘等西法党人，并于崇祯五年的七月二十三日将孙元化与张焘斩首。

孔有德占据登州以后，马上就开始了"大封群臣"的行动。他重新部署、整编部队，并对军官进行了封赏。李九成和孔有德自称"都元帅"，作为内应协助孔有德破城的耿仲明则被封为"都督"。然后他们用收缴的登州巡抚关防印信传

▲ 毛文龙碑亭

檄各州县，妄图引诱邻近诸县一同谋反。在李九成、孔有德等人的号召之下，辽东诸岛的辽军也纷纷易帜参与叛乱，并渡海至登州。其中，原属毛文龙部的旅顺将领陈有时所带领的 8000 人的队伍最为壮大。值得一提的是，易帜响应叛变的岛兵亦多为毛文龙旧部。孔有德叛军此时气焰极盛，并叫嚣打下最后尚在抵抗的莱州以后，南下攻取南京。

总而言之，当时局势日益紧张。

明廷中，主和派显然无法解决山东目前的困境。在这种情况下，明帝国中的主战派渐渐占据了优势地位。在主战派的劝说下，崇祯皇帝下定决心，同时调集了杨御蕃、王洪、刘国柱三位总兵官，发兵会剿孔部叛军。这三位总兵官的上司，正是庸碌无为的山东巡抚余大成。余大成到达莱州以后，不思如何破敌，亦不敢再提招抚，两难之下居然每日闭门诵经以为避世，被时人嘲讽为"白莲都院"。余大成此举显然无法解决任何问题，同时也给叛军提供了充分的时间招兵买马，编制部队。

登州城被孔部叛军攻破后的 10 天时间里，在余大成消极的避战思想下，叛军越发认为朝廷的军队不足为惧，气焰日益嚣张。崇祯五年元月十二日，叛军令尚被羁押在叛军营中的孙元化修书一封给余大成，开始跟明廷谈条件。他们要求明廷割让登州以及登州所属的 8 个县给叛军，叛军则承诺再不侵扰山东，年年向朝廷纳贡，并且听从朝廷调遣。这几个要求看似恭顺，实际上是想让明廷承认叛军在山东建立"国中国"的最终目的。这种条款明显不能让明廷接受。但是让人啼笑皆非的是，余大成居然开始认真考虑割地给叛军来达到息事宁人的结果，最终在山东巡按王道纯的极力反对下才作罢。可以说，正是余大成以及孙元化等明廷高层官员的朽化和犹豫，才最终促成了叛军势大。

崇祯五年元月十一日，也就是叛军修书余大成的前一天，叛军发兵攻打黄县，进一步说明了叛军所谓的"和谈"只是在和明廷拖延时间。黄县是登州至莱州的最后一道外围防线，其军事意义不可谓不重大。此时的黄县守将是莱州参将张奇功，张奇功本应离任致仕，但是此时正值叛军扰乱，他当即奏请守卫重要的黄县。然而昏庸无能的余大成却只在黄县部署了 300 老弱士卒，张奇功无奈之下只能在城内临时招募民兵守城。叛军到达黄县以后，开始了猛烈的进攻。张奇功守城有方，小小的黄县居然抵抗住了叛军两天的进攻。元月十三日，在叛军持续攻击下，黄县南门被攻破，守卫南门的民兵也大多溃败。此时，明知大势已去的老将张奇功却依然选择战斗到最后。他奋臂大呼，持刀亲自冲入敌阵，连杀叛军十数人，最终力竭，身死殉国。残忍的叛

▲《王琼事迹图》中的明军高级将领形象

军因为张奇功死守城池造成了他们很大的伤亡，气愤之下最后竟将战死的张奇功的遗体肢解。这位老将用自己的生命诠释了忠贞爱国的高尚情操，可惜却因当权者的昏庸，平添了一抹浓重的悲情色彩。

　　黄县沦陷的消息很快传到了莱州，莱州城彻底地变成了一座孤城。为了表示背城死战的决心，莱州知府朱万年亲自号召全城官民共御强敌。为了表现身先士卒的精神，朱万年亲率兵丁守卫直面敌阵的南门。莱州同知寇化守东门，莱州通判任栋守北门，掖县知县洪恩照守西门。由于登州城陷以后，登州城内的百姓遭到了叛军惨无人道的屠杀，所以面对即将到来的莱州守卫战，莱州城内的乡绅抗敌情绪十分激烈，因而在这次守城中，乡绅亦纷纷出力守卫莱州的东北、西南角。

　　对外准备妥当以后，朱万年开始稳定城内民心。除了张贴告示表示与城共存亡以外，他更用实际行动来表明自己的决心。在战事不利，人心惶惶的时刻，自然有人想举家逃难。朱万年张贴告示的当天，就有丁忧在家的朝中大臣范相公（真名不详，官职应比朱万年高）因为害怕叛军陷城，连忙请了抚军的令箭，收拾好家财准备自南门逃出。朱万年听闻此事以后，不等范相公出门，便率先赶到范相公住所，劝说道："我已经张贴告示以表示背城死战的决心，按照规定乡绅都不允许出逃以稳住民心。"范相公狡辩说："我只是丁忧在家而已，并不算是乡绅，缘何不能出城？"眼见苦劝不成，朱万年将自己的官帽狠掷在地上，说道："我既然是这一城的知府，自有守土之责。如今城中我说了算！轮不到你来僭位与我争辩！"说罢朱万年亲率20多个读书人手持棍棒站在南门，并说道："再敢有人想出莱州城，直接乱棍打死，不用负担任何责任！"范相公气急，他并不相信官职比他低微的朱万年胆敢阻拦他，况且他手里还有抚军的令箭。于是午后，范相公拖家带口一共30人，还乘了两顶轿子准备强行出门。手持棍棒守卫南门的读书人正是血气方刚的年纪，面对范相公的蛮横无理，纵然是朝中重臣又如何！于是这些个生员一拥而上，将范相公所乘的轿子给打得粉碎，范相公的家眷也被这些读书人打得头破血流，最终范相公和他的家眷只能互相搀扶着狼狈回了城。可此时正值大战前夕，谁都不知道留在城里最终会有一个什么样的结果。所以虽然有范相公的前车之鉴，但是打算逃跑的人依然不绝，最后还是在朱万年的高压政策下，百姓逃跑出城的情况才得慢慢好转。

此时，叛军正快速接近莱州城，明廷方面也进行了相应的调遣。崇祯五年元月十七日，明廷罢斥了昏庸无能的山东巡抚余大成，任命徐从治为山东巡抚，谢琏取代孙元化为登莱巡抚。这二人在明末的剿匪战场上都是坚决的主战派。所以，徐从治和谢琏的走马上任，也被认为是吴桥兵变中明军掌握主动权的转折点之一。他们以及其他有为的将领将在莱州城上演一场悲壮的保卫战，同时也让莱州城成了绝大多数叛军的坟场。

元月二十二日，总兵官杨御蕃等人率援军抵达莱州城，明军与叛军正面作战的时刻终于到来了。经过一番修整和部署以后，在莱州民众的欢呼和期盼中，总兵官杨御蕃、王洪、刘国柱尽全鲁之兵，誓师东征，向登州方向开进。二十八日，明军到达新城，并在城外列阵。此时叛军有骑兵5000人、步卒10000余人，反观明军，虽然号称三位总兵官东征，但是总兵力只有5000人，人数上已然处于劣势地位。

▼ 明军列阵放枪图

杨御蕃和王洪各自列阵，王洪率领的天津兵驻守新城附近的山上，居高临下，与杨御蕃部互为照应。

双方僵持两日，到了三十日中午，叛军遣兵7000余人冲击杨御蕃军阵，杨御蕃亲自率领兵丁隔着营壕与叛军对射。到了夜幕时分，叛军眼见无法突破杨御蕃阵前的壕沟，于是留下2000骑兵困住杨部，其余叛军转而攻打山上王洪所部的天津营。到了晚上一更时，双方完成列阵。二月初一，叛军又督发步兵万余，架设红夷大炮与大将军炮重叠围攻王洪的天津营阵地。天津营在实力悬殊的情况下逐渐不支，王洪遂派陈奇功与叛军讲和。夜幕中，杨御蕃军向山头远望，只见双方信使往来不绝。然而，用惯了讲和伎俩的叛军显然并没有议和的心思，而是在为新一轮的攻击做准备。不出所料，叛军在天津营毫无防备的情况下，突然部署大炮四面击打王洪部。王洪麾下天津兵怯不敢战，全军崩溃。王洪不但不能约束部下，甚至他自己亦奔马向西逃窜，王洪部就此溃败。消灭王洪部后，叛军占据了山上的王洪大营，完成了对杨御蕃部的合围。当日，叛军居高临下，用红夷大炮5门、大将军炮300余门从四面炮击杨御蕃军阵。同时，叛军又派遣奸细烧毁了朱桥镇沿途的明军粮草。杨御蕃部彻底陷入了孤立无援亦无食的境地。在叛军占据绝对优势的猛攻下，杨御蕃部居然坚持了一日一夜而不崩，这足以证明杨御蕃非凡的统兵才能。

到了第二日，也就是二月初二凌晨，眼见继续拖延下去一定是必败结局，杨御蕃决定背水一战。于是，杨御蕃趁叛军正值骄纵轻敌之时，亲率兵丁与叛军对射，架设大炮轰击叛军军阵，打死叛军数百人。回过神来的叛军打算再次包围杨御蕃部。虽然此时叛军阵脚已乱，但杨部也彻底到了弹尽粮绝的境地。在连日的战斗中，由于发射频率过大，杨御蕃部的30余门大型火炮已经炸膛了24门，再不突围恐怕凶多吉少。

于是二月初二清晨，他突率全军纵骑直扑叛军中心大营。杨御蕃部拼命呐喊，杀声震天，并举火器四面乱击。由于连续取得对明军的军事胜利让叛军的营防十分懈怠，再加上突如其来的袭击让叛军摸不清冲入己方大营的明军到底有多少人，这使叛军极其混乱。杨御蕃率领部下奋力扑杀，最终打开一个缺口，成功突围。此战杨御蕃部在十分被动的情况下，依然取得了斩首敌军首级129颗，抢夺叛军旗帜14杆的战绩。此后，杨御蕃有秩序地向莱州方向撤退。

▲ 明代铁头盔

## 死战！莱州城下！

二月初一，新上任的山东巡抚徐从治和登莱巡抚谢琏到达莱州。同日，王洪及其天津营残余部队也跟着到达莱州城。为了掩盖自己临阵脱逃的事实，王洪谎称杨御蕃部已经在新城全军覆没。就在众人沮丧之时，杨御蕃派遣的信使赶到了莱州城，众人这才了解了事情的真相。第二天，也就是二月初二，杨御蕃带领全军亦到达莱州城，并入城协守。

可以说，杨御蕃部回城得十分及时。就在二月初三，追赶杨御蕃部的叛军前锋——500 骑兵进抵距离莱州城 30 里的平里店。前锋到达以后，叛军大部也陆续赶到。此次由孔有德、李九成亲自率领的叛军，总人数号称 10 万，其中步兵 9 万人，骑兵 1 万人。叛军主力皆为辽镇诸岛来投孔有德的前明军将士，他们中间有众多骁勇善战的"夷虏"，也就是蒙古人和女真人。据《中国明朝档案总汇》记载，孔有德拥有"数万强虏"。这些精锐叛军将莱州城团团围住，并将两个大营分别驻扎在莱州城西部的福禄山和城东的砰儿坡，共扎营十四五处。夜幕时分，在莱州城头防守的明军极目远眺，只见叛军骑兵"星驰电掣，戈旗耀日，钲鼓轰天"，又见步兵连营列阵，气势惊人。叛军所举的火把将晚间的天幕都照成了白昼。这种场景对总兵力只有 4000 余人的守城明军来说，是十分震撼和绝望的。

在叛军来到莱州城下的第二天，也就是二月初五，叛军移营至离城更近的演武场，发兵攻打莱州城的东北角。惨烈的莱州攻防战正式开始了！孔部叛军以俘虏的平民百姓为前驱，

▲《平番得胜图》中的明军骑兵形象

迫令他们搭架云梯或手执盾牌去填城外的壕沟，同时击发火炮压制明军城头火力。当时，叛军流矢若蝗，大炮轰隆声从早到晚不绝，明军一时间被压制得无法做出有力还击，叛军于是越过壕沟直抵莱州城下。在此危急关头，杨御蕃与徐从治麾下亲军李守业、秦大鹏率众沉着应战，趁着敌军进攻空隙击发火器，屡次挫败叛军前锋登城的企图。

叛军在第一天的攻城战中损失极大，这给一路骄纵的叛军造成了很大打击。二月初九，恼羞成怒的叛军又开始了新一轮的疯狂进攻。叛军故伎重施，强迫难民搭设云梯、撞车，四面围攻莱州城。明军击发大炮和火铳击退了叛军一波又一波的攻击。叛军中有一名身着蟒衣的高级将领在莱州西城外阵前督战，明军找准机会，将炮口对准蟒衣大将，一炮将其击毙。蟒衣大将的阵亡让叛军士气受到了极大打击，叛军全军号泣，将这名将领的尸首抬走，并暂时撤出了莱州西城。

从前两日的战况分析，叛军发现莱州城不比山东的其他城池，这里将士用命，官员都是坚决的主战派，城防坚固，火炮齐全，一味地猛攻只会让自己的损失更大。于是叛军从二月十日开始挖掘隧道，"几遍城壕"，并在很短的时间内修筑起了与城墙同高的数个炮台，与城内明军用大炮对射。根据记载，叛军所发射的铁制炮弹"大如升、小如拳，重七八斤不等，有重十余斤者"，而且"准如射的"的发炮技术让明军在城头的损失非常大。有的守城明军中炮后直接被炸得粉碎，城墙的堞垛也被打得倾塌。这也从侧面说明，明人在当时已经熟练掌握了弹道学并投入实用。

第二天，叛军再次加大炮击力度，并派军士在炮火的掩护下登城作战。此时总兵官杨御蕃身穿甲胄，冒着炮火再次出现在城上督战。眼见总兵官如此拼命，守城的明军齐齐呐喊，与登城的叛军展开了惨烈的白刃战。城上肢体横飞，死伤枕藉，但明军毫不退缩，不放弃一城一垛，终于在傍晚时分击退了攻城的叛军。

从二月中旬开始，除了每日例行的炮击之外，叛军把重心全部放在了挖掘地道企图炸塌城墙这一任务上来。翻开《平叛记》可以发现，整个二月份及三月份，叛军所有的攻城动作皆以挖掘地道为主，明军与叛军就此展开了持续数月之久的"地道战"。我们可以通过表格来一窥当年惨烈的地道争夺战。

▲ 描绘明人运用弹道学知识的火炮图解

| 时间 | 战况 |
|---|---|
| 二月二十三日 | 明军川兵出城反攻，用火罐、喷筒焚死地道中的叛军，夺获大炮7门与火药若干。叛军用火药炸崩城墙，颓圮二丈。城墙垮塌后，叛军冲上城楼被明军用大炮击退 |
| 二月二十六日 | 叛军拥入隧道，城内惶惶 |
| 二月二十九日 | 明军填埋城东北角隧道时，被叛军用炮打死40余人、重伤200余人，百户白仲仁战死，但叛军也不敢再进入东北角隧道 |
| 三月初一 | 叛军再掘隧道于西门北 |
| 三月初八 | 叛军再掘东北旧穴，城上炮石不及 |
| 三月十三日 | 杨御蕃遣家丁做悬楼，命死士持火药包烧西门外洞，叛军尽皆焚死 |
| 三月十八日 | 明军得报叛军洞长不可计算，深入土七八尺，其洞所至已达城根。叛军自地道出，架木为梯而上 |
| 三月二十日 | 明军用秽水浇灌叛军城西北地道，叛军不复入 |
| 三月二十四日 | 明军发炮打死进洞叛军数人 |

结果，叛军长达近两个月的炮击和挖掘并没有打下危如累卵的莱州城，伤亡却越来越大。此时双方都能感觉到，最后的激战就要来临了。三月二十五日这天晚上异常宁静，明军的城头上为了防止叛军突袭，每一个城垛上都摆放了数支蜡烛以及火炬。以往这个时候，双方依然在激烈地厮杀，但是今天却很安静，仿佛空气都凝滞了。

莱州城的明军都明白，这是大战将至的前奏，每一个人都在等待着最后一刻的来临。突然，毫无征兆地，一声声炮响响彻云霄。此时明军才发现，叛军占据了莱州城北的望海楼，并在楼上架设巨炮，"炮弹重十二斤者珠连不绝"，这是整个吴桥兵变中有记载的最重的炮弹。在此等人力所不能违的"神器"面前，城墙上的明军伤亡惨重，不少炮弹还直接打进城中，造成了十分巨大的损失，临时赶制的堞垛亦全部被打坏。

总之，明军被打得措手不及，莱州城的伤亡和损失十分巨大。二十六日凌晨，总攻开始了。叛军派遣大量兵力急攻莱州城东北角以及四门。双方杀声震天，火把和蜡烛把夜晚都照成了白昼。叛军点燃莱州城东北角隧道内的火药，只听一声巨响，城墙轰然颓圮，莱州城东北角完全暴露在叛军的攻势之下。叛军见状调遣兵力顺着倒塌的城墙一路而上，两三百人已经来到重城下，女墙上的川兵以及湖广兵凭墙与

▲ 明末红夷大炮及其口径，其内壁较为平滑，可见明代火炮铸造技术已十分优秀

　　叛军进行了激烈的城墙抢夺战。叛军前仆后继地冲向东北角城墙，尸体几乎与城墙齐高。在激烈的战斗中，城头甚至几次插上了叛军的旗帜。城内百姓见状，以为城陷，纷纷大声痛哭，哀号之声响彻莱州城内外。在此危难之际，川兵、湖广兵统帅彭有谟带着援军亲自来到火线前，士兵枪炮交加，猛火齐下，将已经登上城头的敌军烧成了一个个火球，惨叫之声不绝于耳。明军三次击退大规模登城的叛军，终于在天明时分，无法承受巨大伤亡的叛军终于撤出了莱州城墙。

　　三月二十六日激烈的炮战以后，莱州城的城垛全部毁坏，无法站人，亦无法防御。明军便用木板搭上浸湿的棉被作为临时堞垛来防御大炮的轰击。叛军同样成了强弩之末，当天以后，叛军再未攻打过莱州城，而以围城为主要军事手段。

　　到了四月初二，事情似乎发生了转机。经过了漫长的争论与部署，早该到来的2.5万名援军终于抵达了沙河镇。崇祯皇帝为了表示平叛决心，还专门派遣中使送红夷大炮6门交付抵达沙河的援军。刘宇烈等人到达沙河镇以后，初战告捷，俘获叛军将领陈文才等人，明军官兵一度气势颇盛。但是一场战役从来不是一次短短的遭遇战就能看出成败的。

　　初战告捷以后，明军援兵不思进取，反而逗留不前。以刘宇烈为首的三名统帅

"俱不知兵"，而且将三路援军合为一路，漫无纪律，又不成掎角，队伍十分杂糅。与刘宇烈同行的王道纯极力劝说刘宇烈发兵击贼，但是此时刘宇烈正在忙着与叛军媾和，双方信使往来不绝。果不其然，和之前一样，叛军与明军媾和仅仅只是为了拖延时间而已。不久，叛军急遣骑兵从小道绕到明军援军背后，将在大军身后的粮草焚毁殆尽并破坏了粮路，援军彻底陷入了无食的状态。无能的刘宇烈在这种情况下不思稳定军心，居然命令大军"撤兵就食"，原本就是乌合之众的援军瞬间一哄而散。叛军趁机大败刘宇烈全军，明军的大炮和火药全部被叛军所夺。雪上加霜的是，四月十六日，山东巡抚徐从治在视察城防时被叛军的大炮击中头部，当场死亡。消息散播开来以后，明军的士气受到了极大的打击，沉重的阴云正笼罩在莱州城内所有人的心里。

同时，叛军的猖獗也给一开始认为叛军不足为虑的明廷上下一个响亮的耳光，主和派被彻底压制。到了崇祯五年五月，明廷已经派遣了天津、保定、通州、蓟门、登州、昌平、东江、义勇总兵官八人先后赴援，但是均难有成效。派遣明军最精锐的九边边军剿贼的提议呼之欲出。

崇祯五年六月，眼见莱州之围不解，山东等地频频告急，以王万象为首的山东籍官员无法忍受自己的家乡遭受此等重创，纷纷上疏请求调遣边军入关剿贼。崇祯皇帝朱由检闻报首肯。六月初九，崇祯帝下旨命令辽东山海关及宁远等地的汉夷精锐4800余人入关赴援。辽东援军由监视中军太监高起潜监护军饷，总兵官金国奇为帅，指挥祖大弼、祖宽、吴襄、吴三桂等高级将领。七月，消息传到莱州，叛军当即同意与朝廷讲抚。为了表示诚意，孔有德甚至命令叛军当下停止对莱州城的炮击。七月初五，来自明廷的宣抚官员到达莱州城，孔有德亲自"叩迎"，并请求与莱州知府朱万年及登莱巡抚谢琏面谈撤军事宜。一切似乎都在向好的方向发展。七月初六，以朱万年和谢琏为首的莱州官员出城安抚叛军。孔有德等叛军高级将领纷纷上前悔罪，孔有德更是一把鼻涕一把泪地忏悔自己对朝廷的不忠，并决定七月初八撤回登州城。七月初七，朱万年等人再次出城与叛军讲抚，孔有德等人盛情接待了朱万年一行，双方谈笑甚欢。这一系列积极的信号让朱万年对叛军的诚意深信不疑。朱万年回城以后对谢琏和杨御蕃等人极言叛军的诚意，示意二人与自己一起出城抚贼。面对这一番说辞，谢琏深以为然，但杨御蕃却生气地说："我只知道为国尽忠，杀贼报国，不知道什么是讲抚！"始终拒绝出城讲抚。

最终，谢琏与朱万年一同出城与叛军和议。可就在谢琏与朱万年来到叛军营门时，叛军东西营地忽然发出两声炮响，隐藏在暗地里的叛军士兵一拥而上，将谢、朱二人擒住。谢琏和朱万年一下子就明白自己中了敌人的圈套，不禁顿足大骂叛军的不忠不信。自知不占理的叛军被骂得面红耳赤，用刀架在二人的脖颈之上进行威胁。朱万年假装顺从，说道："你们抓住我也没有什么用，城中的人是不会轻易投降的，何不以精骑跟随我，到城下与守城者讲和。"叛军于是派遣精锐骑兵 500 人簇拥朱万年来到城下威胁守军。朱万年来到城下以后，突然放声大呼："我已经中计被抓住了，现在我报了必死的决心，叛贼的精锐全都在这里，你们快点向我发炮，不要顾及我！"此时坚持不出城议和的杨御蕃站立在城头，看着和自己同生共死的同袍正在城下，不忍心发炮击贼。朱万年见状再次顿足大呼，并大骂叛军，气急败坏的叛军意识到自己聪明反被聪明误，被朱万年摆了一道，遂将朱万年杀害。守城士兵见朱万年被害，便没有了丝毫顾虑，纷纷发炮击打叛军，城下最精锐的 500 叛军骑兵被大炮打死过半，余者狼狈逃窜回了营地。气极的叛军当即斩杀了尚在营地讲和的莱州官员，并在后来将谢琏押解到了登州大营。

▼ 明军马上施放三眼铳绘图

莱州连失两名核心人员，一时间人心惶惶，叛军也加大了对莱州城的攻击力度。所幸，此时明廷的辽东援军也集结到位。此前七月十日，山东巡抚朱大典和新上任的山东巡按谢三宾奉旨率领辽东军向登莱方向开进。八月十三日，朱大典等人到达山东昌邑，合马步兵2.1万人，分三路进剿。八月十九日，明军辽东援军在沙河镇与叛军主力遭遇。孔有德亲率3000骑兵来战，此时明军前锋祖宽仅有骑兵500人，祖宽认为寡不敌众，应该暂时撤退。同行的靳国臣则认为，身为前锋，如果自己身先退却，那么很可能对后方的辽东援军主力造成极为不利的心理影响。于是靳国臣拔刀大呼，驱赶后退的辽军前锋冲击叛军。辽东军见状，纷纷奋勇直前，大声呐喊，直冲叛军大营。此时辽东军箭如雨下，占据优势兵力的叛军居然无法抵挡，叛军各营纷纷溃退，一路退至莱州城下。叛军不敢与辽东军交锋，连夜向登州方向逃窜。由于辽东援军勇武剽悍，叛军自知不敌，于是在逃窜时，大批士兵趁机脱离队伍逃逸，以至于叛军撤回登州时人数不及总人数的十分之三。此战明军夺获的叛军辎重、火器、装备堆积如山，并在所夺获的兵籍簿上获悉叛军人数一共9万余人，此等人数规模着实让人心惊不已。总之，明军在沙河之战中成功击败了骄纵且不可一世的叛军，并瓦解了其绝大部分兵力。最终，叛军从莱州撤围，狼狈逃回登州，莱州之战就此结束。当辽东援军终于来到莱州城下时，莱州百姓望见城下纪律严明、甲仗齐全的朝廷军队，纷纷走上街头，欢呼雀跃，相拥而泣。莱州之战重挫了敌军锐气，消灭了叛军的大部分有生力量，并俘获了叛军大量的装备。因此，此战也被誉为吴桥兵变的转折点。

## 反击，最后的疯狂

　　长达7个月、数度令人绝望的莱州守城战终于以明廷的胜利而告终。消息传到京师，全城百姓的欢呼声震动天地。崇祯皇帝亦大喜过望，当即派发帑金两万两充作解除莱州之围的犒赏，辽东援军亦乘胜追击，接连收复了被叛军攻陷的城池。而就在明廷上下欢欣鼓舞之际，叛军的大本营登州城却是一片愁云惨淡。损失了大量兵力和辎重的叛军当下便杀死了被囚禁在此的谢琏解气，一代名臣就此陨落。八月二十八日，辽东军主力到达登州附近的新城镇，一切似乎又回到了原点。三十日，明军主力到达白马塘。叛军眼见明军步步跟进，决定倾巢出动，号称10万大军，设伏于茂林两旁。此时明军前锋奇兵祖大弼等人经过叛军伏击地而不觉，叛军收拢包围圈，将祖大弼、靳国臣和吴襄等高级将领团团包围。叛军已经将命运压在这最后一战上，所以攻势异常凌厉。祖大弼等几位高级将领的被围，使明军军心出现不稳，在此千钧一发之际，明军监军高起潜急命前锋部队往回突围，并同时命令后军向前压上。就这样，明军前军和后军反而对埋伏的叛军形成了反包围，同时高起潜调遣另一路骑兵袭扰叛军左右。在绝对的兵力和兵威优势下，明军连续冲破叛军6个大阵，叛军全线崩溃。此役，明军共斩得首级1.3万多颗，俘虏800余人，另有无数叛军投海而死。此战彻底摧毁了叛军的有生力量。叛军残部突围以后，踉跄向登州回奔。明军则乘胜追击，大军追击叛军直抵登州西门之外。

九月初一，明军完成了对登州城的合围。登州城三面临海，作为叛军的大本营，粮草十分充足，且城中红夷大炮屡屡挫败明军的进攻，十分不易攻打。所以明军一面修筑墙围防止叛军自陆路逃窜，一面在城外堆垒比城墙还高的炮台，日夜炮击城中。明军的炮弹穿墙透屋，叛军死伤极大。

十一月初三，叛军首领李九成亲率主力偷袭明军大营，但叛军的偷袭计划被明军掌握，明军将计就计合围了袭营的李九成部，最终阵斩了李九成。李九成堪称叛军的头脑，他的死终于让叛军失去了反扑的勇气，终日在城中大哭以度日。原先投降叛军的明军将领也暗地里准备倒戈，诛杀孔有德，但最终事情泄露，14名将领被杀。孔有德虽然逃脱暗杀，但他"自此日疑其党无固志矣"。

在明军凌厉且持久的攻势之下，叛军不但没有投降明廷，反而做困兽之斗，顽强地抵抗着明军一次又一次的进攻。时间转眼到了崇祯六年，登州城内物资已经所剩无几，城中的叛军开始杀人为粮，以尸油作为蜡烛与明军死战，但"终无降心"。

二月十三日，明军开始攻击叛军所盘踞的岛屿。孔有德眼见大势已去，乘

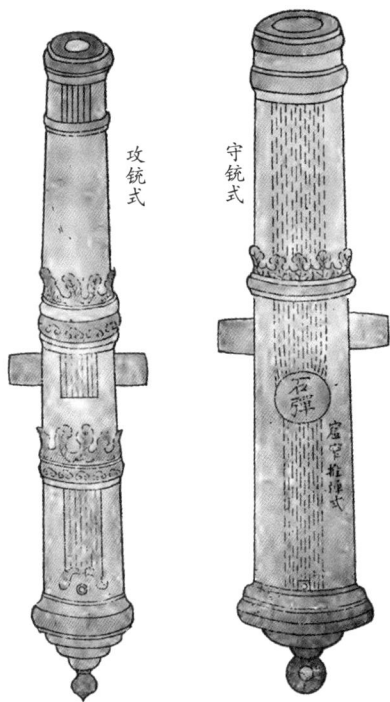

攻铳式　守铳式

▲《西法神机》中记载的"攻铳"及"守铳"

船北通。此后经过数月的准备，明军舟师部队共计5000人亦已调集完毕，叛军明白明军是想封锁登州大城背面靠海的登州水城，彻底隔绝叛军逃跑的陆路与海路。此时明军舟师气势汹汹，而叛军眼见最后的逃生通道要被明军切断，主要将领孔有德也已乘船遁去，于是叛军首领耿仲明、毛承禄等人在崇祯六年二月十六日放弃登州城，乘着夜色以单船悄然向北方逃窜。剩下的登州大城叛军眼见无法继续守城，便搭设天桥，从城上由天桥撤往登州水城，然后焚毁天桥以固守水城。明军随即从登州南门进城，收复了登州大城。明军虽然以极小的代价收复了登州大城，但是真正的激战还在后面。

叛军在靠海的登州水城收缩兵力，继续凭借地势和火器对明军做着激烈的抵抗，一时间炮矢如雨。就在双方胶着之际，二月十七日，抚院中军刘良佐突生奇策，他命令正面攻城的明军不断击发大炮轰击城内。猛烈的炮击使城内叛军无法露头，于是监护太监高起潜亲率另一小波明军乘着夜色来到登州水城的西南角永福寺内，连夜用铁锹挖掘洞穴。黎明前，明军已挖掘到城墙根，洞穴深丈余、宽两丈。随即高起潜命士兵在洞穴内放置两箱火药，共1500余斤，并布置数门灭虏炮、一门大将军炮，更用火药将炮口塞满，用火药做引线导出洞穴并点火引燃。最后只听得一声巨响，登州水城西南角被炸开一面宽五丈的陡坡。眼见时机成熟，刘良佐急命辽东夷、汉兵丁以及川军、山东军一拥而上，以期夺取城墙。城头叛军见明军蜂拥而上，急忙投掷火罐等燃烧物，明军死伤惨重，奋力攻打一昼夜却未能克城。

时间在慢慢流逝，如果等叛军修复好西南面的缺口，那么战事将重新进入胶着状态，这对明军十分不利。到了二月十八日黎明，叛军已经击退了明军数十次登城进攻。兵法云："一鼓作气，再而衰，三而竭。"眼见明军士气持续低落，此时抚军朱大典、监军杨作楫、中军刘良佐三人亲临阵前督军，刘良佐手臂中箭不退，杨作楫更是亲率军士登城作战。明军大受鼓舞，军官纷纷亲自带队，四面围攻登州水城，一时间杀声震天，炮石如雨。

辰时（早上7—9点），在激烈的厮杀中，山东援剿总兵邓玘率领亲兵率先登城，身中三箭，所幸"甲坚未透"。因为邓玘骁勇绝伦，牢牢占据了城墙，终于在中午时分，叛军溃败，从城墙撤退。明军总算控制住了登州水城的城墙。

成功夺下城墙后，登州大城的明军却发生了混乱。连月的战争使明军精神高度紧张，再加上天寒，这让川军一些兵丁开始在城中抢夺百姓衣物，更有甚者掳掠妇女悄悄出城。如果不加以控制，胜利的明军很可能就会演变成毫无纪律的乱兵。在此情况下，抚军朱大典仗剑站立在城头，手刃趁乱抢掠的两名兵卒以明军法，明军才逐渐恢复了纪律。

　　叛军从城头撤下以后，继续在城中和明军巷战。监护高起潜命令明军弓箭手舍弃弓矢，挟长枪与叛军接战（明军中弓箭手亦是长枪手）。在狭窄的巷弄中，叛军根本无法抵挡不断推进的密集长枪阵，最后不得不收缩兵力，退守蓬莱阁。

　　蓬莱阁是登州水城中地势最高的建筑，叛军居高临下地向明军发射大炮，并分批前往登州水城的水门，企图乘船逃走。此时明军也赶到水门，焚烧了叛军船只数十艘，将叛军逼回蓬莱阁中。

　　最后，城中只有蓬莱阁的叛军尚在负隅顽抗，明军抓住叛军的心理，趁机招降叛军。蓬莱阁中的叛军最终投降明军。此战叛军被俘者千余人，投海死者四五千人，自此明军完全收复山东全境。

《中国明朝档案总汇》中整理的明军将领斩获列表（部分）

| 将领 | 战果 |
| --- | --- |
| 总兵官陈洪范 | 斩获伪游击头目首级 19 颗、伪守备千把总首级 19 颗；俘虏伪副将 1 人；收缴西洋炮、灭虏炮 7 门、佛郎机、三眼铳、鸟铳、长枪 40 支、盔 13 顶、甲 18 副、刀 22 把、弓 11 张、坐纛并小旗 8 支、铁子 50 斤、马鞍 1 个、船 2 艘；招降水手 17 人、辽人难民 182 人 |
| 山东援剿总兵官邓玘 | 收缴红夷、西洋大小炮 59 门、枪铳 76 支、登莱监军道关防印 1 枚、盖州卫千户印 1 枚、登州卫百户印 2 枚；招降辽人 165 人、难民妇女 13 人 |
| 鼓练加衔总兵官刘泽清 | 招降辽人难民 150 人 |
| 登州监军道佥事宋之儁 | 收缴登州宁海卫印 2 枚、红夷并大小炮 176 门、藤牌 81 个；招降难民妇女 114 人 |
| 密镇副总兵牟文绶 | 擒伪将大头目郭希成、杨希贤、李国良；俘获有德岳父陈奇胜、游击牟朝阳、金州卫指挥蒋贤以及诰命 1 人；收缴大小铳炮 14 门、盔 3 顶、甲 6 副、弓 13 张、刀 6 把、枪 2 支、百户印 1 枚；招降难民 34 人 |
| 前驱营副总兵王武纬 | 斩伪参谋副将 1 人、伪前锋副将 1 人、伪守东北角副将 1 人、伪游击 2 人、伪中军游击 1 人、伪千总 1 人；俘获伪总督水城大旗巡查副将 1 人、壮男 163 人、女子 14 人；收缴大旗 1 支、长枪 70 支、腰刀 25 把、盔 11 顶、弓 41 张、沙船 3 艘、唬船 2 艘、红夷等大小铳炮 185 门 |
| 辽东右营游击柏永馥 | 收缴大小炮 7 个、枪铳 123 支、铁锚 1 个、大小铁子 59 个 |
| 总统南兵三营都司朱子凤 | 收缴大炮百子炮 50 门、杂铁 10000 斤、枪头 1000 个 |
| 德州营游击徐元亨 | 收缴藤牌 23 个、藤盔 6 顶、长枪 6 杆、刀 7 把 |
| 攘奋营中军查世营 | 收缴大小炮 68 门；招降难民男女 5 人 |
| 义勇二营督阵百户王永宁 | 收缴贼将关防印 1 枚 |
| 居重营游击李锦镖 | 收缴大小炮 8 门、拒马枪 17 支、铁子 19 个；招降难民 27 人 |

## 登莱之战炮战规模考证

登莱之战作为典型的火器攻城战，在明清军事史中具有极高的研究价值。在明廷与孔有德等叛军长达一年多的战争中，其炮战规模和强度，是终明一代所未见的。吴桥兵变之前，登莱巡抚孙元化接到朝廷命令，遣孔有德赴大凌河应援，应援总数仅4472名的官兵，但携带的大小铳炮却达到了1034门。随行队伍中专门用来运炮的牛有154头，按照史料记载的四头牛拉拽一门二三千斤重的红夷炮，可以推算孔有德随行携带的红夷大炮估计有30门之多。根据黄一农先生的考证，孔有德叛变时手中当持有红夷炮24门，与估算值相差不大。在以雷霆之势克取登州城以后，孔有德又尽获登州城中孙元化苦心经营的所有火器。据记载，当时登州城内尚有红夷大炮20余门、西洋大炮300余门。再加上崇祯五年三月的沙河之战，叛军从刘宇烈处缴获的红夷炮6门，可知当时孔有德所持有的红夷大炮的数量保守估计达到了60门左右。

在最后的收复登州之战中，明军与叛军依然进行了激烈的炮战。由于吴桥兵变以后，明廷对登莱的建设陷入停滞状态，已基本没有铸造大炮的记载，再加上孔有德降金后带走许多火炮，所以在登莱之战时，登州城的炮数不会比下面表格中顺治初年的炮数少。而明军在最后的收复登州之战中，一度和叛军展开不相上下的炮战，其火炮数量和质量应不在叛军之下。所以总的来说，这种炮战规模和烈度，在明清历史上都是十分罕见的。

**顺治初年登州城各门大炮明细**

| | |
|---|---|
| 东门 | 红夷炮4门、青州炮4门、铜发熕2门、佛郎机6门、威远炮50门、百子炮4门、虎威炮4门、竹节炮9门、鱼鼓炮2门、马蹄炮1门、信炮5门、铁子50000个 |
| 南门 | 红夷炮3门、大将军炮1门、铜发熕2门、九道箍炮1门、百子炮13门、威远炮60门、门炮2门、虎尾炮14门、佛郎机炮2门、鱼鼓炮6门、信炮3门、竹筒炮3门、铁子370斤 |
| 西门 | 红夷炮1门、大轰1门、青州炮1门、连环炮1门、铜威远炮2门、铁威远炮39门、竹筒炮1门、百子炮10门、虎尾炮8门、佛郎机炮6门、铜发熕3门、鱼鼓炮1门 |
| 北门 | 红夷炮3门、西洋炮1门、九道箍炮1门、威远炮20门、铜发熕1门、百子炮19门、虎尾炮3门、佛郎机炮5门、鱼鼓炮6门、竹筒炮1门、大小铁子26880个 |
| 总计 | 335门 |

▲ 易守难攻的蓬莱阁

▲ 明代红夷大炮

## 叛军的溃败与降金

叛军花名册中的9万兵卒，随着孔有德的战败烟消云散。而孔有德剩余的追随者则搭乘180余艘船[1]，艰难、狼狈地向北逃窜。叛军此时尚有孔有德亲兵700余名，耿仲明亲兵300—400名，又有精通火器的川兵400余名，善放红夷炮的红夷4名，另有数千叛军家属、掳掠上船的人口和无数的行李财宝。孔有德此时仍打着"占山为王"的算盘，他趁明军水师因缺乏船只而不得不修理兵船、调集商船之际，于崇祯六年二月二十二日，突率舟师包围旅顺，并以从山东掠夺来的"金帛子女"诱惑旅顺明军，邀其共同反抗明廷。此时旅顺城中兵力不多，且无粮无饷，旅顺城中的米价更是飙升到了一碗米二分银子的价钱，情况可谓十分艰难。但是旅顺的明军却丝毫不为金钱所惑。总镇黄龙命令火器营与招练营派遣夷丁百人轮流出哨，并且让城中和水师中的辽人、蒙古夷丁俱唱夷歌。这一招"空城计"明显起到了效果，孔有德以为旅顺城中有数量众多的骁勇夷丁，未敢轻易攻城，黄龙便趁机在旅顺岸边架设大炮用来抵御叛军随时可能发起的进攻。三月初五，明军舟师援军及时赶到，与叛军伪将曾禄战于宗岛，明军击沉叛军战船3艘，生擒叛军将领方胜等17人。

---

[1] 原有登州大船80余只，但因搁浅被明军拦截60只，因而逃遁的叛军船只为大船20只、小船160只。

此战后，由于海上逆风，明军未能乘胜追击，叛军则逃窜至双岛海域以图再举。此时双岛明军早有准备，以后营都司尚可喜为首的明军将领在双岛岸边架设缴获自叛军战船上的 10 余门天字一号大将军炮和灭虏炮等猛烈炮击海上的孔有德舰队，一时间火光冲天，孔有德等人不得不再次遁逃海上。十六日风起，明军舟师抵达叛军老巢龙王堂，明军投掷火球等燃烧火器，叛军措手不及，匆忙率众向东败走。明军乘胜追击，使"贼尸盈海"，并俘获叛军核心人物伪都督毛承禄及家属、伪副将、伪参将等，以及其搭乘船只在内的 8 艘大船，旅顺之围遂解。

明军一路追击，于三月二十三日追叛军至三山岛，擒获叛军参将高成功等20人。二十四日，又大败叛军于鹿岛。后营都司尚可喜率兵奋勇向前，用火箭击中两艘叛军的精锐西洋炮船，西洋炮船当即燃起大火。明军官兵精神愈奋，叛军惊慌失措，匆忙救火，最终沉没一艘，重伤另一艘，叛军水手尽皆烧死。此战战果颇丰，击沉叛军船只 10 艘，俘获 3 艘，除擒获在登州之围中给叛军打开城门的"叛人首恶"内应陈光福之外，另擒获叛军旗鼓、都司、守备、指挥等高级将领。二十九日，明军再次大败叛军于黄骨岛，擒获伪副将苏有功等高级将领十数人，并击沉叛军船只 11 艘。四月初五，明军复败孔有德于鸭绿江卓山，生擒叛军都司高显阳等36人。终于在最后一战，也就是四月十一日的战事中，明朝与朝鲜联军围剿叛军于千家庄，"伤贼无算，贼营大㤼"。值得一提的是，后来的清初三藩之一，当时还是明朝旅顺后营都司的尚可喜，在海上追击孔有德的历次战斗中皆奋力发炮轰击四处逃窜的孔有德叛军，甚至一炮打沉了载着孔有德家眷的船只。他还身先士卒勇敢拼杀，最后因小腿被孔有德叛军射穿，才退出战场。

此战终于摧毁了孔有德的所有野心，让孔有德终于明白自己根本无法在辽东诸岛中站稳脚跟。于是他致书明军舟师统帅周文郁请降，声称愿意"修筑南关，恢复

▲ 旅顺外海图

金州"来赎罪。但是数次诈降的孔有德的此番说辞，再也不能欺骗任何人。在周文郁部持续不断的炮击下，叛军最终开始往后金方向移动。

崇祯六年四月十一日，自封"总提兵大元帅"的孔有德正式致书投降皇太极。孔有德在信中丝毫不提及自己战败和被追赶的狼狈，而如一名凯旋的战士，傲然道："本帅现有甲兵数万，轻舟百余，大炮火器俱全。"皇太极得信大喜过望。四月十五日，在后金军的重兵拥护之下，孔有德和耿仲明残部在鸭绿江出海口投降后金。叛军全盛时期有9万余人，投降后金时仅有精壮官兵3643名，但皇太极依然对其极其重视。他力排众议，以女真部落最高礼仪，率诸贝勒出沈阳城10里，以报见礼相待。皇太极是一代雄主，他并非不知道孔有德书信中的大话，也并不在意孔有德余部是否为残兵。他真正在意的是孔有德投降带去的十数门红夷大炮和熟悉西洋炮法的炮手以及铸炮师。

孔有德等人归降后金以后，不但培养了大量炮手，铸造了数量十分可观的铳炮，还一直充当着满人在明清战争中的先锋力量。崇祯六年六月，后金军以孔有德的火炮手为前锋，攻陷旅顺。崇祯九年，皇太极称帝，改国号为大清，封孔有德为恭顺王、耿仲明为怀顺王，地位上与满洲"八和硕贝勒"相当。第二年，清军以孔部炮手为中坚力量征服了朝鲜。顺治元年，孔有德等人随睿亲王多尔衮入关，最终定鼎中原。

反观明帝国，吴桥兵变以后，山东全境"残破几三百里，杀人盈十余万"，登、莱两重镇"村落为墟"，"城市荡然无复曩时之盛"，并损失了一大批优秀的将领和军士，熊廷弼所规划的复辽三方布置亦彻底瓦解。山东残破以后，愈演愈烈的农民军起义，导致整个明朝北方的军事力量和社会结构崩溃。最终的结果就是清军入关后，明军在整个北方已经彻底没有可以抵抗清军的军事力量。可以说，吴桥兵变后，大明帝国亡国的命运，已然在当时人们的意料之中了。

▲ 清代八旗甲胄

# 参考文献

**原始文献：**

[1]（清）张廷玉等，《明史》

[2]（明）叶向高、顾秉谦等，《明神宗实录》

[3]（明）不著撰人，《崇祯实录》

[4]（清）毛霦，《平叛记》（清康熙五十五年毛贡刻本），北京师范大学图书馆藏

[5]（清）周骏富，《贰臣传》（国史馆缮本）

[6]（清）张本、葛元昶，《道光重修蓬莱县志》，王文涛（修）

[7]（清）郑锡鸿等，《光绪蓬莱县续志》

[8]（清）杨奇烈，《顺治登州府志》

[9]（清）方汝翼、贾瑚，《光绪增修登州府志》

[10]（清）杨陆荣，《三藩纪事本末》

[11] 中国第一历史档案馆，《天聪五年八旗值月档》


**现代文献：**

[1] 中国第一历史档案馆, 辽宁省档案馆, 编. 中国明朝档案总汇 [M]. 桂林：广西师范大学出版社, 2001.

[2] 滕绍箴. 三藩史略 [M]. 北京：中国社会出版社, 2008.

[3] 黄一农. 吴桥兵变：明清鼎革的一条重要导火线 [D]. 新竹：台湾清华大学历史研究所, 2012.

[4] 赵红. 明代登莱巡抚考论 [D]. 济南：山东大学历史文化学院, 2006.

# 吞金巨兽的竞赛

## 希腊化时代的巨型桨帆战舰兴衰史

作者 / 杨英杰

从公元前323年亚历山大死于巴比伦，到公元前31年屋大维在亚克兴角击败安东尼，近300年的时间里，地中海世界战火频仍。在那个被西方史学界称之为"希腊化时代"的时期里，密集的马其顿长矛方阵、披坚执锐的具装骑兵和紧握短剑的罗马军团，往往为军事历史爱好者津津乐道。然而除了这些称霸陆地的强军劲旅外，在地中海的波涛中，还活跃着一批凶猛的"巨兽"——巨型桨帆战舰。它们在短暂但绚丽的一生中，作为这一时期衡量海上霸权的首要标准，同样留下了精彩纷呈的历史与传说。

有趣的是，这些巨型桨帆战舰大多诞生在寡头政治或君主制国家中，因而它们不仅具有军事意义，也成为统治者追求国家和个人声望的重要手段。在这种情况下，巨型桨帆战舰在地中海各国的建造，最终演变成了一场古典时代的造舰竞赛，大量的人力和财力被投入到海军建设这一无底洞来。许多巨型战舰的服役经历和技术细节甚至流传至今，我们也得益于这些历史记载和考古成果，从而揭开了这些古代海上巨兽的神秘面纱。

## 三列桨舰

在开始书写属于这些海上巨兽的篇章之前，我们有必要先回顾过去。在进入希腊化时代之前，海上力量的符号是经典的三列桨座战舰（Trieres，以下简称"三列桨舰"）。这种坚固、迅速而又威力强大的中型战舰，几乎是所有海军的首选。从赫拉克勒斯石柱，到尼罗河三角洲的内河支流，三列桨舰几乎在每个地方都留下了自己的印迹。

三列桨舰是一种有着古老历史的战舰，据说擅长航海的腓尼基人早在公元前8世纪就发明了这种战舰的原型，但也有人说是希腊城邦科林斯于公元前7世纪发明了这种战舰。在三列桨舰出现之前，地中海各国的主力战舰仍是三十桨船（Triakontor）和五十桨船（Pentekontor）。这些简陋的战舰，在风浪面前较为脆弱，自持力也不足，这些缺点使得这些战舰缺乏远程航海能力。而且这些战舰从结构上说也不够坚固，在战斗中十分脆弱易损。一系列制约因素，使得这些战舰更适合扮演运输船的角色。而对这些船型的改进，也仅限于不断增加其舰长、舰宽和搭载人数。

在这些老式划桨船不断大型化的过程中，战舰在桨手的布置上逐渐有了革新。有人发现，只要在战舰上设置多层高度的桨座，就可以利用有限的空间搭载更多的

▲ 早在《荷马史诗》描述的那个时代，战士们就开始驾驶二十桨船，尝试进行跨海作战

桨手，换言之，这一改变为船只带来了更多的动力、更好的机动性和更强大的搭载能力。最早的三列桨舰就这样诞生了。早期的"三列桨"与我们熟悉的后来者存在很大的区别，更接近旧式的五十桨船：桨手直接坐在固定于船底的座椅上，没有真正意义上的桨手甲板，没有相对复杂的内部结构，它只是改良的划桨船。

但之后，三列桨舰不断被改进。到希波战争前夕，三列桨舰已经遍及地中海了。新型的三列桨舰变化很大，以至于我们很难把它与它的原型联系起来。在不同高度、倾斜布置的三层桨座上，总计 170 人左右的桨手每人划动一支单人桨，这些桨手的座椅固定在位于船底上方的真正意义的甲板上。如果以现代的船舶术语套用，我们或许该称三列桨舰是双层底结构。三列桨舰的尺寸也在不断扩大，水线长度从旧式的约 75 英尺，上升到了新式的 115 英尺左右。这两个变化，使得新式三列桨舰拥有多达 170 名桨手、170 支船桨。新式三列桨舰更充沛的动力和大了近一倍的吨位，意味着工匠们可以精心加固战舰的结构，舰船龙骨和桨手甲板之间也有了更多的支撑结构，并显著增加了战舰抵抗风浪和撞击的能力。更加重要的是，由于战舰机动

▲ 在迈锡尼时期广泛使用的三十桨船，它在三列桨舰出现后只能沦为侦察舰和通报舰

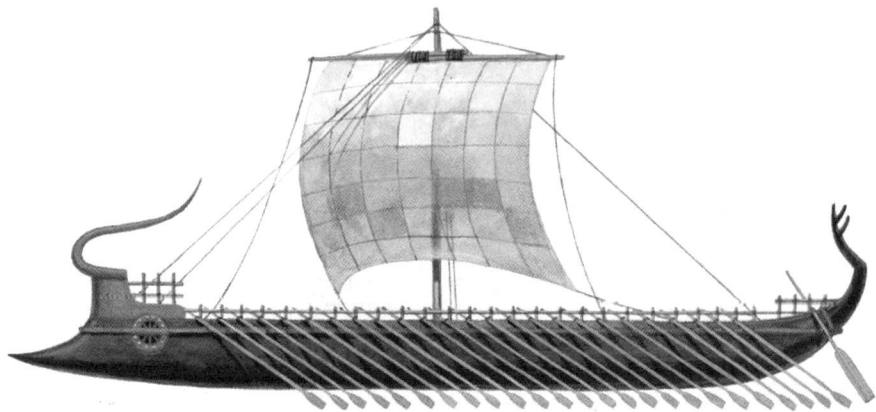

▲ 比三十桨船稍大的五十桨船，是三列桨舰出现之前的主要作战舰艇。撞角、多层桨手座椅等设计，首先在五十桨船上出现，并最终过渡成了更大型的三列桨舰。在三列桨舰时代，它也沦为了辅助舰艇

性的显著改良，撞角的作战效率明显提高了，这完全改变了地中海世界的海战面貌。

在新式三列桨舰上，专职的陆战士兵依旧只有约 20 人，但几乎加倍的桨手数量和更大的长宽比，使得三列桨舰的机动性大有进步。现代学者根据记载和考古成果复原的三列桨舰，在由志愿者操作时，达到了 9.7 节的极限航速，比早期的五十桨船快了近 2 节，并能够通过桨手换班工作等手段，维持 7.5 节航速长达 6 个小时

以上。在古代那些专职的熟练桨手和出色舰长的领导下，三列桨舰能够更灵活地进行各种机动，足以使撞击战术取代接舷跳帮，成为最高效的海战形式。

　　一次理想的撞击，应在目标的水线或水线以下发生。对三列桨舰及其他更轻型的舰体来说，一层薄薄的、往往不到 2.5 英寸厚的橡木船壳，在全速冲击的撞角面前，是一个再脆弱不过的目标。但发起一次完美的撞击却有着很高的要求，在风浪中高速航行的战舰，不可避免地有着横向和纵向的周期摇动，撞击角度的细微变化，就有可能导致撞击效果不佳。有时撞击深度过浅，会导致目标舰船逃过进水沉没的命运；有时撞击过深则不幸卡死在目标上，使得自己也成为一个动弹不得的靶子。这就代表舰长和桨手必须合作无间，才能够让高速行驶的战舰在最恰当的时机发起撞击。

　　因此，三列桨舰（包括所有以撞角为主要武器的桨帆战舰）对其操纵者有着极高的素质要求。尽管成为三列桨舰的桨手不需要像一个重装步兵一样，有着一整套

▼ 桨帆战舰对锚地的要求较为宽松，一片能够避风的沙滩就足以停泊舰队。但这也使得停泊状态下的舰队在遭受突袭时极为脆弱。在皮洛斯附近的战斗中，斯巴达舰队就是在自己的泊地被雅典人突袭而损失惨重的

昂贵的武器和护具，但把许多宝贵的时间用于脱产的训练仍是必不可少的。因此，获得一个熟练的桨手或许比招募一个战士更难。加之地中海的优秀水手群体有限，希腊人、腓尼基人和埃及人作为当时最好的水手来源，便成了追逐制海权首要控制的对象。

而在远离希腊本土的西西里，锡拉库萨人展现了他们截然不同的战术风格。在伯罗奔尼撒战争期间，锡拉库萨舰队和如日中天的雅典海军发生了正面较量。在锡拉库萨港区附近的狭窄水域中，雅典人在头几次交战里占据了上风。意识到很难与雅典桨手们比拼灵活的机动和撞击，锡拉库萨人对他们的战舰做了改进。他们对舰艇结构和撞角进行了额外的补强，这使锡拉库萨人不需要费心攻击对方脆弱的侧舷，而可以设法从野蛮的正面交锋中，直接从舰首方向破坏敌舰。这种战法在随后的几次海战中取得了良好的效果，并使雅典舰队最终全军覆没。

从整支舰队的战术指挥和战役组织层面来看，运作一支舰队还要比指挥好一艘三列桨舰复杂得多。三列桨舰需要经常寻找泊地，然后拖上沙滩晒干以免木材腐烂，而在战舰底部涂上沥青或焦油则可以稍稍缓解这一进程。平时航行时，桨帆战舰使用风帆，但投入战斗前水手需要拆去风帆，完全依靠划桨机动。于是，在航渡过程中，舰队指挥官总是焦头烂额地考虑每天的避风港，并和地面上的将军一样头疼于征发补给的实施。进入战斗之后，低效的灯光信号和旗语，几乎是指挥官唯一的通信手段，因此战斗计划的制定往往在战前完成，进入战斗后指挥官很难随机应变。如何切实掌握旗下舰队，成了困扰所有指挥官的问题。根据作战目的和客观条件，多重横队、纵队和防御用途的空心圆阵都是海战中常见的阵型，在起伏的波浪中维持这些阵型是困难的，却又是舰队必须完成的任务。在海战中，不止一次地出现缺乏经验的一方在风浪中无法维持密集阵型，然后在友舰互相碰撞引发的混乱中，被敌军轻松击败的情形。

除了海战本身，三列桨舰也担负着许多其他方面的任务。所以为了能够应付各种各样的战术需要，当时的设计师们对三列桨舰做出了许多富有创造力的改进。在希波战争和伯罗奔尼撒战争时期活跃的普通三列桨舰，譬如雅典人喜爱的"快速三列桨舰"[①]的基础上，很多亚型应运而生。

在那个时代，无论是波斯人还是希腊人，都时常面临进行海外军事行动的需求，

---

① 型搭载较少陆战士兵，追求机动性的二列桨舰。

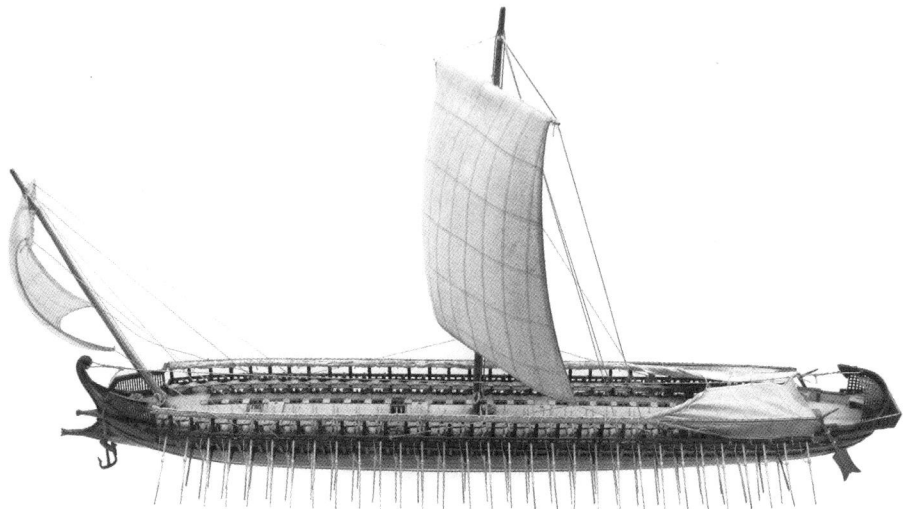

▲ 一艘没有铺设露天甲板的三列桨舰模型

▲ 技术发展对海军战略的影响是巨大的，只有在舰队能够搭载足够的兵员和补给时，利用海军优势打击敌人腹地才能成为现实。斯法克特里亚之战中，雅典人就是利用海上优势，在斯巴达的领土上获得了大胜

这使得他们迫切需要一种兼具海战能力和运输能力的快速战舰。在西蒙领导的雅典海上帝国扩张时期，为了更好地执行海外作战任务，雅典人在快速三列桨舰的基础上铺设更大面积的甲板，用以搭载更多的陆军士兵。这在牺牲一些速度的同时，使

战舰拥有了更出色的接舷战能力，并可以客串快速运兵舰的角色。也有人在相同的思路上走得更远，他们甚至撤去三列桨舰的最上排桨座，只保留下两层的 108 名桨手，于是甲板和上层桨座能够搭载的陆军士兵将超过 100 人。

在波斯远征希腊，或是雅典远征西西里的过程中，海外作战部队对骑兵的需求十分明显，而运输敏感的马匹要比普通士兵更加费力。为了解决这个问题，工匠们将三列桨舰改造成无武装的运输船。与运输人员的型号刚好相反，马匹运输舰去除了下两层桨手的位置和 108 名桨手，最上一层桨手仍旧提供动力。这两排桨手的空间被封闭起来，并纵向隔断成两个隔舱，总共可以安置 30 匹战马。在伯罗奔尼撒战争时期，雅典人便使用了这种快速马匹运输舰。在更早的希波战争中，波斯帝国为了在希腊本土发挥骑兵优势，据说投入了多达 300 艘的马匹运输舰。即使去除史料中的水分，波斯人为了运输骑兵消耗的物力仍是惊人的。

通过这些富有创造力的改进，三列桨舰及其变型舰几乎能够胜任全部的军事需求，成了古典时代最成功的桨帆战舰之一。但这样的垄断局面并没有能够永远持续下去。

## 巨舰的技术革命

早在三列桨舰力不从心，最终被完全取代的一个世纪以前，地中海上就已经开始出现大型化的战舰设计了。这些设计的逐渐成熟，最终促成了巨型桨帆战舰的流行，以及各大海上势力之间的造舰竞赛。在所有这些大型化战舰中，最早出现并引领了这次"巨舰潮流"的，是来自锡拉库萨的五列桨座战舰（Pentereis 或 Quinquereme）。

就在希腊与波斯帝国打得如火如荼之际，其在西地中海的殖民成果——意大利南部和西西里岛上的各殖民城市，不断遭到了外来的军事威胁。大约在公元前 500 年，西地中海的商业霸主迦太基人，在西西里岛最西端建立了自己的殖民据点，并随之在此与不同的敌人进行了长达 3 个世纪的反复拉锯战。公元前 480 年，刚好就在希腊各邦的联合舰队大破波斯海军的同一天，西西里的希腊联军也在西西里岛北部的希梅拉（Himera）赢得了一场足以匹敌萨拉米斯之战的大胜。西西里岛的希腊各城邦击败了迦太基人，取得了决定性的胜利，使后者在接下来 70 年中都无力恢复在西西里岛上的扩张势头。

不过在公元前5世纪末期，伯罗奔尼撒战争和西西里岛上希腊城市的内战，使得迦太基人从过去的失败中恢复过来。在公元前5世纪的最后10年里，迦太基人在西西里岛上再度找到了机会。高歌猛进之下，他们夷平了希梅拉城以一雪前耻，并摧毁或洗劫了塞勒努斯（Selinus）、阿克拉加斯（Akragas）、杰拉（Gela）、卡马利纳（Camarina）等多个希腊城市。希腊人在西西里岛上岌岌可危的态势，直到锡拉库萨的一代枭雄狄奥尼索斯一世掌握权力，才算是画上了句号。

在西西里岛上的希腊城市中，最为强大的是科林斯和忒尼亚殖民者建立的锡拉库萨。在历次对抗迦太基的军事行动中，希腊联军往往由锡拉库萨人牵头组织，除了西西里岛上的各城邦公民军队外，他们还征召了大量的雇佣军对抗外敌。在这些佣兵的队长中，狄奥尼索斯一世无疑是最具野心的。在公元前405年抵抗迦太基人的关键时刻，他设法把兵权掌控在手，并在民主政体的锡拉库萨发动政变。在经历了一系列的血腥斗争后，他成功掌握了权力，开始了他在锡拉库萨的寡头统治。

狄奥尼索斯一世即位后，立即开始运用他丰富的军事经验，对锡拉库萨的军政改弦易张。许多希腊世界最新的战术和技术发展，都被他运用到了自己的陆海军中。其中涉及海军的最重要决策，无疑是五列桨舰的投产。

新型的五列桨舰相比三列桨舰最大的区别，本质上仍是其"动力单元"，即船桨安置形式的不同。根据一种复原理论，这种五列桨舰的桨座，依旧是在同一层甲板上高低布置的五排座位，但是这五排桨手不再每人装备一只船桨，而是一起操作一支五人桨。新的船桨长度达到了52—60英尺，比起三列桨舰上约30英尺的单人桨长了近一倍。使用多人桨能更有效地利用空间部署船桨。更重要的是，多名桨手操作一支船桨时，只需少量经验丰富的桨手指挥其他人动作，这大大减少了舰队对高素质桨手的需求。五列舰的水线长度可能比三列桨舰更

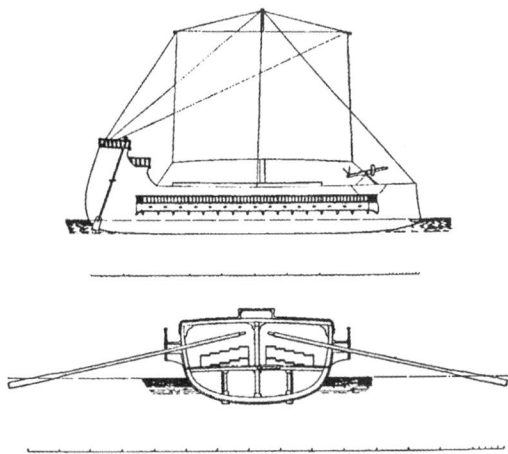

▲ 叙拉古—黎凡特式五列桨舰线图。最早出现在锡拉库萨的五列桨舰，是古典时代巨型桨帆战舰的真正直系祖先，它的投产运用，拉开了巨舰时代的帷幕

短，但水线宽度达到了 21.5 英尺，比三列桨舰大了约 50%，排水量也从 80 吨左右上升到了 140 吨。更大的吨位代表更大的舰体空间，五列桨舰拥有多达 300 名桨手和 50 名其他舰员，还可以搭载大约 120 名陆战士兵。

新战舰在吨位上的增加以及长宽比的减小，不可避免地造成了机动性能的下滑。五列桨舰的最大航速只有 6.4—7.2 节，而转向、加减速等战术动作的完成也更加笨拙。尽管更大的吨位使得五列桨舰的撞角更具威力，但发挥这一威力的难度却增加了。与五列桨舰在撞击战术中的表现下降相对的，是五列桨舰拥有了更多的接舷战士兵和更多的舰载装备。狄奥尼索斯一世的工程师们在五列桨舰上装备了大型弩炮，以及高耸的艉楼。从战术上说，五列桨舰的出现代表旧式的撞击战术逐渐被重视接舷战和火力战的新战术取代，这无疑与稍早进行的西西里战争不无关系。

最早的一批五列桨舰于公元前 399 年下水，并立即成了锡拉库萨海军引以自傲的王牌。然而，这种新发明并没有很快地传播开来。事实上，在公元前 397 年的卡塔纳（Catana）海战中，锡拉库萨舰队由于指挥不利，其五列桨舰中队并没有表现出过人的作战性能，并在与友军孤立后遭受了不小的战损。但时间将最终证明，桨帆战舰大型化是一个正确的技术选择。

在接下来的近一个世纪里，地中海上都没有再出现过把发展方向赌在大型战舰上的革新者。埃及人、希腊人和腓尼基人，其主力舰种依旧是三列桨舰基础上出现的各种改型。即使是锡拉库萨人自己，也无力以昂贵的五列桨舰完全代替三列桨舰。少量的大型战舰往往被作为拳头力量，在舰队中单独编组成一个分队。公元前 4 世纪中期，不知是否是被其主要对手的大型战舰所影响，迦太基人在三列桨舰基础上发明了四列桨座战舰（Tetreres 或 Quadrireme）。但从技术特点来说，四列桨舰仍旧更接近于旧式的三列桨舰。

尽管被罗马人视作一种大型战舰（major formae），但四列桨舰的尺寸仅仅稍大于三列桨舰，将其归类为中型舰船或许更为合适。它在每一侧拥有两排双人桨，有一种说法称，四列桨舰全舰拥有 240 名桨手，搭载 40—50 名陆战士兵，而根据罗马时期四列桨舰复原的结果，一艘四列桨舰仅有 168 名桨手。与三列桨舰一样，四列桨舰追求优秀的机动性能，因而尽管它大大增加了搭载士兵的数量，但本质上仍是一种以撞击战术，即"雅典—腓尼基战术"为指导思想的战舰。适中的成本、稍微提升的性能、符合传统的战术以及对熟练桨手更少的消耗，使四列桨舰一度成为地中海上最主流的战舰样式。在公元前 4 世纪中后期逐渐完成的海军换装中，雅

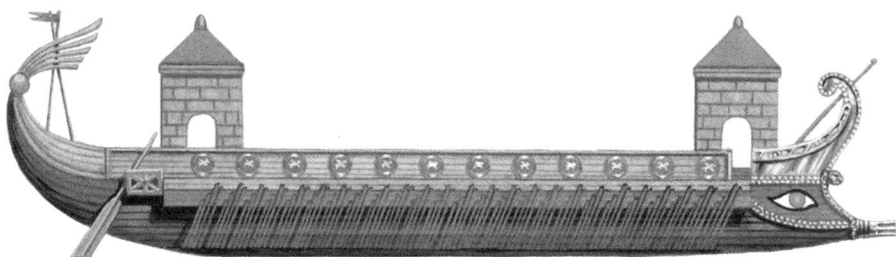

▲ 罗马四列桨舰。四列桨舰这一中型舰种作为三列桨舰的改进型和替代者是合适的，但是它并不能赶上战舰大型化的整体潮流，而当大型桨帆战舰被淘汰时，四列桨舰对于低强度的作战而言成本又太昂贵，这使它的定位相当尴尬

典人、埃及人、迦太基人——刚好是整个地中海世界最优秀的三支海军——都选择四列桨舰作为新一代的海军主战装备，逐渐取代相似的三列桨舰。

因此在相当长一段时间内，还在追求战舰大型化的，只剩下固执的锡拉库萨人。在公元前370年和公元前344年左右，他们又先后两次建造了更大的六列桨座战舰（Hexeres），他们或许只是少量建造以作为舰队旗舰。对于这型战舰的技术细节，研究者们知之甚少，我们甚至无法猜测它的船桨安置方式。因此有三排双人桨、两排三人桨和单排六人桨的不同猜测，并在学界都存在各自的支持者。正如同三列桨舰刚出现时没有立刻代替旧战舰，直到希波战争才广为人知一样，大型桨帆战舰也急需一场大规模的战火考验，才能证明自己的价值。

所幸的是，公元前4世纪的地中海并不缺少战火的洗礼，马其顿对波斯帝国的征服，彻底颠覆了东地中海的海上局势。在对波斯发动征战之初，马其顿并没有像样的海上力量，马其顿远征军登陆小亚细亚还需要希腊城邦组成的联合舰队护航。但随着亚历山大在地面上的军事行动一帆风顺，小亚细亚沿岸、黎凡特和埃及相继落入他的手中，马其顿人已经掌握了东地中海最主要的几个造船基地和熟练桨手的来源。再搭配上马其顿人本身，这一或许是当时最出色的陆战士兵，亚历山大已经有足够的物质条件来组建一支自己的海军。

结束东方的军事行动后，亚历山大重新把目光投向西方，他把未来的征服目标定为迦太基人，并为此开始筹建自己的海军。根据库提乌斯的说法，这支新的舰队有着极为骇人的预计规模——亚历山大要求筹备700艘战舰所需的木材。普林尼则说这支舰队的主力，将是新设计的七列桨舰。尽管700艘的总数无疑是极度夸大的，但有关七列桨舰的记载，却具有很大的意义。或许，"700艘战舰"的船材是以老式三列桨舰的消耗来计算的，而一支规模合理但舰型放大的新舰队所需的材料大大增加，也就能解释这一匪夷所思的木材消耗量了。

亚历山大本人并非海军事务上的技术专家，但或许是封建君主好大喜功的倾向，使他在优先选择更大型的战舰的同时，阴差阳错地赶上了新的海军技术潮流。新式的七列桨舰，可能采取高低两排（3-4）船桨，或是从高到低三排（2-2-3）船桨的形式，这样高低部署多排多人桨的配置也成为此后更大号的桨帆战舰参考的基本样式。

与锡拉库萨人量产一定数量的五列桨舰，并建造更大型的战舰作为旗舰的习惯一样，亚历山大的舰队中，据称也存在一艘比七列桨舰更大型的十列桨舰。从公元前4世纪晚期的主流战舰尺寸来看，这艘十列桨舰必然被人们视作是前无古人的巨无霸。遗憾的是，史料并没有给这艘十列桨舰留下任何详细介绍。

这支马其顿舰队第一次投入实战时，距离亚历山大离世已经过去了一年。不满马其顿统治的希腊城邦，早在亚历山大去世前就开始筹划反马其顿的军事行动，亚历山大的死亡犹如一针强心剂，促使以雅典为首的反马其顿同盟立即对马其顿宣战，史称"拉米亚战争"。希腊联军除了和马其顿军队在地面上展开拉锯战以外，其雅典的海上力量也开始了积极的行动。与刚刚完工的马其顿舰队一样，这支雅典舰队也是完工不久的新舰队。

与偏向于重型舰船的马其顿人不同，雅典人的这支舰队如我们之前提及的一样，选择以四列桨舰和三列桨舰作为主力。在马其顿逐渐入主希腊的数十年里，雅典人在外敌威胁前如梦初醒，重新开始规划其海军发展。在卓有成效的领导下，雅典人更新了他们的舰队、港口设施、指挥体系和战略指导思想。这支新的舰队，在莱库古（Lycurgus）的新政期间初具雏形。雅典人通过法案，试图将其舰队规模扩大到360艘三列桨舰、50艘四列桨舰和2艘五列桨舰的强大水准。亚历山大统治末期，雅典人的备战措施进一步强化了这支舰队的实力。开战时的一份报告显示，雅典人有315艘三列桨舰、49艘（一说43艘）四列桨舰和7艘五列桨舰处于可以运作的状态，另有184艘三列桨舰和1艘四列桨舰处于维护状态。可以说，雅典海军从未有过比这更好的装备情况。可雅典人无力解决的问题在于人力。雅典光荣的海军传统要求公民或者至少是长期服役的自由民、熟练掌握操船技巧的奴隶成为桨手，这使得雅典的桨手比他们的对手更为专业、勇敢和忠诚，但同时也使他们的桨手总是面临人手不足的问题。

公元前 323 年的冬季，除了驻守本土的陆军外，雅典人尽可能地将人力集中到舰队上，并设法派遣了 144 艘三列桨舰和 49 艘四列桨舰出海，舰船总数达到了 193 艘。马其顿舰队的实力稍强，克雷塔斯（Kleitos）将军指挥着 240 艘战舰来到赫勒斯滂。他们的任务是掩护马其顿宿将克拉特鲁斯和他的陆军，尽快从小亚细亚回到马其顿本土，并与那里的马其顿军队会合。

然而，制海权的争夺很快就分出了胜负。公元前 322 年 5 月，在赫勒斯滂附近活动的雅典舰队第一次与马其顿舰队遭遇。在短暂的交战中，雅典人迅速败下阵来，大约 20 余艘战舰被摧毁或俘虏，而马其顿人则损失寥寥。雅典指挥官伊欧申（Euetion）带领余部向南撤退，他的主力尚存，雅典舰队仍可一战，而大受鼓舞的克雷塔斯则穷追不舍。

公元前 322 年 6 月 26 日（一说 27 日），两支舰队在阿莫格斯岛附近再次遭遇。原本这应当是雅典人历史性的时刻，他们将在这场海战中捍卫自己的海上霸权以及城邦的自由和政治制度。但海战却迅速地结束了，马其顿人猛烈地发起了进攻，3—4 艘雅典战舰被他们撞毁。伊欧申直接失去了战斗下去的勇气，选择向马其顿舰队投降。在锡拉库萨、羊河口和尼罗河，雅典海军曾不止一次地遭遇惨败，但在战斗中主动投降的，这仍是第一次。

也许是认为一个失去了勇气的对手无须加以防范，克雷塔斯甚至懒得去摧毁或占有完好的战利品，毫发无损的雅典人被允许驾驶这支依旧强大的舰队返回城邦，甚至拖拽回了被摧毁的战舰残骸（这原本是胜利者才拥有的特权）。雅典人的传令兵在海岸线上目睹了舰队拖曳着残骸返回的景象，将其理解为战胜并告知城邦，结果在盛大的庆典举行到一半时，整支舰队才带着耻辱的消息返回。雅典人的舰队阵容依旧完整而强大，但雅典的海上霸权、政治自由以及雅典水手的勇气却一去不复返了。在这一年的萨拉米斯胜利纪念日[①]，雅典人照例开始其庆典。或许是故意为之，马其顿人在次日将军队开进了雅典的穆尼基亚海防要塞，直接控制了雅典人引以为傲的比雷埃夫斯港，以驻军宣布了雅典独立地位的结束。

克雷塔斯的胜利来得太过轻松和匪夷所思，以至于马其顿战舰甚至没有机会展示自己在战术上的优越性。也或许是由于这个原因，地中海上其他各大海军，并没有在阿莫格斯海战后开始换装大型化的战舰。三列桨和四列桨舰的混合编队，依旧

---

① 这是个庆祝雅典人最早和最光荣的海军胜利以及雅典海上霸权开始的节日。

是地中海世界主要的装备样式，仅有的改变是四列桨舰的比重增加了。但是，我们仍然可以说，三列桨舰时代的结束和巨型多列桨舰时代的到来，正是以这场海战结束为标志的。阿莫格斯海战不仅代表了雅典海上霸权的没落，也代表了一个时代的结束：古老而光荣的三列桨舰，不再是海上战争的主角了！

## 东地中海的造舰竞赛

在拉米亚战争中挫败了希腊的反马其顿势力后，东地中海上的海权争夺，成了各马其顿继业者之间新的角力。在这些非传统海权豪强的冲突中，国王们开始大力推动巨型战舰的建造。好大喜功的他们成为海军最热心的资助者。古典时代的巨型桨帆战舰，也因此在继业者战争末期和希腊化时代达到顶峰。

阿莫格斯海战之后，越来越多的人开始意识到大型战舰的意义。尽管罗德岛、埃及和希腊本土仍旧在全力生产四列桨舰，但设计师和工匠们已经开始把精力从老式战舰的改进，放到了新式巨舰的设计和建造上。亚历山大的继业者们，开建巨舰的步伐迈得并不大，但在每一次造舰计划中，大型战舰的尺寸都在显著地增加。

第一个追随战舰大型化之路的海权新贵，是继业者战争时期最强大的继业者之一——独眼龙安提柯一世。在前两次继业者战争中，决定性的军事行动都在陆地上展开，但第三次继业者战争开始后，局面发生了变化。控制了小亚细亚、黎凡特北部和整个东方的安提柯一世，无疑在陆军实力上有着绝对优势。但他的主要对手——希腊本土的卡桑德和埃及的托勒密一世，都有着可观的海军力量。居于战略上内线位置的安提柯一世，不断地遭受着来自海上的骚扰。他的对手，尤其是拥有海上霸权的托勒密一世，利用海上力量投送的便利，不断地击打着安提柯一世领土的腹部。

为了克制对手的海上优势，安提柯一世采取了亚历山大曾经使用过的手段：回避海上交锋，发挥陆军优势，摧毁敌方舰队依赖的港口基地，通过这种间接战略压缩对方海军的活动范围。但在实际进行的过程中，他与亚历山大一样遭遇了极大的困难。在黎凡特地区的行动中，安提柯一世步亚历山大后尘，围攻了托勒密一世最倚重的海军基地之一——腓尼基名城提尔（Tyre）。公元前315年夏季，安提柯一世开始围攻这座重要的港口城市。由于提尔城坐落于靠近大陆的一座小岛上，这使得安提柯一世即使不打算直接挑战托勒密一世的舰队，也仍需要打造自己的舰队，才能够真正地封锁提尔城。

在开始围城的前半年里，安提柯一世的努力几乎全部付诸东流，提尔守军能够源源不断地从海上获得补给，而安提柯一世对此却无计可施。于是安提柯一世又把注意力放回到了舰队本身，他最终决定打造一支强大的舰队，正面挑战托勒密一世的埃及海军。

随着安提柯一世的一声令下，小亚细亚和叙利亚北部各地的海军船坞开始全力开工，在公元前 315 年尾声，安提柯一世的新舰队终于打造完成。与亚历山大的舰队一样，这支舰队最终的实力也停留在 240 艘。除去 30 艘轻型的辅助舰艇，103 艘三列桨舰和 94 艘四列桨舰无疑是这支舰队的支柱。急需现成舰队的安提柯一世选择了较轻的主战舰艇，而非耗时更久的大型战舰。不过在舰队中，还是出现了 10 艘五列桨舰、2 艘九列桨舰和 1 艘十列桨舰的身影。随着安提柯一世的舰队投入使用，他终于能够对提尔城进行彻底的海上封锁了，并最终在长达 15 个月的艰难围攻后，夺取了这座城市。

在这批造舰计划中诞生的九列桨舰和十列桨舰无疑是神秘的，它们的具体性能、技术特点至今仍是一个谜，而且它们也没有在实战记载中出现过。但有一点可以肯定，安提柯一世重拾了亚历山大和锡拉库萨人的习惯，即在舰队中布置少数几艘远大于主力舰艇的旗舰，这一习惯将在未来风靡各继业者海军，并由此引导了一系列巨型战舰的出现。

在任何时代，维持一支海军的开销都是不菲的。以安提柯一世在公元前 315 年打造的这支舰队为例，用于建造这批舰队的支出达到了 480 塔兰特①。除了建造花费以外，他还需要每天投入大约 7 塔兰特来维持这支舰队的运行。这支舰队的日常维护，大约相当于一支五六万人的地面大军所需的成本。巅峰时期的雅典城邦，其贸易帝国的进出口税收，也就刚好能够负担起一支规模类似的舰队。可见这些从船坞中诞生的，实际上都是橡木打造的吞金巨兽。

不过，昂贵的舰队同样是物有所值的。安提柯一世的舰队使他在第三次继业者战争中重占上风，舰队使他能够把力量投放到一海之隔的希腊，重夺战略主导权。而托勒密一世的埃及海军，则在第三次继业者战争中受挫不小。托勒密王朝在爱琴海和黎凡特沿岸失去了许多基地，这使托勒密一世的海军在东地中海的活动范围大大受限，埃及舰队遭遇了一个真正意义上的海权挑战者。

---

① 1 塔兰特相当于 26 公斤白银。

公元前307年，第四次继业者战争爆发，这一次安提柯一世的行动几乎完全依托海军进行。安提柯一世对舰队的更新是小规模进行的，而且相当缓慢，他的主力仍旧是过去建造的三列桨舰和四列桨舰。在过去的数年中，他将主要精力放在了五列桨舰及更大型战舰的建造上。就像锡拉库萨人集中编组五列桨舰作为突击箭头一样，安提柯一世也准备把大型舰船集中使用。

这一次，指挥这支舰队的是一颗冉冉升起的新星——安提柯一世的儿子德米特里乌斯一世。公元前307年，德米特里乌斯一世迅速登陆雅典，并恢复了雅典的独立。在以此挑起希腊城邦与卡桑德在希腊半岛的激战之后，德米特里乌斯一世在公元前306年春季挥师东进，进攻托勒密一世最重要的海军基地——塞浦路斯岛。这次登陆战最终发展成了东地中海两大海军力量的舰队决战。

德米特里乌斯一世的舰队在塞浦路斯岛南岸的港口城市萨拉米斯，与托勒密一世的海军主力遭遇。德米特里乌斯一世投入了大约170艘战舰，包括旗舰"安提贡尼亚"在内的7艘七列桨舰是战场上最大的军舰，此外舰队还包括10艘六列桨舰、10艘五列桨舰、30艘四列桨舰和110艘老式的三列桨舰。而他的对手投入了200余艘战舰，以四列桨舰和五列桨舰的混合阵容组成。

海战的最终结果，是德米特里乌斯一世取得了决定性的胜利。与狄奥尼索斯一世一样，德米特里乌斯一世也选择把大型战舰集中部署在一翼，战斗开始后他的巨舰们全力投入了接舷战，凭借凶猛的舰上火力和大量陆战士兵，迅速对敌方的中型舰艇取得了一边倒的优势。最终，大型舰所在的左翼优势，发展成了德米特里乌斯一世将敌军包围在岸边的大胜。此战，德米特里乌斯一世仅有20艘战舰失去战斗力，而埃及舰队几乎全军覆灭，仅有8艘战舰逃出战场。被俘获的大约120艘完好或修复后可用的埃及战舰，则落入了德米特里乌斯一世手中，安提柯一世父子也随着这次大胜而称王。

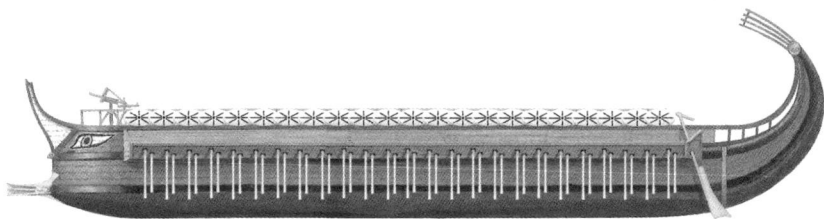

▲ 公元前306年的萨拉米斯海战中，七列桨舰大出风头。从七列桨舰开始，它以及更大尺寸的桨帆战舰，相比其他较小的量产战舰，被赋予了更加重要和独特的战术意义

如果说公元前 480 年发生在希腊的萨拉米斯海战，正式确立了三列桨舰在海上的绝对主导地位，那么发生在公元前 306 年的萨拉米斯海战，则正式向世人宣告了地中海上的巨舰时代已经到来！同时代的几大主要继业者，显然对这场一边倒的海战，以及活跃其中的大型战舰印象深刻，在萨拉米斯海战结束后不久，他们就开始了火热的造舰竞赛。

拔得头筹的是萨拉米斯海战的胜利者，德米特里乌斯一世本人。作为这一时代最卓越的军事工程专家之一，他以极大的热情投入了巨舰的设计和制造，以确保自己在大型战舰方面的优势能够继续下去。首先完工的是一艘十一列桨舰。根据后来的研究，这艘十一列桨舰，其船桨的长度可能达到了 55—58 英尺。根据 16—17 世纪桨帆战舰的使用经验，单排多人桨超过 10 人划动时，其工作效率会显著降低，因此这艘十一列桨舰最可能的配置，是一排六人桨与一排五人桨。后来的其他巨型战舰也大多遵循了这种 2—3 层桨架、每排布置多人桨的配置形式，并在记载中被明确地与其他量产战舰分开叙述，享有了"巨舰"（Polyremes）的称呼。

萨拉米斯海战的失败给安提柯一世的敌人们留下了很深的印象，他们很快也开始建造巨型战舰。埃及海军开工建造了多艘十一列桨舰。而为了维持对埃及海军的领先，在公元前 302 年左右，德米特里乌斯一世又开工建造了更大的十三列桨舰。这艘战舰或许是在雅典退阿军港（Zea）的船棚下水的。

可就在这艘战舰完工后不久，德米特里乌斯一世与独眼龙安提柯一世，在小亚细亚的伊普苏斯遭遇了决定性的会战失利。安提柯一世本人在战场上被杀，而德米特里乌斯一世尽管逃过一劫，但也失去了绝大多数的兵力和领土。落荒而逃的他，设法与自己仍旧完好无损的舰队会合，其中领衔的就是那艘巨大的十三列桨舰。见风使舵的雅典人本来想要扣留这艘军舰，但最后还是将其归还给了德米特里乌斯一世。

在接下来的数年中，德米特里乌斯一世那稀疏零落的领土，几乎都要依靠其来去迅速的海军来维持。通过海上的快速支援，他得以成功维持了几处深入敌国境内的飞地。公元前 300 年，德米特里乌斯一世甚至把他的十三列桨舰作为一座移动王宫，接待了与他握手言和的塞琉古一世，并在舰上举办了女儿斯特拉托妮丝与前者的婚礼。

不过，即使是巨大的十三列桨舰，也未能长久地保持其最大桨帆战舰的纪录。大约在公元前 300 年—公元前 295 年期间，已经统治了色雷斯和小亚细亚西部的利西马库斯，在小亚细亚北岸重要的港口城市庞提卡·赫拉克利亚（HeracleiaPontica），开建了属于自己的巨型旗舰。作为泛黑海贸易圈最重要的贸易城市之一，庞提卡·赫拉克利亚也是希腊世界最主要的造船基地之一。利用黑海海上贸易带来的巨大利润，利西马库斯决心投入巨资，一举将坐拥最大桨帆战舰的名号收入囊中。

最终在庞提卡·赫拉克利亚的船棚诞生的，是一艘每舷有十六排桨手的巨无霸战舰。这艘"莱昂塔弗洛斯"（Leontophoros）号十六桨舰，容纳了多达1600名桨手，它的名字由来或许与庞提卡·赫拉克利亚的一名战舰设计师有关。"莱昂塔弗洛斯"号的桨座分为上下两层，每层都有50支多人桨，由8人同时划动，一组桨手分坐两边，每边4人划动船桨。

但也正是从"莱昂塔弗洛斯"号开始，巨型桨帆战舰的设计目的，逐渐从实用角度偏向单纯追求战舰尺寸。事实上，"莱昂塔弗洛斯"号是否具备实战所要求的机动性能，能否在航行中表现出足够的稳定性，仍然存在不少疑问。实际使用证明，直接用于战斗用途的大型旗舰，或许十列桨舰就已经足够满足需要了。

"莱昂塔弗洛斯"号的横空出世后，德米特里乌斯一世迅速做出了回应。大约在公元前294年，他建成了一艘十五列桨舰。不过与"莱昂塔弗洛斯"号不同，这一艘战舰更多地考虑了实际用途。德米特里乌斯一世的巨舰结构更加紧凑，战舰规模比"莱昂塔弗洛斯"号小了不少，以此换来了相当卓越的机动性能，几乎可以与五列桨舰这样量产的大型战舰相提并论。

德米特里乌斯一世的实用主义精神在此后被继续贯彻，可能在公元前288年，他建成了一艘新的十六列桨舰。将其与"莱昂塔弗洛斯"号直接对比，可以很明显地看出两者之间的不同。德米特里乌斯一世的十六列桨舰根据现代复原，长度大致在180英尺左右，宽约30英尺，尽管同样是十六列桨，但全舰"仅"有800名桨手，这一数字是"莱昂塔弗洛斯"号的一半，其搭载的陆战士兵更是只有其竞争对手的三分之一多点。但这艘十六列桨舰有着灵活的机动性能，正如普鲁塔克所描述的那样："德米特里乌斯一世的战舰并非虚有其表，从外观看起来同样适合战斗，华丽的装饰和武器无碍于实用。令人感到惊奇的，是这艘战舰虽然舰体硕大，但行动快速，而且便于操纵。"显然，这样的一艘旗舰，更适合与自己所领导的整支舰队协同作战。

公元前285年，一场大规模的海战发生在德米特里乌斯一世的舰队和托勒密王朝、利西马库斯的联合舰队之间。在这场海战中，当时地中海上最大的桨帆战舰均悉数投入作战。遗憾的是，史料没有对这场海战进行任何细节描述，我们也无从知晓战役的具体过程，以及那些海上巨无霸们是如何表现的。

后世学者所能知道的，仅仅是德米特里乌斯一世输掉了这场海战。海战结束后，托勒密二世和利西马库斯瓜分了德米特里乌斯一世舰队中领衔的两艘巨舰。托勒密二世获得了那艘十五列桨舰，他将这艘战舰留在了提洛岛，为此营建了一座崭新的船坞，并将这个战利品奉献给诸神。而十六列桨舰则落到了利西马库斯手中，或许是"莱昂塔弗洛斯"号损失于战斗中，也可能是它不适合用于实战，利西马库斯和他的后继者将这艘缴获的十六列桨舰作为了自己的舰队新旗舰。

德米特里乌斯一世打造的这艘十六列桨舰的故事并没有就此结束。当利西马库斯死于公元前281年的库鲁佩狄安会战后，流亡在外的政治冒险者、托勒密二世的兄弟——托勒密·克劳诺斯，最终登上了马其顿王位，并继承了利西马库斯的大部分势力。因此，他获得了这艘十六列桨舰和整支色雷斯舰队。后来这支舰队在海上遭遇了德米特里乌斯一世之子——安提柯二世的舰队，并且获得了一次胜利。

但克劳诺斯的统治并没有持续多久。在对抗加拉太人入侵的战斗中，克劳诺斯兵败身亡，马其顿再一次处于无主状态。这时安提柯二世挺身而出，并在公元前277年击败了一支加拉太人。军事上击退蛮族入侵的成功，使得安提柯二世成功获得了马其顿人的认可，登上了马其顿王位。而曾在利西马库斯、克劳诺斯处流浪了近10年的十六列桨舰，最终回到了安提柯二世的手中。

在被收回后，这艘十六列桨舰继续服役了一段时间，并最终退出一线。此后，它一直作为一艘纪念船，保留在马其顿海军的行列中。这种状态大约持续了一个世纪。公元前168年，罗马执政官保卢斯在彼得那会战中，决定性地打败了马其顿军队。此举结束了第三次马其顿战争的同时，也终结了马其顿安提柯王朝一个多世纪的统治。作为最耀眼的战利品之一，这艘老旧而命运多舛的战舰被拖曳至罗马，并被放在台伯河上供罗马公民参观，以此结束了它漫长而传奇的一生。

公元前3世纪的巨型桨帆战舰性能对比表

| 参数\型号 | "莱昂塔弗洛斯"号十六列舰 | 德米特里乌斯一世的十六列桨舰 | 托勒密二世的二十列桨舰 | 托勒密二世的三十列桨舰 | 托勒密四世的四十列桨舰 |
|---|---|---|---|---|---|
| 主尺寸（水线长×水线宽×吃水） | 水线长可能超过300英尺；水线宽可能超过35英尺；吃水不详 | 180×30×7.5英尺 | 420×44×11英尺 | 不详 | 420×130×11英尺 |
| 完工时间 | 公元前300年—公元前295年 | 约为公元前288年 | 托勒密二世统治期间（公元前285年—公元前246年） | 托勒密二世统治期间（公元前285年—公元前246年） | 托勒密四世统治期间（公元前221年—公元前204年） |
| 搭载人数 | 1600名桨手、1200名陆战士兵 | 800名桨手、100名其他舰员、440名陆战士兵 | 不详 | 不详 | 4000名桨手、400名其他舰员、2850名陆战士兵 |
| 机动性能 | 不详 | 最大航速约7.3节；能够维持4.8节/小时的航速约两小时；机动性能良好 | 不详 | 不详 | 平时靠岸锚定，无法离岸航行 |

随着继业者时代的战乱暂时告一段落，各继业者王国逐渐趋于稳固，但东地中海的海权争夺并没有终止。这一时期，埃及托勒密王朝成为毋庸置疑的海上霸主，托勒密二世是一位极其优秀的战略家和国王，在他统治期间，托勒密王朝的海上优势达到了顶峰。

托勒密二世本人对海军建设相当热心，他同许多君主一样追求着巨型桨帆战舰的建造。这一时期的埃及海军以垄断贸易带来的巨额收入为基础，将巨舰主义发扬到了极致。在曾经的萨拉米斯海战中，德米特里乌斯一世仅仅依靠7艘七列桨舰就获得了巨大的战术优势，而在托勒密二世的大舰队中，七列桨舰的数量达到了可怕的36艘。埃及舰队还装备了大批十列桨舰以上的巨型桨帆战舰，仅十一列桨舰就有14艘，另有2艘十二列桨舰、4艘十三列桨舰、1艘二十列桨舰和2艘三十列桨舰。埃及海军的舰船设计师皮格特勒斯（Pyrgoteles）也因他的作品青史留名。可以说，希腊化时代的巨型桨帆战舰，在托勒密二世时期发展到了空前绝后的巅峰。

这一时期唯一能够挑战埃及海权的，只剩下统治着马其顿的

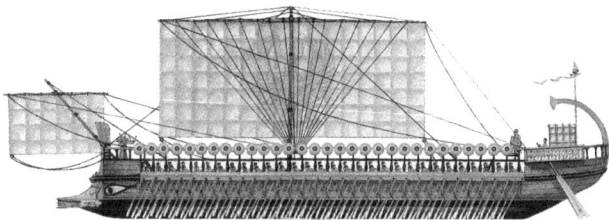
▲ 埃及托勒密王朝的八列桨舰想象图

安提柯二世。公元前259年—公元前255年，塞琉西的安条克二世与安提柯二世联盟，发起了第二次叙利亚战争。就在托勒密二世与塞琉西的陆军在叙利亚交战的同时，安提柯二世发起了旨在打破埃及在爱琴海控制权的海上行动。另一支重要的海上力量——与托勒密二世长期合作的罗德岛人，由于埃及对东地中海海上贸易的垄断，出人意料地加入了老对手安提柯二世一方。

最终在公元前258年，马其顿—罗德岛联合舰队在科斯岛（Island of Cos）遭遇了帕特罗克鲁斯（Patroclus）将军指挥的埃及舰队。安提柯二世亲临战场，并且决定性地击败了实力占优的对手，使得托勒密王朝的势力基本退出了爱琴海诸岛。在海战中，安提柯二世本人乘坐一艘产自科林斯的十八列桨舰"伊斯米尔"号（Isthmia），这艘旗舰在胜利后被奉献给了提洛岛上的阿波罗神庙，就像托勒密二世当年对俘获的十五列桨舰所做的一样。根据一些描述，这艘十八列桨舰拥有三排而非两排桨手座位，三支六人桨的宽度十分有限，这使十八列桨舰的整体尺寸控制得较好，更有利于维持战舰的操纵性能，它继承了安提柯王朝巨舰的一贯设计思路。

托勒密三世即位后，再度开启了积极的对外扩张政策。埃及军队在陆地上大败塞琉西大军的同时，埃及舰队也再度活跃在爱琴海。公元前246年，安提柯二世再次指挥舰队投入海战，在基克拉底群岛最北端的安德罗斯岛（Island of Andros），索福戎（Sophron）将军的埃及舰队一部被击败，安提柯二世重获对基克拉底群岛

▲ 继承五十桨船设计思路的一百桨船，在前者的基础上进行了放大并活跃于同一时期。它最主要的特点是双人同桨，在战舰尺寸较小的前提下，这种设计因效能有限被暂时放弃。但在巨型桨帆战舰上，多人一桨的设计思路重新得到认可，它们因此也带有一百桨船的特征

的控制。不过，尽管能够在正面交战中获得一些胜利，但马其顿海军的实力仍然远不如埃及海军。托勒密王朝的影响力依然可以通过海军，辐射到黑海和东地中海的许多地区。在公元前 3 世纪余下的时间里，安提柯王朝的绝大部分精力都投入到了希腊半岛的陆地上，因此不再像安提柯二世统治时期那样，两个海权竞争者进行激烈角逐。东地中海的海上战争一度告一段落，巨型战舰的服役史也暂时终止。

这一时期，海上战争的主舞台，转移到了西地中海。

**公元前3世纪流行的主力桨帆战舰**

| 型号<br>参数 | 伯罗奔尼撒战争时期的三列桨舰 | 四列桨舰 | 根据单排桨模型复原的五列桨舰 | 根据 2-2-1 船桨构型复原的五列桨舰 | 罗德岛两列半桨舰 |
|---|---|---|---|---|---|
| 主尺寸（水线长 × 水线宽 × 吃水） | 119.7 × 14 × 3 英尺 | 108.2 × 15.1 × 4.2 英尺 | 120 × 21.5 × 4.6 英尺 | 100 × 18 × 4 英尺（一说 147 × 22.9 × 4.9 英尺） | 420 × 130 × 11 英尺 |
| 出现时间 | 公元前 5 世纪 | 公元前 4 世纪中期 | 公元前 399 年 | 公元前 4 世纪中期至公元前 3 世纪中期 | 公元前 306 年之前 |
| 搭载人数 | 160—170 名桨手、约 20 名陆战士兵、约 10 名其他舰员 | 一说 240 名桨手，一说 176 名桨手，总人数约 300 人 | 300 名桨手、120 名陆战士兵、约 30 名其他舰员 | 150 名桨手、75 名陆战士兵、25 名其他舰员（一说 282 名桨手、75 名士兵和 20 名其他舰员） | 120 名桨手，全舰人数不详（一说约 210 名桨手，全舰约 270 人） |
| 机动性能 | 最大航速 9.7 节 | 最大航速 8.7 节 | 最大航速 6.4—7.2 节 | 最大航速 8.0 节 | 最大航速 9.2 节 |

## 罗马与迦太基的海上竞争

在西地中海，战舰的技术发展走上了一条截然不同的道路。虽然锡拉库萨人对巨型多列桨舰的尝试最终影响了整个东地中海，尤其是希腊世界，但迦太基人仍然追求传统的撞击战术，并继续以灵活的中型战舰作为舰队主力。就算在德米特里乌斯一世赢得公元前 306 年的萨拉米斯海战，正式宣告了巨型桨帆战舰的崛起，迦太基人仍然没有像其他腓尼基城市一样，转向大型战舰的建造。这使迦太基海军投入第一次布匿战争时，它以及效仿它的主要对手——罗马人，至少在装备上是更加"复古"的。

迦太基长久以来从西地中海的海上贸易中获益，到公元前 264 年第一次布匿战争爆发前，迦太基据称有着约 1.2 万塔兰特的岁入[1]。大希腊地区的各希腊城邦，

---

[1] 当然，随着几个主要的贸易对象成为敌人，这一收入在开战后不可能维持不变。

一度在西西里等地和迦太基展开了激烈的竞争，但到公元前3世纪前半叶时，迦太基人已经明显占了上风。直到罗马共和国崛起，才再次有人开始挑战迦太基在西地中海的海上霸权。

与迦太基截然不同，罗马共和国的力量并非源于航海和贸易。包括罗马城所在的拉丁姆平原在内，罗马共和国的核心地区——整个意大利西部沿海地区，是一块富饶的沃土。伊特鲁利亚和那不勒斯之间的诸多火山喷发后沉积的火山灰和波河的滋养，使得这里具备能够发展农业的良好条件，并能够维持大量的人口。但是，这片土地的财富也仅存在于土壤中，而非土地之下。整个意大利半岛的贵金属资源少得可以忽略不计，少量的铜、铁资源也仅限于伊特鲁利亚地区，罗马人受此限制很难有自己的铸币业。

于是在这种情况下，罗马人饱受贫困之苦，利用粮食这一仅有的货物，他们和内陆的萨宾人等山地部落换取毛皮和木材，到台伯河另一边的伊特鲁斯坎人的城市换购金属制品和铜，从往来的腓尼基和希腊商人处获得手工制品和染料。罗马人以这种艰难的方式一直生活到了公元前5世纪，此时罗马的人口越来越多，拉丁姆平原的肥力却将耗尽，这使罗马人的基本生活难以为继。罗马城邦所能倚重的，只剩下在日复一日的劳作中产生的坚韧可靠的自耕农们。自此罗马人转向了对外扩张，起先他们的目的不过是获得坎帕尼亚和伊特鲁利亚地区可耕种的土地，其后他们的殖民和扩张逐渐遍及整个意大利。

随着罗马人的逐渐强大，他们与迦太基人的关系也慢慢改变。最初，罗马人不过是迦太基人一个不起眼的贸易伙伴，随着他们在漫长的战争中逐渐击垮伊特鲁斯坎联盟，迦太基人选择罗马人代替前者，成为自己在意大利最主要的贸易伙伴。随着罗马人逐渐在意大利称霸，迦太基人和罗马人越走越近，并在皮洛士战争中建立了军事同盟。这段建立在共同敌人基础上的短暂友谊，最终在公元前3世纪中期画上了句号。罗马人终于统治了整个意大利，下一步自然是向西西里扩张，并染指海上贸易，布匿战争也就随之开始了。

第一次布匿战争最关键的战场是在西西里岛，争夺的焦点始终是西西里岛上的沿海城镇据点。这使罗马人不可能仅靠优势陆军击败迦太基人，从迦太基人手中夺取海权，成了罗马人赢得这场战争所必须完成的目标。战争头几年，迦太基人借助舰队灵活地骚扰意大利半岛，并给西西里岛上的迦太基据点以足够的支持。公元前261年，罗马元老院终于通过提案，建立属于自己的海军，与迦太基海军展开正面对决。

在此之前，罗马人几乎不存在像样的海上力量，仅有的记载是公元前282年的皮洛士战争前夕，曾有少量的三列桨舰在罗马舰队中服役。当罗马人迫切需要新型战舰时，他们被迫采用对手迦太基人的舰型，通过仿制和意外获得的迦太基战舰，建立自己的舰队。也因此，历史记载中关于罗马舰队的丰富细节描述，同样能让我们准确地复原以迦太基人为代表的西地中海战舰技术。

罗马人在公元前261年开工的舰队，包括100艘五列桨舰与20艘三列桨舰，其中五列桨舰以一艘被缴获的迦太基五列桨舰作为原型，依样画葫芦仿造而成。这批战舰在两个月内即告完工。但对于一个财力有限的共和国而言，多达100艘五列桨舰的投入显得颇为可疑，更不必提罗马人还多次追加战舰，扩大舰队的规模。这就牵涉到罗马人仿效的迦太基式五列桨舰（Quinqueremes）的具体规格了。

波利比乌斯在谈及这批五列桨舰时，声称每艘五列桨舰有300名桨手和120名陆战士兵，这一规格与锡拉库萨人发明的此前流行于东地中海的五列桨舰是一致的。但许多现代学者认为，罗马人在如此短的时间内完工并武装这么多大型战舰，实在不太可能。于是产生了另一种解释：罗马人采用的迦太基式五列桨舰，是一种稍微小型化的战舰，波利比乌斯想当然地照搬锡拉库萨—黎凡特式五列桨舰的参数，自然产生了偏差。

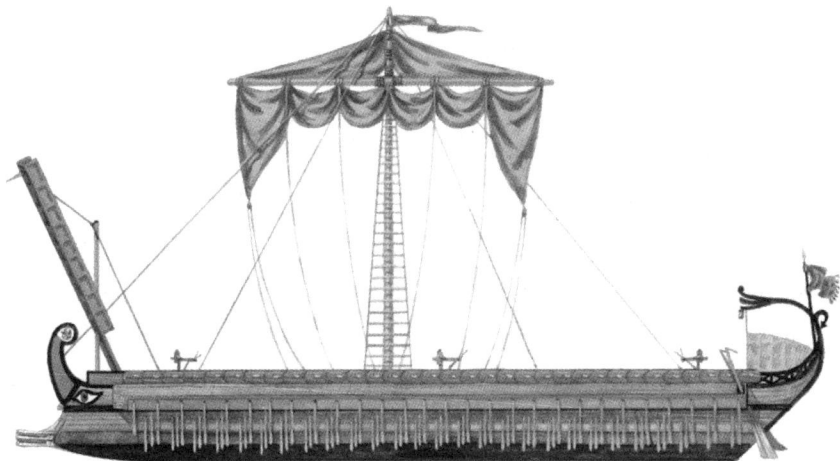

▲ 布匿战争时期迦太基和罗马海军的绝对主力——迦太基—罗马式五列桨舰，它与锡拉库萨人的五列桨舰有着巨大的不同

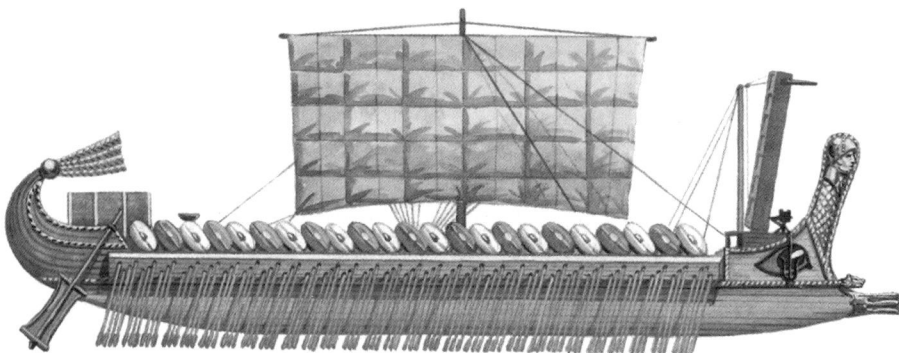

▲ 装备了"乌鸦"的罗马三列桨舰。三列桨舰是罗马人最早开始运用的桨帆战舰，尽管装备数量有限，但却在罗马海军中一直服役到了帝国时期

　　一种常见的推测是，罗马人和迦太基人使用的五列桨舰，与迦太基发明的四列桨舰一样，仍旧具有明显的三列桨舰血统。根据台伯岛纪念碑上的形象推测，整条五列桨舰的水线长度可能在147英尺左右，全舰的桨手分别部署在三列桨座上，包括两列双人桨和一列单人桨，从上至下以2-2-1的次序排列。迦太基—罗马式五列桨舰的主尺寸大致为147×22.9×4.9英尺，这与根据单列多人桨结构复原的锡拉库萨—黎凡特式五列桨舰相对短粗的舰型有着明显差异。这种"三列桨舰化"的五列桨舰或许能搭载282名桨手、75名陆战士兵和20名其他舰员，在各项基本性能参数上有较为平衡的表现。

　　罗马人的舰队最终在公元前260年完成了各项训练，并被投入到西西里的战斗。但是罗马海军的初战无疑是失败的。一位执政官涅乌斯·普布利乌斯·西庇阿带领的前卫部队，在墨西拿附近被迦太基海军的20艘战舰突袭。结果惊慌失措的罗马水手弃舰逃生，迦太基人轻松地俘获了战舰和执政官本人，自己仅损失了4艘。执政官西庇阿因为这次失败获得了"母驴"（Asina）的侮辱性称号。这与他的后辈相比，实在相映成趣[1]。

　　初期的失败也让罗马人意识到，罗马的桨手队伍不具备迦太基那样的素质，与迦太基人比拼撞击战术，可谓是以短击长。为此，罗马人为战舰装上了被称为"乌鸦"的装备，用以发挥自己的接舷战优势。"乌鸦"是一种活动式吊桥，大约4英尺宽、18英尺长，在末端有一个钉子。"乌鸦"平时竖起，使用时就"砸"到对方战舰上，

---

[1] 他的家族后来诞生过两位享有"阿非利加征服者"称号的西庇阿和一位"亚细亚征服者"。

随后它将固定在目标上，并让本方战舰上的士兵顺利地进行接舷跳帮。"乌鸦"的使用，与迦太基人偏好撞击战术和发扬远程火力，不愿意让战舰陷入静止状态不无关系。通过使用"乌鸦"吊桥，罗马人能够在更远的距离上捕捉敌舰，进行有利于自己的接舷战。而迦太基更偏好在舰上搭载大比例的射手——比如著名的巴利阿里群岛投石手。

完成改装的罗马舰队，在执政官盖乌斯·杜伊留斯的指挥下，在墨西拿以西的城镇米莱（Mylae）外海，再度与上次获胜的迦太基舰队遭遇。迦太基舰队拥有超过 120 艘的战舰，名叫汉尼拔[1]的指挥官亲自乘坐一艘从皮洛士海战中缴获的七列桨舰，带领 30 艘战舰组成的前卫参加海战，其余的迦太基舰队则尾随在后。

或许是因为在墨西拿获得的胜利，汉尼拔对罗马人极为轻视，面对杜伊留斯超过 140 艘的舰队规模，他莽撞地率领自己的前卫发动了攻击。结果在"乌鸦"和数量明显占优的罗马人面前，他几乎迅速损失掉了自己的全部战舰，狼狈地驾驶小艇逃离。随后抵达的迦太基舰队主力，只得在没有指挥官的情况下，在占优势的罗马舰队面前各自为战，尽管此时他们更聪明地试图利用机动性，避免被罗马人用"乌鸦"制造接舷战，但迦太基舰队还是在寡不敌众的局面中败下阵来。最终的结果是，罗马人获得了第一次真正意义上的海战胜利，摧毁或俘获了超过 50 艘迦太基战舰，而己方仅仅损失了 11 艘。盖乌斯·杜伊留斯的名字也因此流传后世，并成为近现代意大利海军的传统舰名[2]。逃出米莱后不久，汉尼拔领导的迦太基舰队又在撒丁岛的海岸线上再次惨败，跟踪而来的罗马人偷袭了停泊的舰队，并摧毁或缴获了几乎全部战舰，倒霉的汉尼拔随后被愤怒的部下处死。

在公元前 260 年的米莱海战中，罗马人取得了历史上第一次海上胜利，但第一次布匿战争的整体局势还是要依靠地面上的战斗来决定。在西西里岛上，罗马陆军对迦太基陆军取得了明显的优势，但迦太基人仍然可以从本土不断地运兵增援。为了根除迦太基的后援，罗马人开始考虑针对迦太基北非领土的入侵行动。公元前 257 年，在墨西拿附近的亭达里斯（Tyndaris）海岸，执政官阿提里乌斯·雷古鲁斯指挥的罗马舰队和重建后的迦太基海军发生了小规模的接触，双方分别损失了 9

---

[1] 与陆军名将汉尼拔不是一个人。
[2] 从意大利最新的地平线级导弹驱逐舰上溯到二战时的战列舰，均有以"卡约·杜伊里奥"（意大利语拼写的"盖乌斯·杜伊留斯"）命名的舰船。

艘和 18 艘战舰。这场战争尽管并不能起决定性作用，但它却刺激两国纷纷开始扩张其舰队规模。而且，罗马人从海上入侵北非的计划，也势必引发双方在海上的决战。

公元前 256 年夏季，实力大为增强的罗马舰队在雷古鲁斯和另一位执政官曼利乌斯·瓦索的指挥下，前往西西里南部的埃克诺穆斯海角（Ecnomus）。罗马陆军在那里等待上船，启程前往北非。迦太基人预先获知了这一行动，一旦罗马舰队出海，想要在茫茫大海上拦截舰队，或是在漫长的海岸线上进行反登陆作战几乎是不可能的，清楚这一点的迦太基人选择就在埃克诺穆斯海角发难。于是，罗马舰队及其护航的运输船在出海后不久，即在埃克诺穆斯海角外遭遇了前来拦截的迦太基舰队。

根据波利比乌斯的记载，参战的罗马舰队和迦太基舰队分别拥有 350 艘和 330 艘战舰。不过，后世学者并不认可这个显然夸大的数字。塔恩等学者的修正结果是，罗马人投入了 250 艘战舰，而迦太基人则约有 200 艘战舰参战，双方的主力舰种无疑仍是迦太基—罗马式五列桨舰，两支舰队的搭载总人数约为 10.3 万人之巨。埃克诺穆斯角海战也因此成为西地中海有史可查的规模最大的海战之一。

两位迦太基指挥官哈米尔卡和汉诺，从一开始就把目标锁定在满载士兵和补给品的罗马运输船，而各自坐镇一艘六列桨旗舰的雷古鲁斯和瓦索也见招拆招，竭尽全力保护自己脆弱但价值高昂的护航目标。开战后，迦太基舰队分成了 4 个纵队，设法绕过罗马人的战线，突击战线后方的运输船，罗马人也分为 4 个部分针锋相对，全力掩护运输船撤出。最终，海战在各自相距两三英里的三片战场上分别进行，激烈的战斗超过了 4 个小时。战斗中，罗马人始终试图利用"乌鸦"和抓钩等装备，把战斗拖入有利的接舷战，迦太基人则充分发挥机动优势，用撞角攻击孤立的对手后旋即撤退。

海战的最终结果是，罗马人取得了压倒性的胜利，他们击沉了 30 艘迦太基战舰并俘获了 64 艘，自己仅付出了 24 艘战舰沉没的代价。如果说此前的米莱和撒丁岛海战，杜伊留斯是靠着汉尼拔的指挥失误获胜，那么在埃克诺穆斯角海战中，哈米尔卡和汉诺已经尽可能地选择有利于迦太基舰队的环境了。分别展开的迦太基各分舰队，都有着足够的空间发挥其撞角战术，但需要分心保护运输船的罗马人，却仍然获得了一场酣畅淋漓的大胜。

埃克诺穆斯角海战为罗马人入侵北非打开了坦途，从海军技术发展角度来说，它具备非比寻常的意义。如果说，公元前 306 年的萨拉米斯海战宣告了巨型战舰称霸东地中海，那么埃克诺穆斯角海战，则宣告了相同的结果在西地中海的重现。作为地中海上最后一个信奉撞击战术和较小战舰的主要海上力量，迦太基人的海军技术发展路线，无疑在埃克诺穆斯角海战中得到了彻底的否定。尽管许多人把罗马人在海上的胜利一味地归功于"乌鸦"，但"乌鸦"作为一种辅助装备，并不具备彻底改变战局的能力，更不必说它还会对战舰的航海性能产生影响。无论是在第一次布匿战争初期使用"乌鸦"的罗马人，还是曾在科斯岛海战中使用"乌鸦"的安提柯二世，后来都抛弃了这一装备。

真正让罗马人获胜的，是他们对海军发展应顺应潮流的理解。从一开始，遭遇锡拉库萨大型战舰的迦太基人就被迫不断地放大其战舰的尺寸，从最早擅长撞击的三列桨舰，到公元前 4 世纪中期的四列桨舰和更晚的迦太基式五列桨舰，迦太基战舰的吨位不断扩大，长宽比不断减小，搭载的陆战士兵逐渐增加。这样的发展结果是，迦太基海军被迫放大战舰尺寸，使之无力维持三列桨舰那样卓越的速度和灵活性[1]。而在搭载士兵和装备方面的不思进取，又让迦太基人的轻型战舰无力在接舷战中抗衡罗马人。但迦太基海军始终醉心于撞击战术，再加上罗马人在甲板战斗方面的天赋，直接导致了经验丰富的迦太基舰队，在初出茅庐的罗马舰队面前反而落于下风。

在公元前 3 世纪的地中海东部和西部，几场海战都证明了同一点：以撞角战术为核心的海战思想，只有在中型战舰搭配最顶尖的桨手时，才有可能实现。一旦舰队的规模扩大，即使是迦太基这样的海军强国，也没有足够多的桨手来维持全部由三列桨舰组成的舰队。为了减少熟练桨手的需求，迦太基被迫以装备多人桨、长宽比较小的大型战舰，替代三列桨舰这样的中型战舰[2]，于是造成了机动性的下降和撞击战术的低效。此时转而倚重接舷战，才是更加适应大型战舰的战术思想。

埃克诺穆斯角海战之后，罗马人从迦太基人手中夺取了制海权。此后，尽管迦太基人数次重建舰队，但进一步下降的桨手质量，和迦太基人始终坚持的撞击战术，让绝大部分重夺制海权的努力成为灾难。除了在公元前 249 年的第一次德雷帕纳之战中，迦太基人凭借罗马人的指挥失误扳回一城之外，迦太基海军输掉了每一次大规模海战，罗马人的舰队依旧握有决定性的战术优势。此时，罗马海军的主要敌人是海上风暴，而非敌方舰队。

---

① 尤其要考虑到，迦太基的桨手队伍，随着舰队规模的扩大和战损，其平均素质不断下降。
② 大型战舰上熟练桨手的比例较小，可以更多地使用奴隶。

最终，在公元前 242 年的埃加特斯群岛海战中，罗马海军再次决定性地痛击了迦太基舰队，这一战成了迦太基最后一次正式挑战罗马在西地中海的制海权。迦太基人随后与罗马人签订了和约，结束了第一次布匿战争。

第一次布匿战争后，迦太基巴卡家族在西班牙开始了自己的殖民统治，他们在西班牙东部和南部的经营，使之通过西班牙富饶的资源，尤其是大量贵金属的产出大发横财。在西班牙半岛的金属制品出口转向迦太基商人的同时，原本的贸易中转站——法国南部的希腊商业城邦马西利亚（现马赛）大受其害。作为罗马人在西方的重要盟友和历史上迦太基的世仇，马西利亚人开始大力渲染"迦太基威胁论"。这和罗马的扩张欲望结合在了一起，导致罗马人在西班牙实行激进的外交政策，迦太基势力范围边缘的西班牙城市萨贡托（Saguntum）也转头与罗马结盟。最终，随着陆军名将汉尼拔主动拔除迦太基这颗眼中钉，第二次布匿战争爆发。

第二次布匿战争中的迦太基，已经无力正面挑战罗马对海洋的统治了。来自迦太基的舰队，更趋向于骚扰意大利沿海，或者执行一些偷渡行动的护航任务，而非

▲ 在第二次布匿战争中，罗马海军取得了绝对的海上优势。图为罗马的五列桨舰舰队，它被积极地投入到了对锡拉库萨城的围攻中

进行海战。罗马人可怕的战争潜力，很好地体现在了其军事上：在维持顶峰时超过20个军团、数目相近的同盟军团和其他辅助部队的同时，罗马人还有着规模可观的舰队。在公元前207年，据说有多达280艘罗马战舰可供调用，从亚得里亚海到西班牙半岛，罗马舰队掌握着绝对的优势。第二次布匿战争结束后，迦太基被剥夺了维持大规模舰队的权力。仅保留10艘战舰的军备限制，杜绝了迦太基对制海权的重新追求。罗马人的目光也不再局限于西地中海，他们逐渐开始了对东方的征服。

迦太基海军的失败，使得整个地中海世界中依旧一心追求撞击战术的海军，只剩下罗德岛人。总的来说，罗马人在两次布匿战争中的表现和罗马人对西地中海的控制，代表着大型战舰在地中海完全取代了脱胎于三列桨舰的中型战舰。尽管罗马人不像希腊化王国那样，热衷于巨型旗舰的建造①，但倾向于接舷战法的罗马人，在海战趋势上无疑与希腊化王国是一致的。巨型桨帆战舰的黄金时代随着战舰技术的不断革新，到地中海上的海权竞争逐渐分出胜负时，已宣告衰落。

## 巨舰的消失

公元前3世纪罗马称霸西地中海时，东地中海上的战火暂时趋于平息。究其原因，东地中海的两大海权争夺者——马其顿安提柯王朝和埃及托勒密王朝，各自遇到了问题。马其顿王国在安提柯二世统治晚期，在希腊本土的间接统治几乎土崩瓦解，同时其北部边境面临着达尔达尼亚人入侵的危机，西北部的伊利里亚和西部的伊庇鲁斯也产生了动乱。这样四面楚歌的境地，使安提柯王朝数十年都不再投入海军建设。这一变化使其竞争对手——托勒密海军安于现状，双方暂时停止了高强度的造舰竞赛。

新的巨型桨帆战舰，直到托勒密四世统治期间才又出现，但这艘大名鼎鼎的四十列桨舰很难算是真正意义上的战舰。根据记载，四十列桨舰以两艘二十列桨舰并联而成，两艘战舰各自在一侧从高至低以8人、7人、5人的方式，部署了三排不同长度的多人桨，纵向的每组桨需要20名桨手。严格来说，这样的部署形式应该称呼为二十列桨舰。如果我们相信史料，那这座庞然大物的搭载人员为4000名桨手和2850名士兵。姑且不考虑这些数字本身是否可信，即使这些人数是真的，

① 罗马舰队的旗舰以六列桨舰为主，据称也出现过八列桨舰。

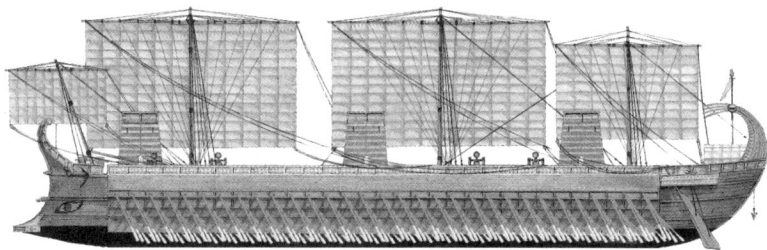

▲ 托勒密四世建造的双体四十桨战舰让许多研究者十分感兴趣。但无法反驳的是，这艘战舰不存在任何实用意义

我们也承认史料来源，但四十列桨舰只是静止的"面子工程"，完全不具备离岸航行的能力，这倒也符合托勒密四世荒唐无能的统治。

公元前 3 世纪中期，让马其顿王国苦恼不已的外患中，就包括亚得里亚海沿岸的伊利亚。这里生活着一个活跃的海盗民族，他们组织过许多次大规模的海上劫掠行动。不过他们自己或许也没想到，他们的海盗行动能够影响到希腊化时代晚期的桨帆战舰的流行浪潮。

伊利亚人喜好的船型，是那些轻巧、廉价、往往不铺设甲板的近海划桨船。公元前 3 世纪晚期，最流行的船型包括利姆比（Lemboi）和"生鱼"[1]。利姆比一般能够搭载 50 人，伊利亚海盗不区分专门的桨手或者士兵，而是在战斗时投入所有桨手充当士兵。至于"生鱼"，其尺寸或许比利姆更小。

这样的轻型船只，几乎只能在近海航行，它没有装备撞角，低矮的船型也不利于接舷战。总的来说，这并不是一种为了对抗战舰而诞生的舰艇，它的主要用途在于快速的运输。但它的优势同样很明显，由于简化的结构和较小的吨位，建造利姆比这样的船只不需要太多的木材和时间。而且利姆比有足够好的灵活性，当被用以进行低烈度的近海作战时，它有着相当高的性价比。

安提柯王朝与托勒密王朝的海军争霸结束后，反海盗任务一度成为东地中海上最主要的海军职能，这使得各国海军迫切需要一种廉价的近海舰只，于是海盗船成了各国的选择之一。第一支使用利姆比的海军，是腓力五世治下的马其顿。必须说明的是，腓力五世选择利姆比纯属无奈之举，财政枯竭的马其顿，暂时无法建造一支大舰队，腓力五世只得在公元前 217 年冬天开工建造了 150 艘利姆比。尽管后来腓

---

[1] Pristeis，这种船只因细长而被这样称呼。

力五世在财政宽裕的条件下，以传统的大型桨帆战舰代替了利姆比，重新装备了他的海军，但伊利里亚风格的轻型战舰，自此开始风靡各大国海军。

而在埃及和罗德岛的海军中，轻型战舰的舰型则另有选择。罗德岛人早在公元前306年就开始使用一种新的战舰，它被称为"两列半桨舰"（Trieremioliai），顾名思义，它是一种三列桨舰的小型化版，并且将最上层的桨手减少了一半。缩减成本、减少吨位的同时，两列半桨舰还保持了优秀的机动性能，并利用多出的空间搭载士兵。两列半桨舰是针对东地中海海盗喜爱的海盗船船型"一列半桨舰"（hemioliai）产生的，基本思路是在低成本的基础上，以有限的性能优势形成战术上的压制，类似的设计思路也将出现在对利博连的改装上。

不过短时间内，轻型舰还无法替代大型战舰。公元前214年夏季，第一次马其顿战争爆发，腓力五世以他的利姆比舰队远征伊利里亚。结果在罗马五列桨舰面前，脆弱的利姆比完全没有一战之力，腓力五世只得烧船自退。在舰队主力决战的需求仍旧存在的前提下，轻型战舰只能扮演辅助舰艇和反海盗专用舰艇的角色。公元前208年8月，腓力五世终于开始兴建自己的大型桨帆舰队。

另一方面，随着罗马共和国的势力逐渐渗透到东地中海，东地中海的海上局势再度变化。埃及托勒密王朝陷入缓慢但不可逆转的内部腐败中，其海军逐渐衰弱，难以积极地介入国际局势中。东地中海此时缺乏一个绝对的海上霸主，罗马人的实力足够强大，却又没有更多的精力远涉东地中海，活跃在海上的帕加马和罗德岛海军素质出众，但规模有限。在此后相当长的时间内，罗马海军支持的希腊化代理人——帕加马王国和罗德岛，成了希腊化王国的主要对手。

公元前201年7月，阿塔卢斯一世指挥的帕加马和罗德岛联合舰队，在开俄斯岛外海挑战了腓力五世领导的马其顿舰队。这支马其顿舰队包括53艘大型战舰，以四列桨舰和锡拉库萨—黎凡特式五列桨舰为主力，附以多达150艘的利姆比和"生鱼"。舰队中有史可查的巨型战舰，包括腓力五世乘坐的1艘十列桨舰和1艘八

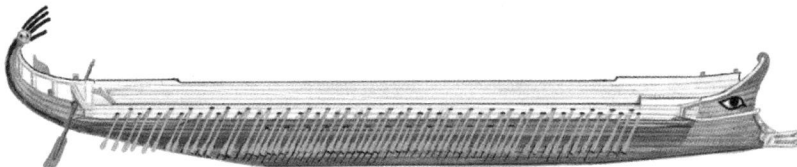

▲ 一列半桨舰。一些正规海军为了应对灵巧迅速的海盗船，开始仿制类似的船型投入使用。一列半桨舰、两列半桨舰、利姆比或是利博连，都是这种思想的体现

列桨舰。他们的对手投入了 65 艘四列桨舰、五列桨舰，以及 9 艘两列半桨舰和 3 艘三列桨舰。

海战中，罗德岛人很好地展示了撞击战术在优秀水手配合下的威力，联军以损失包括阿塔卢斯一世旗舰在内的 8 艘大型战舰（其中 2 艘四列桨舰被俘）和 1 艘轻型舰艇的代价，击沉或俘虏了多达 28 艘马其顿大型战舰、3 艘三列桨舰和近半数的利姆比！在海战中，利姆比和"生鱼"这样的小型战舰，当遭遇罗德岛人高速机动的四列桨舰和两列半桨舰时，几乎没有还手之力。罗德岛人始终让战舰保持高度机动，以此消耗利姆比上有限桨手的体力，随后再以高速掠过侧舷的方式，撞断利姆比的船桨并使之瘫痪，最后再以无情的撞击将其送入海底。

撞击战术对轻型舰艇占尽上风的同时，大型战舰仍然展示出对撞击战术的克制。在开俄斯海战中，一艘罗德岛两列半桨舰进行了一次教科书式的撞击，但撞角狠狠楔入一艘马其顿八列桨舰的同时，也使战舰卡在目标上。马其顿人顺势以高度优势跳帮，几乎将罗德岛战舰上的舰员屠杀殆尽。直到两艘帕加马五列桨舰分别在另一侧，对八列桨舰进行了全力撞击，才最终击沉了八列桨舰，并使罗德岛战舰躲过一劫。

战后，联军主动退出战场，占领了战场的腓力五世随后宣布取胜，但一边倒的交换比，让这枚"胜利"果实显得苦涩无比。这也是整个希腊化时代中，最后一次有巨型战舰取得名义上的海战胜利。随着罗马人正式踏足东地中海，帕加马王国和罗德岛总是能够很好地控制东地中海的制海权。

在公元前 192 年—公元前 188 年的罗马—叙利亚战争中，塞琉西帝国成为罗马及其盟友击败的又一个继业者王国。在这一过程中，并不以海军见长的塞琉西帝国，还是设法组建了自己的舰队，并在爱琴海一度掌握了制海权。但随着罗马、帕加马和罗德岛的联合舰队成型，塞琉西海军最终还是丢掉了制海权。有趣的是，塞琉西海军一度在战争初期，选择较小尺寸的主力战舰，结果在几次失败之后，他们还是回到了以大型战舰作为主力的老路上。

塞琉西帝国失败后，很少有人能够挑战罗马人在地中海上的制海权。苟延残喘的迦太基人被允许保留 10 艘三列桨舰，塞琉西帝国在《阿帕米亚条约》中同样只被准许保留 10 艘三列桨舰和 10 艘轻型舰艇，腓力五世治下的马其顿则保留了德米特里乌斯一世打造的那艘十六列桨舰和 5 艘轻型舰艇。所有罗马人在地中海上的潜在敌人，都被严格地限制了海军军备。在这种情况下，罗马人自己的海军建设也开始陷入停滞，罗马舰队的规模，仅限于反海盗和应付紧急情况之用。可以说，在可见的将来，罗马海军不需要再考虑如何打赢一场舰队决战。

随着对等敌人的消失，进入公元前2世纪后，地中海上的海盗活动达到了又一个高峰。从公元前180年开始，伊利里亚和利古里亚的海盗越发猖獗，以至于罗马人需要重新动员自己的舰队，多次进行大规模的剿灭行动。也正是因为罗马海军的作战对象，从大型战舰组成的敌方海军转变为小规模的海盗，罗马舰队的编成结构开始改变。

公元前2世纪中期，一列半桨舰第一次出现在了罗马舰队中。或许这和当年腓力五世对利姆比的运用一样属于紧急手段，但一列半桨舰的性能有限，无法对海盗使用的同类舰种形成优势。于是，就和罗德岛人发明两列半桨舰一样，罗马人也需要一种性能更优秀的中型舰艇，既能压制海盗使用的近海小型船只，又能和五列桨舰形成高低搭配，投入大规模的海战之中。

罗马人最终选择的，是大名鼎鼎的利博连（Liburnae）战舰。这种在利姆比基础上发展出的战舰，最早于公元前69年出现在罗马舰队中。在公元前80年前后，地中海上的海盗行动已经发展到了罗马人无法忍受的程度。庞培获命领导大规模的反海盗军事行动，据称他为此新建了多达500艘战舰。在稍早些时候的第一次米特拉达梯战争（公元前89年—公元前85年）中，罗马舰队的阵容里尚不包括利博连，而当庞培在公元前67年开始其反海盗战争时，利博连已经成为罗马人主要的战斗舰艇了。

利博连战舰，是在利姆比基础上放大改良而成的产物。由于对史料的错误理解

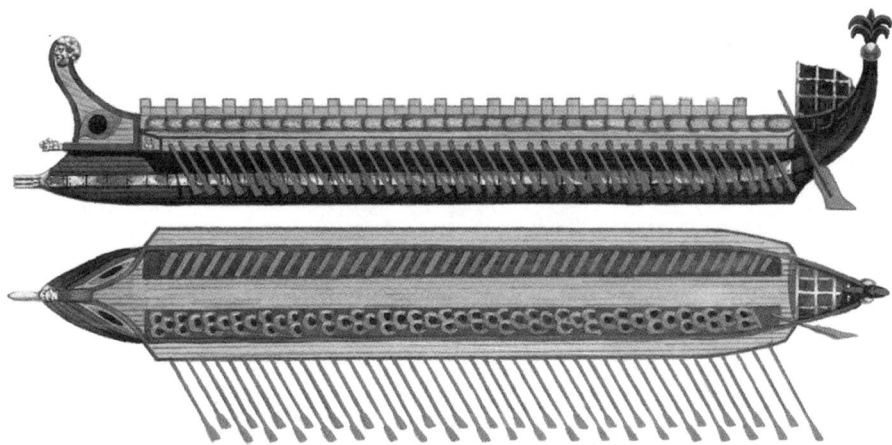

▲ 典型的利博连船型。作为近海使用的多用途中型战舰，利博连在性能和价格上达成了平衡

和受影视、文学作品的影响，许多人都将利博连战舰理解成一种轻快的小型战船。实际上，利博连战舰，是一种涵盖范围非常广的船型，它往往被用来描述由利姆比衍生出的多种伊利里亚式划桨战船。公元前 1 世纪，罗马人最常用的利博连船型，是一种双排桨船（Bireme），尺寸接近中型战舰。以 W.L. 罗杰斯在 20 世纪初的研究结果为例，他认为阿格里帕时期的利博连，主尺寸达到了 103×17×3.1 英尺，全舰仅有 108 名桨手，还装备了撞角和各种各样的舰载装备，却维持了相当不俗的机动性能，据称能够达到 7.3 节的最大航速。而根据更新的复原结果，利博连的尺寸实际上介于三列桨舰和四列桨舰之间，毫无疑问是一种适用于正规舰队的主力舰艇。庞培时期的利博连，更多地用于近海的反海盗行为，因而可能有着稍小的船型。但整体而言，公元前 1 世纪的中型利博连战舰无疑具有这样几个特点：双排桨，撞

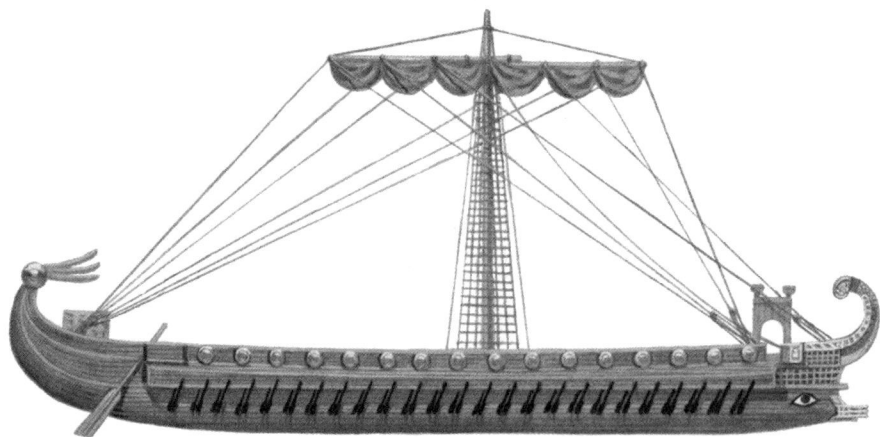

▲ 罗马人仿伊利里亚利姆比船型建造的双排桨船

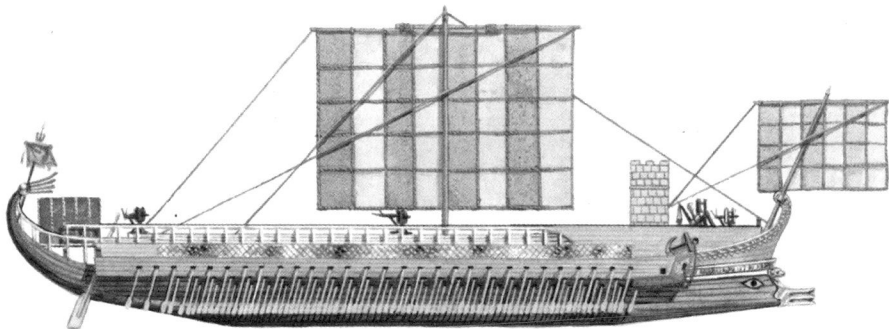

▲ 晚期的罗马五列桨舰走上了与锡拉库萨人类似的大型化路线

角、塔楼及各式武装齐备，同时大大简化了舰体结构，控制了全舰吨位。这使得该舰能够维持优秀战斗性能的同时，仅依靠较少的桨手，就能获得卓越的机动性能。

利博连诞生后，立即获得了罗马人的青睐，无论是在低烈度的近海反海盗任务中，还是在大规模海战中，利博连都被广泛用于侦察、运输甚至是正面战斗中。作为一种低成本的多用途近海船型，利博连一直使用到了罗马帝国时期。航海性能更好，但成本更高，在战斗性能上不占优势的三列桨舰，则处于较为尴尬的境地。它既没有四列桨舰、五列桨舰和更大型战舰的作战性能和远海航行能力，又不具备利博连的泛用性和低成本，因而在与利博连的竞争中败下阵来。

对于巨型桨帆战舰来说，利博连的诞生并不构成直接的竞争。但地中海上战舰需求的全面改变，却几乎宣告了巨型桨帆战舰的死刑。在罗马共和国最后的一个世纪里，苏拉、卢库卢斯、庞培、恺撒等人的军事行动中，利博连和少量更大的战舰，基本足以满足他们的实战需求。在很长一段时间里，都未能再看见多于五列桨的巨型战舰出现在海上。

仿佛是为了给这个短暂而辉煌的巨舰时代画上一个正式的休止符，在希腊化时代的最后一年，罗马内战的爆发使得巨舰最后一次出现在海面上。当屋大维与安东尼在伊庇鲁斯的亚克兴角海面上一决雌雄时，我们惊喜地发现，安东尼麾下的舰队编成，是公元前 3 世纪常见的典型结构：以四列桨舰、五列桨舰为核心，建造少量六列桨舰及更大的巨型战舰作为突击主力，以其他轻型战舰承担辅助任务。

安东尼和克利奥帕特拉的舰队，主要以黎凡特、埃及的水手和战勤组成。这支舰队在出发时拥有 200 艘各式战舰，以四列桨舰与五列桨舰作为主力。但在公元前 31 年的上半年，这支舰队被困在安布拉基亚湾的锚地内，饱受缺乏补给之苦。当安东尼与属于屋大维阵营的阿格里帕最终开战时，这支舰队的数量已经下降到了170—180 艘。与大多数人的认识不同，这支舰队中的巨型战舰并不多，6 艘七列桨舰、5 艘八列桨舰、4 艘九列桨舰与 5 艘十列桨舰，仅仅在这支舰队组成中占很小一部分。

阿格里帕拥有 230 艘战舰，但其中只有 200 艘大小战舰拥有撞角，这些战舰从双桨船（包括相当数量的利博连）到六列桨舰不等，其中以三列桨舰和四列桨舰为主力。亚克兴角海战爆发之初，两个交战方的目标可谓南辕北辙，安东尼和克利奥帕特拉的意图，在于设法脱身逃回埃及，而阿格里帕却打算趁机摧毁被削弱的安东尼舰队。一开始就毫无战意的安东尼，在开战后不久就和克利奥帕特拉一起，带领一小部分埃及舰队逃离战场。被留下的舰队寡不敌众、士气低落，自然而然地输掉了余下的海战。最终，除了数十艘战舰随安东尼和克利奥帕特拉逃离以外，其余的战舰大多落入阿格里帕之手。这一役不仅宣告了屋大维与安东尼之间的内战几乎决出胜负，也成了希腊化时代的巨型战舰的最后舞台。

不少原始史料都对亚克兴角海战进行了翔实的细节描写，其中关于灵活的利博连战舰往来穿梭并围攻笨拙的大型桨帆战舰的情景，无疑捉住了许多读者的眼球。但阿格里帕在亚克兴角的胜利，更多地取决于对手的指挥失措、己方的数量优势和高昂士气，战舰技术的优劣并没有能够决定胜负。总的来说，巨型桨帆战舰的强大战斗力，在当时的地中海世界依旧是毋庸置疑的。但在罗马帝国统一的整体历史进程面前，罗马海军不再需要巨型战舰这样的"屠龙之器"。在公元前的最后两个世纪里，随着海军军备"刀枪入库，马放南山"的整体趋势，强悍的巨型桨帆战舰也最终退出了历史舞台。时至今日，我们只能从极为有限的考古成果和书卷留存的描述里，去一睹这些海上巨兽的风采。

# 参考文献

**原始文献：**

[1]（古希腊）修昔底德.伯罗奔尼撒战争史 [M].徐松岩，译.上海：上海人民出版社,2012.

[2]（古罗马）阿庇安.罗马史 [M].北京：商务印书馆,1978.

[3]（古罗马）李维.建城以来史 [M].上海：上海人民出版社,2005.

[4] DiodolusSiculus. *Bibliotheca historica[M]*. Henry Stevens, English translation. University of Michigan Library,2006.

[5] Polybius.*The Histories[M]*.Harvard University Press, 1979.

**现代文献：**

[1] 约翰·R.黑尔.海上霸主：雅典海军的壮丽史诗及民主的诞生 [M].史晓洁，译.桂林：广西师范大学出版社,2012.

[2] Adrian K.Wood. *Warships of the ancient world 3000−500BC[M]*. Osprey Publishing, 2012.

[3] Dr. Helen.S.Lund. *Lysimachus: A Study in Early Hellenistic Kingship[M]*. Routledge Publishing, 2014.

[4] John Grainger. *Hellenistic & Roman Naval Wars 336−31BC[M]*.Pen & Sword Books Ltd, 2011.

[5] J.S.Morrison, J.F.Coates, N.B.Rankov. *The Athenian trireme—— The history and reconstruction of an ancient Greek warchip*[M]. Cambridge University Press, 2000.

[6] J.S.Morrison. *Greek and Roman Oared Warships 399−30BC[M]*.Oxbow Books, 1997.

[7] Nic Fields. *Ancient Greek Warship 500−322BC[M]*. Osprey Publishing, 2007.

[8] RaffaleD`amato. *Republican Roman Warship 509−27BC[M]*. Osprey Publishing, 2015.

[9] William Ledyard Rodgers. *Greek and Roman naval warfare——A study of strategy, tactics, and ship design from Salamis(480B.C.) to Actium(31B.C.)[M]*.University of Michigan Library,1937.

[10] W.W.Tarn. *Hellenistic Military and Naval Developments[M]*. Cambridge University Press, 1930.

# "血流漂杵"的真相

## 探秘周人克殷与牧野之战

作者 / 范永青

# 得位不正的殷商之主

殷商自成汤登上天子之位平定海内起，几经沉浮，但每遇非常时刻都有卓绝之士挽狂澜于既倒，重启中兴大业。《史记》中，太史公多次以"殷道衰"或"殷复衰"等字眼着重指出王朝所处的转折时刻是多么危险，也多次以"殷道兴"和"殷道复兴"等词表现中兴之后的辉煌。学者们经过统计，发现殷商王朝几乎每隔9代，就会出一位中兴之主。

殷商之君以十大天干命名，而为何用这种方式命名可谓扑朔迷离。有人说，是以商王的生日命名的，但商王无数，天干却只有10个，所以后世以大、小、太、武、盘、外、祖、阳、中等字眼进行区别。也有人认为，是以商王的祭日命名的，但如果以祭日命名，那么他们生时就不会被如此称呼了，因此认同者不多，而20世纪初在殷墟出土的甲骨文也最终否定了这一说法。还有学者从商王命名的规律性，推测殷商王位很可能由分为三组的10个以天干命名的王族群体轮流担任。这种继承方法下，商王权力较弱，而那10个王族群体的权利则较强。十大天干，犹如《圣经》所述的犹太人的十二大部族。"若单从祭祀的系统看，商室似乎仍有一个'直系'的观念。也许这样的王室传承，重点在宗教意义而未必完全是政治权力的意义上。"（许倬云《西周史》）

盘庚中兴确证了这一说法。

殷商自天乙（商汤）立国至盘庚中兴，正好19世，已经5次迁徙都城。迁都原因各有所异，有言戎狄逼迫者，有言自然灾害者，有言游牧习俗者。盘庚时，殷商部族已经在邢地（今河北邢台）居住了6代，人民安居乐业，然而奢靡逾礼，住的地方跟祭祀神灵的山川一样高[1]。这与希腊神话中人间英雄挑战奥林卜斯山诸神，犹太神话中人类制造天梯欲窥天堂的故事差不多。迫于神权压力，抑或是盘庚受神灵感召或者警告，他决定带领部族迁回殷地（今河南安阳）。但是部族长老们不约而同地表示反对，抱怨之声不绝于耳。盘庚于是把长老们找来，做了详细耐心的解释工作："以前我的祖上成汤和你们的先祖一起打下了天下，而且共同制定了法规秩序。但是你们却不遵守约定，这难道是遵守道德的作为吗？"长老们于是听从了盘庚的劝诫，更始迁都。

---

[1] "奢侈逾礼，土地迫近山川，尝圮焉。"（《尚书正义·卷九·盘庚上》郑玄注疏）

这一幕与犹太民族在摩西带领下出埃及的历史是非常相似的。犹太民族在埃及人统治下困苦不堪，于是先知摩西在神谕指引下带领 12 部族走出埃及，寻找"美好、宽阔、流淌着蜜与奶之地（《旧约·出埃及记》）"。结果遭到重重阻挠，摩西不得不借神谕制定了十大戒条与各部族长老共同遵守。

与早期犹太民族更加相似的是，殷商也是个崇尚鬼神的民族，而且是多神崇拜。他们觉得，大凡一切事情的成败，从战争利或不利，到牙疼发炎，都由特殊的先祖决定。这种万物有灵的信念贯穿了殷商一朝始终。（黄仁宇《中国大历史》）而盘庚坚决要求迁回成汤龙兴之地，也是希望在冥冥之中得到成汤的庇护。

成汤是殷商统治家族第 14 代中的佼佼者。他带领族人征伐了 22 个国家，从而奠定了殷商部落在整个天下的地位，然后带着这些部落与当时的天下领袖夏桀进行了决战。最终他战胜了夏桀，将其流放到鸣条，从而建立了殷商王朝。他的武功成就，使其成为殷商部族神一样的存在。每隔几代，就有如盘庚这样的中兴之主，梦想重复他的荣光。

但是殷商血食传承到帝乙这一代，已经日渐衰落。而帝乙这一代，是第 29 代。帝乙有两个儿子，长子微子启，次子辛，也名受。帝乙没有将王位传给长子微子启，而是传位于辛，也就是帝辛，即我们常说的商纣王。

太史公说由于微子启的母亲出身卑贱，所以未能继承王位，而辛母为正后，所以继承了王位[1]。这种说法有待商榷。概殷商的王位传承，并非单一的父死子继，还包括兄终弟及，也就是说国家有赖长君。后世传位嫡长子的宗法制度，乃是西周建礼乐制度后才定下来的。[2]王国维说的"中国之变，莫剧于殷周之际"，就是指这个。太史公以汉代的宗法继承制度解释帝乙舍微子启而传位帝辛，是其时代局限带来的缺憾。

也有人说，殷商的王位继承制既然包括兄终弟及，为何帝乙次弟比干、三弟箕子没有继承王位？其实商朝王位继承中的兄终弟及，其所谓弟者，以同母为限。《春秋繁露》说："商人民风质朴，认为上天为万物主宰，因此会将王位传给儿子，还有儿子同父同母的弟弟。"《公羊传》注疏中讲："分别同母与否的意义在于区别

---

[1] "帝乙长子曰微子启，启母贱，不得嗣。少子辛，辛母正后，辛为嗣。"《史记·殷本纪》
[2] 据近人研究，宗法制是从嫡庶制而来，商代以前没有嫡庶制。周人创立嫡庶制，本为天子诸侯等继统法而设，从继统法推到分封法，就产生出宗法制来。（童书业《春秋史》）

他们的待遇。"以次当立的母弟，唤作"适弟"，同母的弟兄，以次都立尽了，就应当回转来，立长兄之长子。（吕思勉《大中国史》）自然，非"适弟"的比干、箕子是没有继承权的。然而也有例外，《史记》记载：仲丁之后，仲丁的继任者外壬并非同母弟，即并非"适弟"。按照继承法，继任的应该是仲丁的长子（适子），可是仲丁坏了这个规矩。他废"适"，将自己的长子废掉，立了异母弟弟外壬。当然这可能是不得已的非常之举，具体原因由于史料稀缺无法考证。其实从"外壬"这个称号中的"外"字也可揣测出其即位的尴尬性。

殷商诸代君王的祭名中带"外"字的只有两个人：成汤的继任者外丙和仲丁的继承者外壬。外丙继位的原因是"太子太丁未立而卒，于是乃立太丁之弟外丙，是为帝外丙"（《史记·殷本纪》）。可见除特殊情况，殷商的王位继承是"见外"的，这些非"适"的弟或子还真不能不拿自己当外人。但是自从外壬破坏了这个规矩后，这些"不适"的弟子们就"争相代立"，导致殷商持续衰落，直到盘庚中兴。

总之，帝乙舍微子启而传位帝辛，与仲丁舍其子而传位外壬一样，都属于"废适"之举。换言之，帝辛的王位来得名不正而言不顺，但是这一致命之处却被诸多史学家忽略了。当然，太史公由于时代所限不能详解其中缘由情有可原，但在《竹书纪年》《逸周书》和各种甲骨文、地下文物大量出土的今天，却已经能研究清楚这个问题了。

正是因为帝乙破坏了王位继承规则，舍微子启而传位帝辛，才导致后面一系列足以令殷商灭亡的事件发生，如箕子被囚，比干被诛，微子启转投西周。同时，也为帝辛"不能纳谏，任用妇人，四处征伐，不恤民力"等种种"人神共愤，倒行逆施"的错误行径埋下了祸根。可以说，帝辛终其一生都在努力地向商人以及天下证明，自己的即位是合法的，帝乙将王位传给他是一个英明伟大的决定。

正是他的这种急于求成、矫枉过正的做法，导致了各方反对势力和中间势力的全面反弹，以致身死国灭。


## 纣王其人

那为何帝乙舍"适子"微子启而重少子辛？很可能是因为少子辛比长子微子启优秀，所以帝乙希望他能成为殷商的中兴之主。

《史记》载："帝乙立，殷益衰。""益衰"的结果就是天下诸侯很少前来朝觐，犹如春秋时期东周之境遇。殷商是名副其实的"中国"，即国中之国，而非万国共主。商代是个方国林立的时代，国家的外部表现形式为方国联盟。商代的方国在殷墟甲骨文中称为"某方""多方""邦方"等，方国首领可称为"候""伯""邦伯""任""田"等。这些方国多由各部族独立发展演变而来，与商王国缺乏内在联系，因而具有很强的独立性。诸方国与商王国的关系错综复杂，有的始终为敌，有的或降或叛，有的长期结盟。可见商朝并不是大一统的国家，而是一个以商王国为主体的松散联盟，因此商王国与诸方国并非中央王朝与地方政权的关系，而是国与国之间的关系。

商王对其他方国的首领而言，具有盟主性质。而商王权力的大小取决于商王国势力的兴衰，只有在政治和经济实力雄厚之时，商王国才能凌驾于诸方国之上，形同中央王国。这时，商王才能以诸侯之长和盟主的身份对外行使王权，以命令的口吻支使方国首领。这种命令称为"呼"或"令"。殷墟卜辞中有许多商王"呼"（"令"）某候、某伯的记载，说明商王对这些方国有一定的支配权。就连西方最强的周国，名义上同样也承认商王为天下之共主。（雷海宗《国史纲要》）

换言之，商王对这些外部方国，只能以力服人，而非以德服人。古人用"德化"或"德泽"这类词汇表示君王圣德远播四方。所谓"德"，在商代原指佑助征伐的灵力。大国要谋求对小国的控制，就需要毅然地进行征伐，而支配征伐的灵力就是"德"。商、周二代的"德"就是靠征伐来实现的。日本学者平势隆郎认为："（商代）当时大国与小国是城市与城市的关系。城市国家很容易被征服，为了使统治永久化，有时不得不频繁地进行征伐。相对于形成战国时代的领土国家而言，大半的小国被吞并成为县，大国只要往各县派遣官吏，那么无须征伐也能治理这些地方，所谓'传檄而定'。因此帝王之德无须征伐也能够惠及万民，因此出现了无须征伐而惠及万民的德。"（《从城市国家到中华》）。

为了更好地理解这一说法，我们来看一个词——"攻城略地"。这个词在春秋战国时期出现频率相当高，为典型的领土国家产物。在城市国家，只要将对方的城池攻克，那么对方就臣服了，再抢点战利品和人民就可以得胜回朝。而在领土国家，攻破城池并不能保证敌国绝对臣服，因为抵抗力量很可能转移到其国境内其他地方负隅顽抗，那么就需要将其领土也全部占领，也就是"略地"。但是事实上，对商王国来说，根本就没有足够多的人将这些领土全部占领，因此只要将主要敌对力量消灭，然后发布命令让占领区的人民执行就可以了。这些政策称为"律令"，同样也是"德"。造成这种区别的原因是，城市国家只要对中央王国表示名义上的臣服并定时朝贡即可，但是领土国家的中央王国要的是被占领地区的领土、人民以及税收。

帝乙在这种国势日衰的困境下，遇到的另一个极大挑战，就是西周咄咄逼人的强力扩张，它甚至多次侵占殷商领土，公然发动对殷商的战争。因此帝乙急需一个强而有力的天才人物力挽狂澜，拯救濒临灭亡的殷商王朝。他必须在微子启和帝辛之间二选一。选择微子启，那就是等死，西周会在不久的将来逐步蚕食甚至鲸吞殷商领土，直到灭亡；选择帝辛，至少还能拼一下。帝乙权衡利弊，决定效法列祖先贤，把宝押在帝辛身上。

▲ 殷商武士形象复原图

帝辛的确很优秀。他口才很好，能清楚敏捷地说明任何问题。对于一个领导者而言，这是一项很重要的特质。他还是个学习能力很强的人，对于新生事物的接受能力相当强，而且他很勇武，可以空手格毙猛兽。但帝辛也犯了许多优秀人物容易犯的错误，那就是自负，以为所有的下属都不如他。作为一个领导者，与下属比能力是非常没有必要的。领导要关心的是如何把自己的意志和要求准确无误地传达给下属，并得到不折不扣的执行。本来帝辛的这种自负是可以通过其他方式来纠偏的，例如贤相，可是在这一点上他并没有祖上那些佼佼者的好运气。

成汤开国，有伊尹辅助。伊尹是个厨师，背着做饭的锅灶和案板给商汤做了顿饭，以做菜的道理给成汤讲述王道。商汤死后伊尹独揽朝政大权，摄政当国，行废立之事。太戊中兴，有伊陟辅助。伊陟劝太戊修德安民，太戊不叫伊陟称臣，伊陟辞让，表示愧不敢当。武丁中兴，有傅说辅助。傅说是个建筑工地的监工。他的启用很有戏剧性，而且这种戏剧性恰好可互证帝辛的处境。史载："帝武丁即位，思

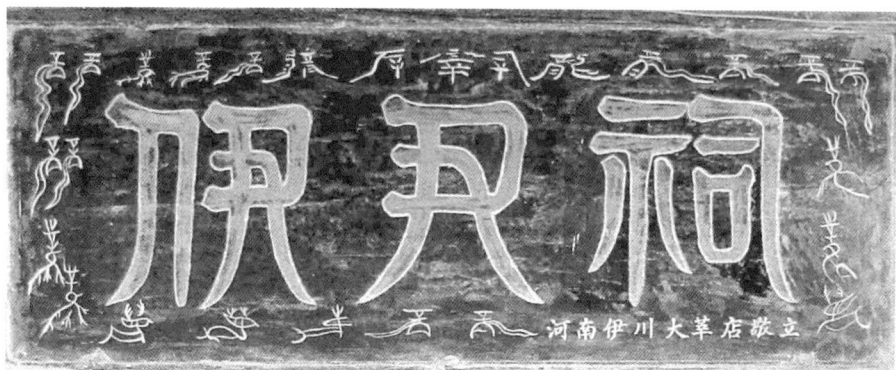

▲ 成汤贤相伊尹祠

复兴殷，而未得其佐。三年不言，政事决定于冢宰，以观国风。武丁夜梦得圣人，名曰说。以梦所见视群臣百吏，皆非也。"寥寥数语即可看出武丁的困境：即位三年不能亲政，朝政大权被宰相架空，朝中也无得力之人，只好求诸于野。武丁亲政后，其妻妇好作为杰出的军事将领，为中兴大业出力甚多。妇好之所以能够建功立业，皆因"商代社会虽属父系，但是它的贵族妇女却享有相当自由"（黄仁宇《中国大历史》）。

笔者之所以不厌其烦地列举这些中兴人物的事迹，正是为了说明帝辛是多么的不容易，从而理解他许多"罪状"之缘由。武王伐纣时，历数纣王罪状，大体有四条：用妇言一，弃祠祀二，作淫乐三，疏亲族四。《史记》解曰："用兵严酷却不讲仁德就会让群臣慑服，群臣慑服就不敢忠心拥戴，不敢忠心拥戴就会导致人民不亲近他们的官吏。刑罚从亲族开始，就会让原来投奔的人寒心。殷商就是这么灭亡的。"就是说，殷商灭亡的主要原因之一就是没有重用亲族。《史记》选取前人发生过的事情作为后人之鉴，司马迁肯定没有无故诋毁前人的道理。可见纣王拒绝纳谏，喜好贿赂，这不是凭空捏造的。也就是说，周武王列举的商纣王的这几大罪状的确存在，并无夸张之词。

不过从上述中兴之君甚至开国之君的事迹来看，纣王的这几大罪状，他们或多或少都有犯，譬如武丁不用亲族智囊，而是满大街去找泥水匠，更犯了第一条大罪——用妇人。其实从纣王最后的败亡来看，第一条和第四条最为致命。他也的确是由于在紧要关头，因为微子启这个"奸人"与西周里应外合而亡国的。为何同样的错误（或者说罪状），在商汤、武丁身上就不是错误，甚至还是优点，在纣王身上却成了弥天大罪？原因可能如商人后裔子贡所说："纣之恶，不如是之甚也。因其居于下流，故天下恶归之。""下流"并非现在所说的下流卑鄙之意，下流即居于低处之意。就是说，纣王由于战败了，亡国了，成为"败寇"，因此他做什么都是错的。

那纣王为何不重用亲族，而是重用妇人以及各国叛逃而来的反正者？原因很简单，如前面所说，因为纣王得位不正，与其亲族关系不好，所以亲族多不可用。

比如纣王的叔叔比干。关于比干，读者们不会陌生，因为他的重头戏就是"剖心"。史载比干以死强谏纣王，纣王大怒："吾闻圣人心有七窍。"遂剖比干，观其心。这个血腥片段被明代神魔小说《封神演义》加工后广为流传，成为纣王罪不可恕的铁证之一。可以推定的是，这种事纣王的确干得出来，后世出土的甲骨文可以确证这一点。"甲骨文对我们了解殷商贡献很大，不过用儒经来解释与用古代神话及人类学理论来解释所得的结果相差很远。若按后说，后世所传关于纣王烹人、荒淫与殷周交替的故事，并非全无根据。"（雷海宗《国史纲要》）无论如何，纣王和比干之间肯定有相当大的利益冲突。

而纣王另一位叔叔箕子，在比干死后"佯狂为奴"，被纣王所囚。武王克商的第二年，"问箕子殷所以亡，箕子不忍言殷恶，以存亡国宜告"。箕子说，世上没有不亡之国，一个国家的盛衰存亡，受制于天命，并无其他原因。以此推测，箕子对存亡绝续的关键时刻该如何作为并无研究，也做不到条分缕析，只能言"命与天道"。箕子被关起来之后，殷之太师、少师①带着殷人祭祖的乐器跑到了西周。周武王得到这些祭器后，马上宣称"得了天命"，率领诸侯联军发兵伐纣。纣王声称自己"有命在天"，现在天命归于西周，足以证明纣王命数已尽。

至于纣王大哥微子启，作为王位的原本继承者，纣王是肯定不敢重用的。

了解了纣王的处境后，我们对他的所作所为就不难理解了。他任用妇人组成女子智囊团，其中便有大家熟知的妲己。妲己的主要政务为女扮男装主持殷室的祭祀活动②，这就剥夺了比干、箕子等人的话语权，因此导致殷商守旧贵族的强力反弹，所谓"妲己有宠而亡殷"，即指此。（吴钢先生《孔子的周公》）

---

① 主持祭礼的一把手和二把手，即掌握殷人天命与天道话语权的两位祭司。
② 王夫之所著《周易外传》中有"妲己男冠以亡殷"之句，可见妲己在纣王身边并非《封神演义》中所谓"狐狸精"的角色，而是一位很有谋略和勇气的贤内助。另吴钢在《孔子的周公》一书中对妲己主持祭祀亦有大量考证。

另外，对纣王穷奢极欲的指责其实也是存在的，因为商人的风俗本就如此。许倬云先生在《求古编》中说道："商人的生活相当优裕，铜制的器用异常精美，居住也极其华丽，出行有牛马所驾的车，宗教有繁复的祭祀和占卜。商人的性格则因为优裕的生活而耽于逸乐，盘游饮酒成为风气，终于引来了敌人的攻击，而敌人替他们找的罪状正是'不知稼穑之艰难，惟耽乐是从'。"无独有偶，童书业先生的《春秋史》也如是写道："商人的文化据近今考古学家的研究，已相当的高。此时农业已经出现，畜牧、渔猎的事业也很兴盛，重要的食物是谷类和肉类，喝酒的风俗最为盛行。据说商人喝醉了酒，成夜呼叫，甚至拿白天当晚上……商人穿衣已知用丝织品等，用器有石器、陶器、骨器、铜器等，其制造和雕刻都相当的精细，货币用贝，大约已经由穴居时代进至室居时代了。"

《史记》中记载，纣王让乐师为他制作新的俗乐，献上北里之舞，终日沉迷于靡靡之乐。他加重赋税，把鹿台钱库的钱堆得满满当当，又将钜桥粮仓装满粮食。他多方搜集狗马和新奇的玩物，填满宫室，又扩建沙丘的园林楼台，捕捉大量的野兽飞鸟，放置在里面。他对鬼神傲慢不敬，还招来大批戏乐，聚集在沙丘，用酒当作池水，把肉悬挂起来装饰成树林，让男女赤身裸体，在其间追逐戏闹。饮酒寻欢，通宵达旦。

那么当时的商人有那么多肉可以吃吗？答案是有的。郭沫若所著的《中国古代社会研究》写道："当时的渔猎确已成为游乐的行事，即是当时的生产状况确已超出了渔猎时代。""从文字上来说，后人所有的马牛羊鸡犬豕的六畜在当时都已经成为了家畜，而在这六种普通的家畜之外还有后人所没有的象。""其用作牺牲者，一次确实有用到三百四百的时候。"可见商代的畜牧业已十分发达。

酒也不是问题。王国维说："殷代饮酒之风极盛，传世酒器尊、爵之类，十之七八为殷代物。"微子启在商亡以后曾说："我用沈酗于酒。"又说："殷邦方兴，沈酗于酒。""沈"同"沉"，沉醉之意。《尚书·无逸》说："不要像殷王受那样迷乱，沉醉于酒中不能自拔。"后来，周公以殷遗民封康叔于卫，作《酒诰》，告诫道："从今往后，康叔你要洁身自好。"要求康叔以殷为戒。吕思勉先生说："观《酒诰》之言，沫邦沉湎之习，盖久而未改，则纣之迷乱，绝非虚语也。"

商人整体风气如此，如果我们奢求纣王能够像周人那样"严肃踏实"（许倬云语），无异缘木求鱼。然而纣王并未对这种风气加以抑止，反而为之更甚。他先用费仲掌管朝政，费仲擅长阿谀奉承，喜好利益，殷人对他皆不亲附。之后他又重用

▲ 河南安阳殷墟妇好墓出土的鸮尊，尊为盛酒器

恶来，恶来擅长诋毁正直之士，诸侯们因此益发对殷商疏远。其实这也很好理解，要过骄奢淫逸的生活就得有钱，想要有钱就得想办法捞钱，而善于捞钱的大臣从来都是招人厌恶的。

不过，纣王依然是非常有能力的。他亲率大军，在各国叛逃者的带领下东征西讨，终于平定四方，重新确立了殷商天下共主的地位。各国纷纷遣使进贡，就连最大的对手——与商有仇的西周也前来朝贡。纣王还将蠢蠢欲动的西伯侯姬昌"呼"入京师，囚禁于羑里①。姬昌被族人以"美女、奇物、善马"保释出狱后，大气不敢出，韬光养晦以待时机。《淮南子·道应训》记载，姬昌归来后，督建了一座玉门，又在玉门旁建筑了一座灵台。他选取了一些女童，让她们每天撞钟击鼓，以等待纣王过失。《吕氏春秋·首时》也说，周王季历被囚禁而死，其子姬昌一直想报仇，也没有忘掉自己被囚禁的耻辱，只是时机未到。

虽然孔子赞姬昌"天下三分有其二，以服事殷"，誉其有忠贞之心。其实姬昌非有其心，概力不能耳。因此吕思勉先生说："纣在当日，兵力犹强，楚庄王称纣之百克，非无由也。"（《先秦史》）

那么百战百胜的纣王是怎么身死国灭的呢，让我们来看他的对手——姬昌父子的经略手段。

## 周人之经略

周人是来自西方夷狄之地的一个小部落，以耕种为生，这一生活习性让其部族成员以及周边的夷狄部落能够顺利繁衍，毕竟农业的稳定性和农作物能够储藏这一特点让周人可以稳定生活，这是以狩猎、游牧和商业为生的氏族部落所无法办到的。

---

① 今河南省安阳市汤阴县北 4.5 公里处。

然而农业最需要的就是稳定，但是周边部落却不断袭扰，使得周部落不得不内迁，最后搬到岐山这个地方安定下来。周人和中原文化接触后，也开始学习中原习俗，建筑城池宫室，并创立了五官有司。

周人在武丁时期，被武丁妻妇好带领各方诸侯征服，遂臣服于商，接受商人的封爵，执行商人的命令，尊崇商人的祭祀。殷墟出土的甲骨文卜辞多有武丁"令某族伐周""命周侯""令周"的记载，但是周并非殷商的内服诸侯，而是方伯。内服诸侯多为殷商盟友，而方伯多为殷商敌人。因此商王武乙曾亲征周人，却死在征伐中，《史记》记载："武乙猎于河渭之间，暴雷，武乙震死。"武丁死后，殷益衰，周人大举兴兵，统一周边地区，并逐渐东侵，而商人不能制。商人遂采取"和亲"政策，将王族女性嫁给季历为妻，生子姬昌。季历在前往殷商朝拜时被帝乙之父文丁拘禁而死。帝乙又将其妹嫁给文王，这段历史被记载于《诗经·大明》中，《周易》中的"帝乙归妹"即指此事。

季历在任上对西周做出的突出贡献，莫过于建立了相对完善的五官有司制度，而殷人直到灭亡仍是采用氏族制度。"商周制度在这一点上的区分，大约使周人的领袖可以直接掌握土地、人民和武力。对于各种资源的运用调度，周制当较商制灵活而有效。"（许倬云语）

西周到了姬昌这一代，国力日渐强盛。他遵从祖上约定，尊老爱幼，礼贤下士，每天不吃午饭招纳天下有用之才，还设立了养老院，积德行善。《史记》为何频频对西伯侯"善养老"这一举动给予赞誉之语，概因那时的部族多以游猎为生，而游猎部族奉行丛林原则，其重要特性之一为"贵少壮而贱老弱"。"养老"这一措施只有在农耕文明极大发展、物质产品较为丰富的地区才能够施行起来，因此能够"养老"在当时是非常值得大书特书的。正是这一举动引起了已经再次确立诸侯权威的纣王的警惕，他听从了一位名叫崇侯虎的诸侯的建议，将西伯侯囚禁起来。之后的发展确证了纣王这一警惕的必要性：西周克商的得力人物姜尚，就是风闻西伯侯"善养老"而不远千里前来投奔的。

西伯侯被囚禁引起了西周众臣的恐慌，以散宜生、辛甲大夫为首的一帮大臣一面寻求挽救之道，一面也在解决更大的难题，那就是西周的继承人问题。

姬昌儿子众多，传说有一百个。但是西周的继位传统是嫡长子继承制，因此长子伯邑考成为继位的不二人选，而次子姬发在正常情况下是不做考虑的。但西周此时面临的困境，却正需要一位有魄力的人物带领。姬发就是这样的人，他英勇果毅，胸有沟壑，但姬发即位绕不开长兄伯邑考。伯邑考名邑考，伯为行一之意，即长兄。有人猜测，伯邑考可能如纣王兄微子启一样为庶出，因此不能继承王位，但这种说法被武王伐纣前提到的神主牌位所否定。这些神主依次为：太王、太伯、王季（季历）、虞公、文王、邑考。太王为太伯、王季、虞公之父，文王为季历之子。而太伯、虞公之所以列入神主，皆因他们避三弟季历之位，逃身于荆蛮之地。由此可以断定，伯邑考也是这种情况，因此才得以享此殊荣。《史记》载："西伯崩，太子发立，是为武王。"

　　其实，童书业先生认为，姬昌根本没有被囚禁，如果被囚禁的话，势必会重蹈覆辙，如其父季历一般被商王处死。另有许多学者认为，姬昌并没有全身归周，而是被杀死作为殷人献给上天的祭品，史书中有关姬昌归周后展开的征伐，皆是武王姬发借其父之名行事。不过本文还是采信了目前最流行的看法，即姬昌被囚禁7年，最后安全归周。而在他被囚期间，周国朝政大权已被姬发掌握，而且姬发是在群臣拥立下排挤其兄自立的。所以姬昌归周后，只能高踞在王座之上，眼看姬发以他的名义，伐犬戎，伐密须，伐黎，伐崇，迁都于丰。而他在这最后10年里唯一做的一件事，就是借其贤名联合了东夷的齐，最终两国东西夹击，将殷商灭掉。这就是众所周知的"姜太公渭水钓文王"。因此傅斯年先生说："周之方面，毫无良德，

▲ 文王拘于羑里图

父子不相容，然狠而有计算。"武王狠，文王有计算。

周人伐黎之举引起了殷人中有识之士的恐慌。黎在今山西上党，已迫近商人本土。殷商的祖伊听说后，感到很害怕，就把这件事告诉了纣王。但是纣王的反应很是冷淡："我有天命在身，能奈我何？"祖伊大恨，出来跟人说："纣不可谏矣。"

第二年，周人伐邘。邘为商王田猎区，大致相当于今天的河南沁阳，在黎的南边。黎、邘两地距离王都朝歌已经相当近了，站在高山上都可以俯瞰朝歌附近的黄土平原，直叩殷商大门。

第三年，周人伐崇。崇在今河南嵩县附近，一马平川，可抵孟津，为商人的重要军事据点。周人动用了攻城战具挠钩和云梯，历时三个月，攻了两次才获得重大战果，然而未能攻下。最后，周人筑垒围城，殷守军在待援无望的情况下只好投降。

《史记》记载，当年崇侯虎在纣王面前说了姬昌坏话，于是姬昌被纣王囚禁。纣王放姬昌出来时告诉他："举报你的人就是崇侯虎。"这种不保护举报人反而泄密的做法让人费解，更令人费解的是，崇侯虎在顽强抵抗周人进攻时殷纣王竟然袖手旁观。

伐崇第二年，文王刚死，武王"父死不葬"，迫不及待地大会诸侯于孟津，准备一举攻克朝歌。但就在进军前夕，他停止了脚步。诸侯们都说："纣王是可以讨伐的。"然而武王说："你们还不知天命，纣王现在还不能讨伐。"于是还师归国。

武王一百八十度大转弯的态度，很可能是得到了来自商人内部的情报预警。之后，武王改变了经营策略，采用"彭越挠楚"之计，派遣姜尚前去东夷借兵，鼓动东夷造反，并答应事成后给予对方丰厚的报酬。同时，他又让黎地驻军日夜攻击商地，自己则学习其父，韬光养晦，以待时机。因为他意识到商纣王是个不可轻易战胜的角色。

其实根据记载，在武王改变策略之后，纣王曾打算对已被周人占据的黎地采取军事行动。《左传》记载："商纣为黎之搜（打猎），东夷叛之。"打猎，在我国古代其实就是军事行动的代称。去已经被周人占据的黎地，更不可能是简单的打猎了。不过如《左传》所说，此时东夷叛乱了，等于救了周人。《左传》又说："纣克东夷而陨其身。"总结下来，就是纣王打算攻击黎地的周人之时，东夷趁机叛乱了。于是他又亲征东夷，将东夷俘虏带回朝歌，但元气大伤。"纣在东方的战役大约相当激烈。商胜了，克服了东夷，抚有夷众，但这些新服的夷人，口服心不服。"（许倬云语）

▲ 周武王姬发

喘息未定之际，微子启派人给周人送信，承诺里应外合，策反东夷俘虏。周武王觉得时机成熟，于是再次兴兵。最后在牧野战场上，东夷俘虏临阵倒戈，殷师大败，纣王自焚而死。

因此，东夷的叛乱成了周人克殷的关键，那么为什么东夷会在这时叛乱呢？这就牵涉到一个重要的东夷人——姜尚，姜子牙。

周武王二次伐纣时，慑于纣王武威，不敢轻举妄动，遂占卜于祖庙。占卜结果不出所料，并不乐观。适逢暴风雨将至，西周大臣人人心生恐惧，不敢言战，只有姜尚奋力强争，武王才决意东行。而在牧野战场上，又是姜尚一马当先带领百位勇士冲入殷商阵营，将商军击溃。

因此姜尚是周人克商的最大功臣，也是出力最多者。他的意志可以直接影响武王的决策。甚至在占卜不利、凶兆尽显的形势下，他居然可以一言扭转乾坤，可见姜尚在西周朝廷中的分量。那么姜尚真正的身份难道仅仅是传说中周文王的助手和如诸葛亮一样的托孤之臣吗？他的真实背景究竟是怎样的呢？让我们来一探究竟。

姜尚，东海人，祖上为羌人。《左传》记载："姜，太岳之后也。"近人如章太炎、傅斯年等皆认为，姜与羌，其字出于同源，在姓为姜，在种为羌。其先祖伯夷[①]在帝舜时辅佐大禹治水有功，于是被封于吕地和申地。后世子孙遂以其封地为氏，氏吕或者氏申。《史记》记载姜尚穷困年老，在渭水垂钓以待文王。文王出去打猎，善卜者说他能得到"霸王之辅"，于是两人相见甚欢。文王说："我父亲曾经跟我说过，会有一位圣人来到西周，帮助西周龙兴，这个人难道就是您吗？我早就在此

---

① 上古伯夷，生活在尧舜时期，乃共工玄孙，非孤竹伯夷。

盼望您的到来了。"于是让人称呼姜尚为"太公望",与他一起坐车回去,还立他为武王师。

这个故事的疑点在于,姜尚素无德名,就有一张巧嘴,周文王会单凭一个钓鱼穷叟的几句话就把他看作圣人,将国政大权放心交给他吗?文王要实现克商大业,难道会如此草率吗?其中肯定有不为人知的真相。

太史公也觉得这么写似乎有些不合常理,于是又补充了两种可能,这样就显得有点靠谱了。前一种可能是,姜尚曾游说诸侯,然而上到纣王下到各国诸侯都对他没有兴趣,最后他没办法才投靠了西伯侯,把姬昌说服了,姬昌将他当作圣人。后一种可能是,他是个隐士,周文王被纣王囚禁,其臣属满天下找高人想把他救出来。其中散宜生、闳夭久闻姜尚之名,于是前去请对方指点,姜尚回答说:"吾闻西伯贤,又善养老,盍往焉。"三个人商量出的办法就是花钱搭救。文王获释后,众人向姬昌表功,说姜尚这个人厉害,想出来花钱救人这一招,于是姬昌就邀请他担任"文武师",作为他和姬发的老师。

因此傅斯年先生在《春秋策》中提出了一种大胆的假设:"齐太公的故事,《史记》先举三说而不能断。我疑心齐本是东方大国,与殷为敌,而与周有半本家之雅,又有亲戚,故连周而共敌殷。……齐于周诸侯中受履略大,名号最隆,尚父文王师一切传说,必别有故。……且《史记》记太公世家,太公后好几世,直到西周中晚,还是用殷法为名,不同周俗,可见齐自另一回事,与周之关系疏稀。……齐周夹攻殷,殷乃不支,及殷被戡定,周莫奈齐何,但能忙于加大名,而周公自命其子卜邻焉。"

要解释傅先生这段话,还得知道姜尚的另一重身份。《战国策·秦策》记载:"太公望,齐之逐夫。"逐夫也叫出夫,意为被赶出家门的上门女婿。《封神演义》根据这个史实给姜尚娶了个60岁的黄花大姑娘,而且对方看他没出息,还跟他离了婚。

由此可见,姜尚的身份为东夷人的女婿,由于某种不为人知的原因,他被扫地出门。他先去给殷商打工,但不被纣王重用,后来便开始了大半生的游说生涯,结果一无所获。最后他在古稀之年遇到了一心克商的文王,两人一拍即合,终成大业。那么问题来了,两人为何能够一拍即合,并让文王对姜尚交付信心?他究竟给文王带来了什么,让文王大喜过望?答案几乎跃然而出:他给文王带来的,或许就是东夷人交给他的克商任务。

根据《后汉书·东夷传》所述,夏桀暴虐无道,诸夷逐渐向内侵入中原地区,殷汤革命后,才将他们讨伐平定。从此以后,这些夷族有的降服归顺,有的依旧叛乱。到了三百多年后的武乙时期，殷商衰弱，东夷各族遂趁机将殷商东南地区瓜分，逐步移居到中原之内。董彦堂先生根据甲骨文卜辞的资料，指出"东夷羌人与殷商王国频有战争，羌人有作为祭祀牺牲的，也有作为奴仆的（许倬云《求古编》）"。在这种拉锯状态下，暂时臣服的东夷人一方面派人前往殷商改善关系，另一方面派人前往西岐联周抗商。事实证明这一招很高，两边的工作成绩都非常理想。而西岐为何会相信姜尚呢，大约是敌人的敌人就是朋友，何况西周与羌人的另一支——西羌关系密切。

西羌为西岳之后，世代与周人联姻。《山海经·海内经》记载："伯夷父生西岳，西岳生先龙，先龙生氏羌。"周人东迁于岐山后，为了争取土著羌人的支持，遂与当地羌人打成一片，双方互相联姻。太王配偶即为姜女。刘启益从金文中寻找到的周王配偶的姓氏发现，周人从文王开始，西周12代王，几乎每一代都有一位姜姓的王后。这个模式不是偶然的，只有对偶集团的关系可以解释。（许倬云《西周史》）

因此重头梳理一下。武王孟津大会诸侯，诸侯都说纣王可伐，但是武王收到微子启的情报，没有轻举妄动，就把这次会师当成演习，班师回朝等待时机，让驻扎在黎地的驻军不断骚扰商境。纣王遂率军以打猎为名，意图攻击黎地的周人。结果东夷之齐误判形势，以为殷商此举为大规模伐周，于是想浑水摸鱼，得渔人之利，遂举起了反叛大旗。不想殷、周根本没有打起来，纣王士气正旺，遂举兵东向，一举击破东夷，俘获俘虏回朝。第二年，微子启与俘虏们达成秘密协议，派遣太师和少师二人将里应外合的计划报告给西周。周武王见时机已到，决定起兵，没想到占卜不利，群臣皆有退却之心。此时东夷代表姜尚强劝武王，要求遵守双方之间的协约，武王不得已，遂行。不止周武王，就连姜尚对这场战争都没有必胜的把握，但是姜尚为了本族利益，抱着必死的决心，亲自冲锋在第一线。没想到战争异常顺利，殷商主力部队被击溃，俘虏部队临阵倒戈，纣王"死社稷"。

牧野之战惨败后，纣王逃回朝歌，登鹿台自焚而死，这让各方人士始料未及。周人将殷商的珠宝珍玩大肆掳掠了一番，之后退守故土，让纣王的儿子武庚（禄父）继任商王。因姜尚功大，周武王遂封他为齐侯，赐封地于鲁。武王死后，周公摄政，恰逢管蔡和武庚作乱，东夷各部趁乱而起，周公遂照会齐太公姜尚，给了他征伐之权。齐国从此实际上独立于周人之外，成为临海大国。

## 牧野之决战

那么，牧野之战到底是怎么打的呢？周文王十一年，姬发向天下诸侯宣告要与殷商决战："殷有重罪，不可以不毕伐。"他用战车载着文王的神主位，自称"太子发"，声称要实现文王遗志。

十二月戊午，军队集结完毕，武王于孟津再次大会诸侯。"率戎车三百乘，虎贲三千人，甲士四万五千人，以东伐纣。"诸侯们纷纷表示一定奋勇向前，不会临阵退缩。姬发乃作《太誓》，宣布纣王罪状，并进行战前动员："纣王偏听妇人之言，自绝于天；不祭祀本族神灵，离间自家兄弟；好听淫乱之声，取悦妇女。我姬发现在就要替天行道。胜利就在眼前，将士们，努力吧！"

二月甲子昧爽[1]，武王率领各路联军到达朝歌郊外的牧野，再次向全军发起战前讲话："友邦的国君们、各位卿大夫们、各位将领们以及各族勇士们，高举你们的戈，排齐你们的盾，竖起你们的矛，让我们来立誓。"内容还是老一套："如今纣王只听妇人之言，祭祀祖先之事不加过问，放弃国家大政，抛开亲族兄弟不予任用，却纠合四方逃犯，抬高他们，尊重他们，信任他们，使用他们，让他们欺压百姓，在商国为非作歹。现在我姬发将恭敬地执行上天的惩罚！"但是，这次武王要求全体军队进入谨慎小心的高度戒备状态，互相照应，步步为营，不要乱了阵脚："今天这场战争，你们一定要小心谨慎，每前进六七步，就停下来整顿队伍，保持行列整齐。将士们，奋勇向前啊！与敌人战上四五个回合或六七个回合，同样要停下来整顿队伍，保持行列整齐。努力吧，各位将士！"武王还鼓励己方武士，要奋力向前，英勇杀敌："你们要像老虎一样威风，像狗熊一样勇猛，像豺狼一样狡猾，像怪兽一样无情。一会儿我们在商郊作战，不可迎击前来投降之人，而要让他们为我西方之人所驱使，要努力呀，男子汉们！"武王还恐吓他们说："如果有人在战场上不卖力，我将拿他问斩。"

纣王闻武王来，也发兵抗拒武王。《史记》中给出的商军兵力是 70 万。当时殷商以其地域而言，总人口不超过 100 万，因此别说 70 万人，就是 17 万也是动员不起来的。但总体而言，商军比周军在数量上占优是确定无疑的。双方在商郊牧野摆开阵势。《尔雅》写道："邑外谓之郊，郊外谓之牧，牧外谓之野，野外谓之林。"

---

[1] 清晨，天色将亮未亮之际。

邑，即城市，如当时的朝歌城就被称为"大商邑"。郊，即"城乡结合之处"，在《说文解字》中释义为："郊，距国百里为郊。"周时距离国都50里的地方叫近郊，100里的地方叫远郊。郊外称为"牧"，即放牧之地。牧外称为"野"，《说文解字》云："野，郊外也。"林，"平土有丛木曰林"。

通过上述名词我们可以知道，牧野并非一个专用地名，而是朝歌城外的一片空地。这片空地逼近朝歌城下，不远，但是也不近。据许慎考证，"在朝歌城外七十里"。至于为何需要空地，则是因为当时的决战已经大规模用上了战车，而战车驰骋需要空阔之地。

先说战争双方的指挥机构。西周方面的军事总负责人为周武王，主要负责战前军事动员、各方人事调配等统筹工作，而主要军事执行人为姜尚，负责战场的具体指挥工作，至于协从军事负责人则为各路诸侯联军统帅。殷商的军事总负责人和总执行人皆为纣王，各级军事指挥官为他亲自提拔起来的信、长等各国反正者，这些人兼领战斗和监军的双重任务。

再说双方的兵力配置。战车和带甲武士为双方的主要战斗力量。商人的战车由两匹或四匹马拖拉一辆直辕双轮车，上有三名武装战士，分别为车左、车右、车御。每辆战车都是一个独立的作战单位，构成一个极其复杂、庞大的战斗团队。车左执弓主射，车右执戈主击，御者执辔主御。远射用弓箭，近身搏斗时则用戈类。一辆战车配属若干随车徒卒。战车以5辆为一组，以左、中、右的方式组成队列。徒卒以10人为一个作战单位，一名武装较佳的队长冲在最前面。商军的布阵方式为以步卒列为方阵居前，以车队及所属徒卒随后。步卒和徒卒的区别在于是否带甲。步卒带甲，徒卒不带甲。商人甲胄为整片皮甲制成，可以防护前面，但裹甲战士不能自由活动。

周人的战车车身稍宽，车辕略长，与商人的战车总体差别很小，可以忽略不计。但是周人的青铜胸甲，前胸由三片组成，整体呈兽面状，后背为两个圆形甲泡，胸甲和背甲边缘都有小穿孔，以便固定在皮革或其他质地的甲衣上。三片合成式胸甲，弧度正好贴合躯干，宽度也适合人体，因此周人的甲胄比商人的更灵活，使士兵的战斗力大为增强。周人的列阵方式为全体带甲士兵组成方阵。武王在战前一再要求战士们按照一定的步法和动作出击，在整个战争过程中必须保持一致，不能乱了阵脚。

从双方的参战部队来看，商人的主要作战力量为纣王亲自率领的商人六军，附属作战力量为东夷降兵。他将俘虏的东夷降兵武装起来，列成方阵放到战车前面充当炮灰，自己则率领族人居中坐镇。商军人数众多，风中飘扬的旗帜如树林一样密集。而周军的主要作战力量为周武王亲自率领的六军和八国蛮夷之军，附属作战力量为各诸侯国的协助部队。许倬云先生分析道，八国蛮夷来自西南崎岖的山国，他们大多为步兵。《后汉书·西羌传》载，这些西夷之人完全奉行森林法则，"强则分种为酋豪，弱则为人附落，更相抄暴，以力为雄"。他们在战斗中爆发力极强，然而不能持久作战。

从天时、地利、人和三方面分析，周人略微占优。尤其天时对商人很不利。周人选择周历二月开战，周历二月为殷历正月。据竺可桢先生研究，公元前一千年左右，中国曾有一段寒冷时期，一直到春秋时代才逐渐变暖。而双方战在黎明，可以说周武王选择了一年之中最为严寒的时候。武王之所以选择这个时间，是因为周人和羌人都在西北酷寒环境中生活，进入河南地区不会因为寒冷而影响战斗力的发挥，而商人地处中原，在耐寒这一点上远不如西北地区的周人。因此在战场上周人更容

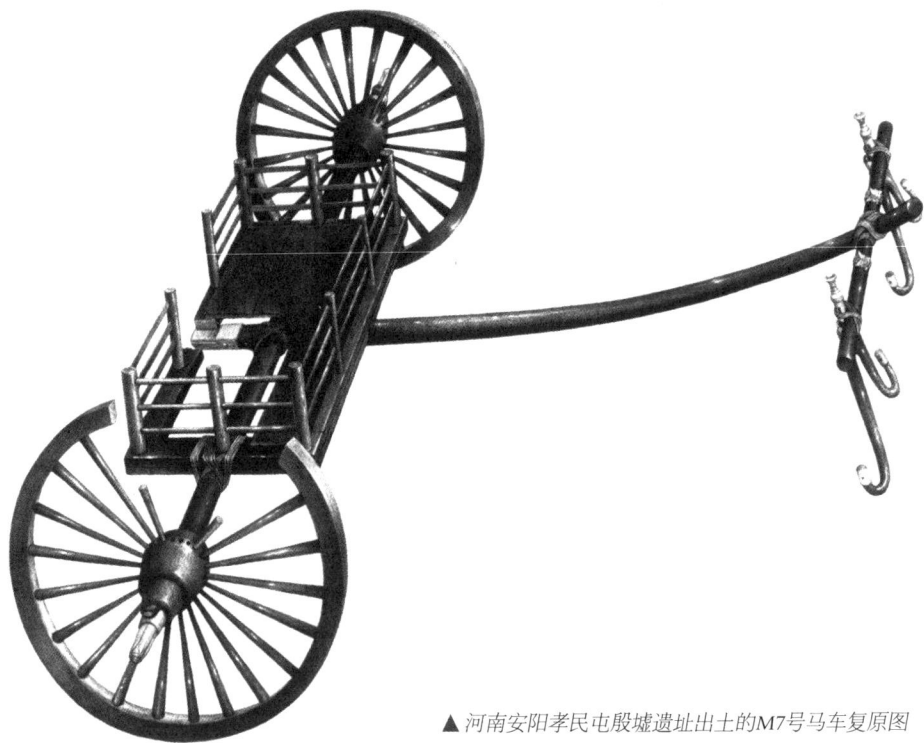

▲ 河南安阳孝民屯殷墟遗址出土的M7号马车复原图

易发挥其战斗力，而商人却要稍逊一筹。

至于地利，双方在开阔地摆开阵势，可以说条件相当。但在人和上，商人就处于劣势了，事实上也正是由于这一点才让商人最终战败。

从武器装备来看，周人的标准配置有戈、矛、戟、剑及弓矢，商人的标准配备是弓矢、戈（或矛）、盾及短兵。其中，周人比较先进的兵器就是剑。剑为短兵，用于车战时，只有下车搏斗才能发挥作用。这种双面开刃的刀具在突厥语中被称为"王者之兵"，它在草原文化中历史悠久，周人很可能是在与西北草原民族的战斗中学会冶炼这种兵器的。周人用剑取代商人的短兵，很有可能就是受了草原文化的影响。武王所用的轻吕剑，也叫径路刀，为草原民族祭祀天神的短剑。武王后来用轻吕剑斩纣王和妲己等人的首级，也是一种魇胜的巫术行为，以示自己以天神的名义彻底斩断了纣王的天命。

之所以牧野之战从黎明开始，太阳还没升起来就结束了，是因为商军空有兵力优势，但居于阵前的步卒皆无战心。战争一开始，周武王先命姜尚率领一百名敢死队员前去"致师"。郑玄注："致师者，致其必战之志。古者将战，先使勇力之士犯敌焉。"致师的主要目的是鼓舞己方士气，为随之而来的两军决战开个好头。我国古代军事家非常重视军队临战前的精神状态，称之为"士气"。所谓"士气"，就是指战士们基于必胜的信念而奋扬起来的那种敌忾情绪和求战欲望。昂扬的士气在战斗中必将转化为巨大的歼敌力量。故高诱在给《吕览·审时》注疏时直接说："气，力也。"曹刿说的"一鼓作气，再而衰，三而竭"，就是指的这个。

开战后，纣王将许多投降的东夷俘虏放到车阵前充当炮灰，以期消耗周军的战斗力。结果这些俘虏看到姜尚率领的敢死队勇猛杀来，纷纷让出一条路，将商军的战车队伍暴露在两军阵前。纣王对这种突发情况并无防备，事起仓促，一下乱了阵脚。武王趁机大举进攻，纣王嫡系部队瞬间崩溃，兵败如山倒。纣王一看大势已去，便回到城中，自焚而死。这里有一段众说纷纭的公案，就是《尚书·武成》所记的："前徒倒戈，攻于以北，血流漂杵。"

关于"血流漂杵"的记载，首先提出质疑的是孟子，后人对此也多有反思。杵是棒的一种，两端粗，中间细，是远古时期的捣谷工具，据说是伏羲发明的。杵的另一个重要用途在于"版筑"，这是中国传统土木建筑施工法，意思是把土捣实，来修筑墙壁或打地基，因而杵也是把土捣实的工具。由此推测，"血流漂杵"的"杵"不是捣米工具，而是捣土工具。这帮叛变的东夷俘虏当时应该正被命令给朝歌修筑大型工程（有说修鹿台），纣王临时将他们武装起来，也没有那么多趁手兵器发放，就让他们拎着捣土的杵上了战场。后来，杵当真发展成了一种兵器，广泛使用于战场上。

那么关于牧野之战"血流漂杵"的叙述是真实的呢，还是言过其实？

古往今来，有众多学者就此事进行了探讨。前面提到，孟子首先提出质疑，认为纣王暴虐，商人不能忍受，急盼义师解救，因此武王伐纣，商人理应欢欣鼓舞，又怎会做出如此激烈的抵抗。那么孟子是怎么得出这一结论的呢？大约是因为孟子生活的时代，战乱频仍，民不聊生，各诸侯国互相倾轧，孟子遂主张以德服人，而不是以力服人。他希望大国不要为了一己之利到处征伐小国，小国亦能放下武器积极配合大国。诚如上文所言，所谓"德"就是条文律令。如果那些小国能够听从大国的条文律令，那么这仗也就打不起来了，大国就能以德服人。秦始皇统一六国，也无非是让秦国的法律、文字、货币能够通行天下。因此孟子更多的是想让当时各国能够少打仗甚至不打仗，以减少战争对人民的伤害。

▼ 商代到西周时期的戈

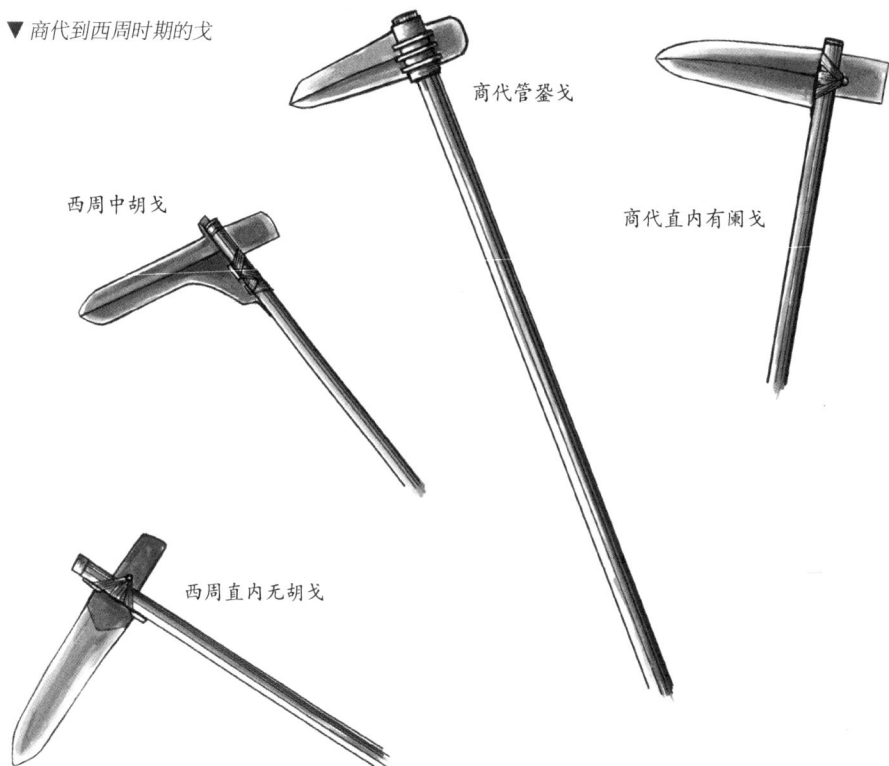

商代管銎戈

西周中胡戈

商代直内有阑戈

西周直内无胡戈

孟子之后，荀子尝试从事实层面诠释"血流漂杵"，《淮南子·泰族训》载："（商）师起容关，至蒲水；士亿有余万，然皆倒失而射，傍栽而战。武王左操黄戉，右执白旄以麾之，则瓦解而走，遂土崩而下。"这一条记载，明白地指出，商人之所以土崩瓦解，盖因商军倒戈，自相杀戮，而周师亦英勇奋战，乘胜追击。虽无法从这里揣知"血流漂杵"的真实性，但可以想象，这一战，商军损失惨重，伤亡人数很大。

再之后，东汉王充、五代丘光庭、南宋林之奇等人都对"血流漂杵"进行了探讨。他们中，有人采信这一记载，也有人提出质疑，亦有人另辟蹊径，试图从别的角度得出真相。笔者以为，"血流漂杵"确实反映了牧野之战的惨烈程度，但对字面意思表达的，死者血流可以使杵漂浮，持谨慎态度。

但不可否认的是，牧野之战中，商军"前徒倒戈，自攻于后以北"，可谓一败涂地。一方面这场战争参战人数众多，特别是商军很多都是临时拼凑起来的乌合之众，混战一起，这样的部队只有被屠杀的份儿；另一方面双方的战斗人员多以夷夷为主，他们好杀好战，绝无"不忍人之心"。而东夷人倒戈之前很可能伤亡惨重，因为他们处在战场中央，周兵奋勇杀敌时，他们首当其冲。此外，商军的精锐部队想必也做了最后的坚决抵抗，因此才有"血流漂杵"这样的记载，无论它夸张与否。

这一战，覆灭了商王朝的同时，奠定了西周天下共主的地位。而武王克商之所以能够胜利，原因有二：

第一，准备充分。周人为了这一天忍辱负重、厉兵秣马，准备了好多年，才能迅速集结起大规模的战车部队和职业武士，以及附庸于周军的联军和众多前来帮忙的诸侯部队，虽然诸侯部队并不多。在具体战术上，周武王一再要求部队要勇往直前，但是不要盲进，要保持队形，不要乱了阵营。相反，殷商军队并没有这种心理准备，他们按照常规的战法排兵布阵，将这一战当成寻常一战，没有将认知提到应有的高度上。

第二，周有内应。微子启在东夷俘虏中多次串联，散布不利于殷商的言论，疏离他们对殷商的认同感，使得一部分本身认同殷商的人也对殷商没有信心。再加上纣王对此并无察觉，或者说即使察觉也不当回事，以为凭着自己的勇武和聪明，这些小泥鳅掀不起大浪，没想到阴沟里翻船。在战场上，正是这些人的倒戈，才导致商军兵败如山倒。从战争的具体过程来看，这是商军兵败的最主要因素，如果他们不倒戈，周军未必有胜算。

# 参考文献

[1] 平势隆郎 . 从城市国家到中华：殷商 春秋战国 [M]. 桂林 : 广西师范大学出版社 ,2014.

[2] 范晔 . 后汉书 [M]. 北京 : 中华书局 ,2007.

[3] 吕思勉 . 先秦史 [M]. 南京 : 江苏人名出版社 ,2014.

[4] 成林 , 编著 . 毛泽东的智源 [M]. 海口 : 海南出版社 ,2001.

[5] 许倬云 . 求古编 [M]. 北京 : 商务印书馆 ,2014.

[6] 许倬云 . 西周史 [M]. 北京 : 生活 . 读书 . 新知三联书店 ,2012.

[7] 童书业 . 春秋史 [M]. 上海 : 上海古籍出版社 ,2010.

[8] 黄仁宇 . 中国大历史 [M]. 北京 : 生活 . 读书 . 新知三联书店 ,1997.

[9] 雷海宗 . 国史纲要 [M]. 武汉 : 武汉出版社 ,2012.

[10] 杜君立 . 历史的细节 [M]. 上海 : 上海三联书店 ,2013.

[11] 司马迁 . 史记 [M]. 长沙 : 岳麓书社 ,2004.

[12] 吕思勉 . 大中国史 [M]. 长春 : 吉林出版集团有限责任公司 ,2011.

# 创作团队简介

指文烽火工作室：由众多历史、战史作家组成，从事古今历史、中外战争的研究、写作与翻译工作，致力于通过严谨的考证、精美的图片、优美的文字、独到的视角为读者理清历史的脉络。目前已经出版军事历史类图书四十余本，其中包括《战争事典》《战场决胜者》《透过镜头看历史》《信史》四款MOOK系列丛书，以及《中国古代实战兵器图鉴》《倭寇战争全史》《明帝国边防史》《拿破仑战记》《秘密战三千年》《帝国强军：欧洲八大古战精锐》《帝国强军：中国八大古战精锐》等专题性图书。

原廓：记者，电视纪录片策划及撰稿人，音速及北朝论坛古战版块版主，长期致力于军事历史研究及相关图书的策划、编审、出版工作，努力打造专业军事图书和自媒体平台，致力于专业的古代与近代军备评测，普及中外军事历史知识，讲述不为人所知的战争故事。

不朽如梦：文史爱好者，精通中外军政历史文章写作，曾参与《秘密战三千年》《战争事典》《透过镜头看历史》等图书的写作。

明忆：军事历史爱好者，对各种历史类外文书刊略有涉猎，致力于欧美近代历史题材文章的翻译和写作工作。

杨继正：酷爱研究明代中后期政治军事史，自大学以来，已研读完大量一手明清史料。在深挖国内外优秀学术文章和向专业人士请教的过程中，颇有一番收获，曾参与《战争事典》《信史》等图书的写作。

杨英杰：军事爱好者，专精古典时代地中海世界的历史与军事发展历程。同时涉猎广泛，活跃于国内历史、军事爱好者群体，曾在《战场决胜者》《枭雄录》（欧洲古代篇）、《帝国强军》（欧洲篇）等图书上，撰写过与古典军事史相关的专题文章。

范永青：80后，天涯加v作者、签约写手。生于塞北小邑，自幼喜读古籍，而立潜心写作。擅长春秋历史、唐朝历史、金庸作品解读、四大名著解读，已著有《历史真有故事：大唐盛世》《历史故事新编》等图书。

# 英法百年战争 1415—1453

**英法百年战争 1415—1453**

THE HUNDRED YEARS WAR BETWEEN

[上卷]

王一峰 著

**英法两国争夺欧洲大陆霸主的入场券**

近400张图片及战时手绘地图，全面展示了百年战争中英王亨利五世、圣女贞德等一批杰出人物的功业与光辉事迹，细致勾勒了法兰西王国新君主体系建立的关键走向与曲折过程！